《中国非公有制经济人士统战研究基地丛书》

主编 范柏乃

浙江省非公有制经济研究

——基于CNKI的文献纵览

武建章 董俊婕 著

中国财经出版传媒集团
中国财政经济出版社

图书在版编目（CIP）数据

浙江省非公有制经济研究：基于 CNKI 的文献纵览/武建章，董俊婕著．—北京：中国财政经济出版社，2017.5
（中国非公有制经济人士统战研究基地丛书）
ISBN 978 -7 -5095 -7480 -5

Ⅰ.①浙…　Ⅱ.①武…②董…　Ⅲ.①非公有制经济 - 研究 - 浙江　Ⅳ.①F127.55

中国版本图书馆 CIP 数据核字（2017）第 111517 号

责任编辑：周桂元　　　　责任校对：刘　靖
封面设计：楠竹文化　　　　责任印制：张　健

中国财政经济出版社 出版
URL：http：//www.cfeph.cn
E - mail：cfeph @ cfeph.cn

社址：北京市海淀区阜成路甲 28 号　邮政编码：100142
营销中心电话：88190406　北京财经书店电话：64033436　84041336
北京京华虎彩印刷有限公司印刷　各地新华书店经销
787×1092 毫米　16 开　13.5 印张　213 000 字
2017 年 7 月第 1 版　2017 年 7 月北京第 1 次印刷
定价：38.00 元
ISBN 978 -7 -5095 -7480 -5
（图书出现印装问题，本社负责调换）
本社质量投诉电话：010 -88190744
打击盗版举报热线：010 -88190414　QQ：447268889

《中国非公有制经济人士统战研究基地丛书》

编　委　会

总　序

党的十八届三中全会明确提出，要“支持非公有制经济健康发展”。《中共中央关于全面深化改革若干重大问题的决定》明确指出，“公有制经济和非公有制经济都是社会主义市场经济的重要组成部分，都是我国经济社会发展的重要基础。必须毫不动摇鼓励、支持、引导非公有制经济发展，激发非公有制经济活力和创造力。”

截至2016年底，全国拥有各类市场主体8705.4万户，其中，企业2596.1万户，个体工商户5930万户，农民专业合作社179.4万户。在8700万户市场主体当中，90%以上归属于非公有制经济。据统计，目前非公有制经济税收贡献率超过50%，GDP所占比重超过60%，就业贡献率超过80%。非公有制经济为我国经济社会发展作出了巨大贡献，在促进经济增长、激发创新、扩大就业和增加税收等方面发挥了重要作用。

在中国经济加快转型发展和进入“新常态”的背景下，非公有制经济的发展形态正由传统工业化向新型工业化转变，发展动力从资源消耗为主向创新驱动为主转变，发展体系由外向型经济向统筹内外、内外结合转变，发展业态由传统集聚为主向现代产业集群为主转变，管理体制从家族管理为主向现代管理为主转变，发展目标从商品输出为主向资本输出为主转变。

非公有制经济的转型发展，离不开非公有制经济人士的智力支持。我国的非公有制经济人士，是适应社会主义初级阶段解放和发展生产力的需要，在改革开放、发展社会主义市场经济过程中出现的一个新的社会群体。经过 30 多年的发展，非公有制经济人士的构成主体已发生巨大变化：由过去的主要以农民和城镇待业人员为主，发展到包括从党政机关、国有企事业单位、大专院校、科研单位分流出来的行政干部、中高级知识分子以及海外归国人员在内的庞大队伍，并且这支队伍仍处于不断发展壮大之中。非公有制经济人士具有较强的社会责任感，为经济建设和社会发展作出了很大贡献，已成为我国社会主义现代化建设的一支积极力量、统一战线的重要成员。

非公有制经济的蓬勃发展以及非公有制经济人士的健康成长、队伍壮大更加离不开围绕非公有制企业、人士的体制机制和制度环境的建设，尤其是政府职能的转变、行政体制的改革以及法治环境、市场环境和资本环境的优化。

2015 年 5 月，习近平总书记在中央统战工作会议上指出，促进非公有制经济健康发展和非公有制经济人士健康成长，要坚持团结、服务、引导、教育的方针，引导非公有制经济人士特别是年轻一代致富思源、富而思进，做到爱国、敬业、创新、守法、诚信、贡献。2016 年 3 月 4 日，习近平总书记在看望出席全国政协十二届四次会议的民建、工商联界委员并参加联组讨论时，进一步强调指出，非公有制经济要健康发展，前提是非公有制经济人士要健康成长。

正是基于以上背景，在中国统一战线理论研究会非公有制经济人士统战工作理论浙江研究基地的资助下，吸收宁波大学、浙江大学等省内高校和科研机构，长三角乃至全国范围内的非公有制经济和非公有制经济人士中的专家学者，以及实际工作部门人员，精心组织并撰写了《中国非公有制经济人士统战研究基地丛书》。丛书主要围绕非公有制企业、非公有制人士、体制机制改革和政府职能转变等问题进行深入系统研究，包括非公有制企业的市场拓展、技术创新、企业传承、文化建设、社会责任，非公有制经济人士的成长环境、成长动力、成长瓶颈、成长机制，以及相关的政府职能转变、服务环境、法治环境、市场环境和资本环境等一系列重要问题。

《中国非公有制经济人士统战研究基地丛书》的出版，可以为非公有制经济企业转型发展提供咨询服务，为党和政府决策提供事实依据，为促进非公有制经济健康发展和非公有制经济人士健康成长提供实际指导。

前　言

我国经济所有制形式包括国有经济、集体经济、私营经济、个体经济、联营经济、股份制经济、外商投资经济、港澳台投资经济。这些经济形式可以分为公有制经济和非公有制经济两大类。公有制经济包括国有经济、集体经济，以及混合经济中的国有成分和集体成分。非公有制经济，简称非公经济，是包括了公有制经济以外的所有经济成分，如个体经济、私营经济、外资经济以及港澳台投资经济等。

非公经济是社会主义市场经济的重要组成部分，在保证我国经济健康发展方面有着举足轻重的作用。根据国家工商总局统计，截至2015年4月底，我国个体工商户发展到5139.8万户，私营企业发展到1653.8万户。目前，非公有制经济贡献了我国GDP的60%、国家税收的70%、企业总数的80%、新增就业的90%。在2015年5月18—20日召开的中央统战工作会议上，习近平总书记明确指出："促进非公有制经济健康发展是重大经济问题，也是重大政治问题。"

浙江省是全国非公经济发展最活跃、最典型的省份之一。无论是在经济产出总量、经济个体数量及增量、税收贡献、投资质量、就业规模等方面，还是在政策、制度、法规、人才、资金、市场等相关环境因素和配套服务方面，浙江省非公经济都有着不俗的表现，并逐渐形成了独具浙江特色的非公经济发展模式。

本书基于中国知网（CNKI）数据库，在搜索和整理我国非公经济的研究成果的基础上，重点围绕浙江省非公经济的发展与现状、外部环境、内部因素等主题，进行了较为系统全面的文献研究和分析。旨在让读者较为客观深入地了解浙江省非公经济的研究现状和内在发展规律，以期为浙江省乃至全国非公经济健康发展提供有益的理论参考和决策依据。

本书的内容包括以下三个部分：

第一部分是国内外相关理论研究综述。从我国非公经济内涵及发展阶段、浙江省非公经济发展历程、政策和法制环境、金融环境、文化环境、人力资源环境、企业治理、非公企业家、非公经济党建、统战与参政研究等九个方面，系统梳理了我国尤其是浙江省非公经济的相关研究成果。

第二部分是浙江省非公经济发展环境的相关研究分析。主要从浙江省非公经济的政策和法制环境、金融环境、文化环境、人力资源环境等四个方面对浙江省非公经济发展外部环境的相关研究成果进行系统归纳和整理。

第三部分是浙江省非公经济发展内部影响因素的相关研究分析。主要从浙江省非公经济主体的内部治理、非公企业家、非公经济组织的党建、统战与参政研究等方面系统总结影响非公经济发展的组织内部因素的相关研究成果。

本书受到国家自然科学基金项目（71201110、71671096）、浙江省自然科学基金（LY16G010001）、宁波大学与中国社会科学院合作共建中心预研究项目（ZX2015000099）的支持与资助。在此向本书撰写和出版过程给予帮助和支持的各位领导、老师、同仁、同学、朋友和家人表示感谢。

由于作者的学识与水平的局限性，书中难免存在错误和纰漏，恳切希望广大读者批评指正。

作　者

2015 年 12 月

目　录

第 1 章

绪　　论

我国经济所有制形式包括国有经济、集体经济、私营经济、个体经济、联营经济、股份制经济、外商投资经济、港澳台投资经济。这些经济形式可以分成公有制经济和非公有制经济两大类。

公有制经济包括国有经济、集体经济以及混合经济中的国有成分和集体成分。公有资产在社会总资产中占优势，国有经济控制国民经济命脉，对经济发展起主导作用，公有制经济在我国经济中占据着主体地位。《中华人民共和国宪法》第六条指出我国的社会主义经济制度的基础是生产资料的社会主义公有制，即全民所有制和劳动群众集体所有制。国家在现阶段坚持公有制为主体、多种所有制经济共同发展的基本经济制度。《宪法》第七条明确指出："国有经济，即社会主义全民所有制经济，是国民经济中的主导力量。国家保障国有经济的巩固和发展。"《宪法》第八条对集体经济进行了规定与说明，指出集体经济是由部分劳动群众共同占有生产资料的一种社会主义公有制形式，普遍存在于农业、手工业、工业、建筑业、运输业、商业、服务业等行业中。国家保护城乡集体经济组织的合法的权利和利益，鼓励、指导和帮助集体经济的发展。

非公有制经济，简称非公经济，是包括了公有制经济以外的所有经济成分，包括个体经济、私营经济、外资经济、港澳台经济以及混合经济中的非公有经济成分。非公经济是社会主义市场经济的重要组成部分，在满足人民多样化的物质文化需求、增加就业、发展创业、保证我国经济健康发展方面有着举足轻重的作用。《中华人民共和国宪法》第十一条明文规定："在法律规定范围内的个体经济、私营经济等非公有制经济，是社会主义市场经济的重要组成部分。"并在该条中，进一步强调"国家保护个体经济、私营经济等非公有制经济的合法的权利和利益。国家鼓励、支持和引导非公有制经济的发展，并对非公有制经济依法实行监督和管理"。

需要特别说明的是，在学术研究文献而非法律文献中会经常出现"民营经济"这一词汇。通常来说，民营经济是指除了国有及国有经营以外的经济组织和形式，它的主要成分是集体经济、私营经济、个体经济。民营经济是从经济组织和管理的角度进行划分的一种经济形式，由于根据经营主体划分经济类型存在困难，目前国内有不少地方不是根据经营主体划分经济类型，而是根据财产所有权来划分。例如，我国统计上划分经济类型的方法就是根据财产所有权的归属分为公有经济（国有经济和集体经济）和非公有经济（私营经济、港澳台经济和外资经济）。我国现行法律或者政策是依据生产资料所有制性质划分经济类型，比如上面提到的《宪法》将我国经济类型划分成了国有经济、集体经济、个体私营经济、外资经济等。在提及民营经济的时候，我国法律或者政策性文件一般以非公有制经济的形式表述。再者，民营经济在内涵上与非公有制经济重合度很大（两者的内涵及其区别将在本书第2章进行详细讨论）。从法律政策、理论研究、实际统计等方面来看，民营经济在内涵定义、发展历程、经营现状、规模特点，以及与国有国营经济的关系等方面，都存在着与非公经济极大相似之处。故，民营经济也纳入了本书的研究范畴。

1.1 非公有制经济的发展历程

学术界普遍认为，新中国成立以来非公有制经济发展历程，以改革开放为界，分成了两个截然不同的阶段[1][2][3]。从非公有制经济发展历史看，非公有制经济能否存在和发展以及发展的快慢，与党和国家对非公有制经济的政策演变息息相关[4][1]。在改革开放以前的阶段（1949—1977 年），党的非公有制经济政策变化比较大，经历了一个由肯定到否定，由利用到限制、改造，由有所松动到完全消灭的曲折过程。改革开放后（1978 年至今），我国非公有制经济从无到有、从小到大、从弱到强，现已发展成为我国社会主义市场经济的重要组成部分和推动我国经济发展、社会进步的一支重要力量[2][5]。

在非公有制经济的发展阶段划分方面，不同的学者给出了不同的方案。学者王建香[4]认为可以将我国非公有制经济发展过程分为两大时期、八个阶段。第一个时期为新中国成立到党的十一届三中全会以前，第二个时期为改革开放后到 2007 年。具体的八个阶段分别为：

（1）第一阶段（1949—1952 年）：对个体私营经济“限制、利用”。

（2）第二阶段（1953—1956 年）：对个体经济、私营经济进行社会主义改造。

（3）第三阶段（1957—1965 年）：个体私营经济的基本政策是：利用、限制、改造、调整。

（4）第四阶段（1966—1977 年）：取消个体经济。

（5）第五阶段（1978—1986 年）：恢复发展阶段。

（6）第六阶段（1987—1991 年）：徘徊发展阶段。

（7）第七阶段（1992—1996 年）：高速发展阶段。

（8）第八阶段（1997—2007 年）：持续快速发展阶段。

学者徐亚娜[5]将新中国成立以来非公有制经济的发展历程划分为了改革开放前后两个 30 年的变迁，并细分为六个阶段：

（1）国民经济恢复时期（1949—1953 年）：利用、限制私人资本主义经济；

（2）“一五”计划时期（1953—1956 年）：限制、改造私人资本主义经济；

（3）社会主义改造完成到改革开放前（1957—1977 年）：消灭私人资本主义经济；

（4）非公有制经济崛起并曲折发展（1978 年年底党的十一届三中全会至 1992 年邓小平南方谈话）；

（5）进一步扫清思想障碍，个体、私营经济迅猛发展（1992 年邓小平南方谈话至 1997 年党的十五大）；

（6）确立制度，非公有制经济持续健康发展（1997 年党的十五大至 2009 年）。

学者许桂娟、陈杰[2]认为我国非公有经济经历了艰难曲折的发展过程，概括起来就是它与公有经济走过了“对立（1949—1977 年）——补充（1978—1996 年）——共同发展（1996—1998 年）”三个阶段。学者徐业斌[1]认为可以将新中国成立后非公有制经济的发展经历概括为“消灭（1949—1977 年）——补充（1978—1991 年）——重要组成部分（1992—2006 年）”的过程。

在民营经济发展历程研究方面，学者姚智谋、白凤峥[6]分析了新中国成立以来至 2006 年间的我国民营经济发展历程，并对民营经济在经济增长、新增就业机会、推动经济变革和现代化进程中的作用进行了阐述。他们认为可以将改革开放后发展历程分为：起步阶段（1978—1981 年），高速发展阶段（1982—1985 年），稳定发展阶段（1986—1989 年），调整、巩固阶段（1990—1992 年），第二个高速发展阶段（1993—1996 年），持续快速发展阶段（1998—2006 年）。学者郑修敏、许晓明[7]依据新中国成立后各个历史时期中央对民营经济采取的不同政策，将中国民营经济的发展史划分为以下三个阶段：即接收改造、限制发展阶段（1949—1978 年），政策鼓励、发展壮大阶段（1979—1994 年），继续鼓励、促进发展阶段（1995—2009 年）。

在外资经济发展历程研究方面，学者陆亚琴[8]认为外商直接投资在华的发展历程可以分成五个阶段：萌芽与开始阶段（1979—1986 年），小幅增长阶段（1987—1991 年），快速发展阶段（1992—1994 年），低速增长阶段（1995—1999 年），持续发展阶段（2000—2011 年）。该学者还对外商投资在我国的地区分布、产业分布、来源分布等特征进行了分析，并详细分析了外商直接投资对我国经济的拉动作用。学者邓利华[9]认为可以将我国外商直接投资的发展历程分成三个阶段：第一阶段（1979—1991 年），第二阶段（1992—2001 年）和第三阶段（2002—2010 年），并对外资来源结构、投资模式、外资在我国的地区分布、行业分布等特征进行了分析与评价。

除了从全国角度考察非公有制经济的发展历程外，学者们还从各省区角度来总结分析了公有制的地域发展进程。学者何成学[3]对新中国成立以来至 2003 年间广西壮族自治区非公有制经济的五个发展阶段进行了分析与展望。学者王业兴[10]对 1949—2009 年广东省非公有制经济发展的五个时期的历史变迁及其影响进行了分析和论述。学者李更明[11]对改革开放以来至1998年间广东非公有制经济的发展轨迹、作用及发展前景进行了极有见地的探究和分析。学者陈文玲、王飞[12]分析了浙江（新中国成立以来至2003年间）非公有制经济发展历程、现状及制度创新方面的成就和经验。由学者王杰负责的浙江省统计局课题组[13]对改革开放以来至2002年间浙江非公有制经济的发展过程和现状特征进行详细梳理，阐述了非公有制经济发展的作用和动因，指出了非公有制经济发展过程中存在的一些问题，并对进一步加快非公有制经济发展提出了若干对策建议。学者单东[14]对浙江改革开放30年来民营经济行业和企业的发展历程和经验进行了分析与总结。由学者王杰负责的浙江省统计局课题组[15]浙江省改革开放至2004年的民营经济发展的历史沿革及变化特征进行分析与阐述。学者王国宇[16]对湖南省改革开放初期（1979—1989年）个体私营经济由点到面的不断发展壮大历程进行了说明与分析。学者王维安、马述生、陈政等[17]则分析了四川省筠连县从民国以前、民国时期、新中国成立以来到2001年间的整体发展历程，被称为全国第一本介绍非公有制经济发展历程的县级志书[18]。

最后，值得特别强调的是，研究非公经济的发展历程还有一类极其有用的参考书籍——各类非公经济或民营经济行业和企业的蓝皮书与年鉴图书。其中主要包括了自2003年开始编写并出版的《中国民营经济发展报告》、自1999年开始编写并出版的《中国非国有经济年鉴》、自2009年开始编写并出版的《云南民营经济蓝皮书》、自2000年开始编写并出版的《浙江非国有经济年鉴》、《浙江民营经济发展报告》、《泉州民营经济蓝皮书》等等。据报道，《湖北民营经济蓝皮书——湖北民营经济发展报告（2015—2016）》也已经着手开始编纂。以最经典的蓝皮书《中国民营经济发展报告》为例，由全国工商联主编，内容分为主报告、专题报告、区域报告和地方报告。主报告采用大量数据系统分析了2013年我国民营经济发展的总体情况，客观分析了民营经济面临的机遇和挑战，并就当前民营经济发展面临的突出问题，提出了意见和建议。专题报告邀请国家有关部委和研究机构的专家，就个体私营经济、对外贸易、融资、税收、民营上市公司等多个领域，进行深层次的研究和分析。区域报告对京津冀、东北三省和内蒙古自治区、中部六省、西南四省市、西北地区、珠三角地区、长三角地区在2013年的民营经济发展情况进行了分析。地方报告重点介绍了福建省、广西壮族自治区2013年民营经济发展情况，以及海南省 2013 年非公有制经济发展调研报告、北京市非公有制经济发展政策环境评估报告和山东省非公有制经济发展报告。从以上内容不难看出，该体系的蓝皮书是研究我国及各地区非公有制经济发展历程及现状所必不可少的参考书籍。

本书将在对现有非公有制经济历程研究的相关成果的基础上，系统梳理我国非公经济研究的发展历程。

1.2 非公有制经济的研究内容

随着改革开放以来的持续健康快速地发展，非公经济所取得的成就和贡献得到了政府和社会的全方位认可，越来越多的学者和机构参与到非公经济的相关理论与实践研究中，非公经济领域相关研究成果不断涌现，逐渐形成了较为系统的非公经济理论研究体系。

在 CNKI 的“中国学术期刊网络出版总库”数据库中，以标题为“非公经济”或“非公有制经济”或“民营经济”或“个体经济”或“私营经济”或“外资经济”或“港澳台投资经济”进行查询（“TI =（‘非公经济’ + ‘非公有制经济’ + ‘民营经济’ + ‘个体经济’ + ‘私营经济’ + ‘外资经济’ + ‘港澳台投资经济’）”），可检索到（2015 年 10 月 19 日进行检索）1955 年至 2015 年间的期刊文献 16875 篇。以这些文献为基础数据，可以对我国非公经济研究情况进行大致了解和宏观分析。

从非公经济相关文献的每年发表量来看（见图 1 - 1），1955 年、1961 年各 2 篇文献，其间 1965 年至 1960 年没有相关文献。在 1962 年至 1979 年间也是研究的“空白”期。1980 年至 2015 年连续每年都有相关研究文献，逐渐从 1980 年开始每年十余篇或几十篇，到 1988 年开始突破了百篇达到 159 篇文章。之后逐渐回落至 1991 年的 62 篇，再逐渐增长到 1993 年到 1997 年间的数百篇文章。到 1998 年突破了千篇达到了 1213 篇，之后基本操持在千篇左右，在 2004 年达到了峰值 1390 篇期刊文章，最后到逐渐平稳回落至每年 500 篇左右的稳定水平（2015 年的 220 篇非全年数据，只是 1 至 10 月份的数据）。概括来看，对非公经济的研究经历了“起步—高速增长—稳定发展”的过程。这个过程与我国非公经济的发展速度和发展历程关联比较紧密。

从研究机构来看，这 16875 篇非公经济相关研究文献的作者主要来自中共中央党校、中国人民大学、中国社会科学院、武汉大学、全国工商联合会、北京大学、中国社会科学院经济研究所、中南财经政法大学、吉林大学、浙江大学等高等院校和科研院所。具体数据见图 1 – 2。

从研究层次来看，依据 CNKI 的分类规则和数据，主要集中在基础研究（社科）（5640 篇）、政策研究（社科）（3029）篇、行业指导（社科）（2152 篇）三大类。具体分类数据可参见图 1 – 3，其中，其他项包括了基础与应用基础研究（自科）48 篇、大众文化 36 篇、高级科普（社科）30 篇、党的建设与党员教育 17 篇，高等教育 20 篇、行业技术指导（自科）15 篇、基础教育与中等职业教育 2 篇、政策研究（自科）1 篇，共计 169 篇。

从学科分类来看，依据 CNKI 的分类规则和数据，主要集中在经济体制改革（7087 篇）、企业经济（1442 篇）这两大类，而金融、中国共产党、中国政治与国际政治、宏观经济管理与可持续发展等四类也占据了较大的比例。详细数据可参见图 1 – 4，其中，其他项包括了市场研究与信息、贸易经济、行政学及国家行政管理、宪法、档案及博物馆等 25 类学科。

从研究对象来看，非公经济或民营经济及其包括的个体经济、外资经济、港澳台投资经济在这 16875 篇非公经济研究文献中的所占比例如下：标题中包含“非公经济”或“非公有制经济”的有 5390 篇，包含“民营经济”的有 6415 篇，包含“私营经济”4327 篇，包含“个体经济”的有 731 篇，包含“外资经济”和“港澳台投资经济”的有 85 篇。考虑到有些篇目会出现两个或更多的经济种类，故各部分篇数之和会比 16875 多一些，依据各自篇数，可大致得到这些研究对象在整个非公经济相关文献的大致研究比例，见图 1 – 5。通过图 1 – 5 可见，将非公经济作为一个整体进行研究的比例约占 43%，而民营经济则占据了所有文献的约 50%，成为最主要的研究对象。而个体经济、外资经济、港澳台投资经济三类组成所占比之和仅约 7%，则属于比较小众的研究对象。

下面来分析这 16875 篇非公经济研究文献主题及方向。面对这一“大

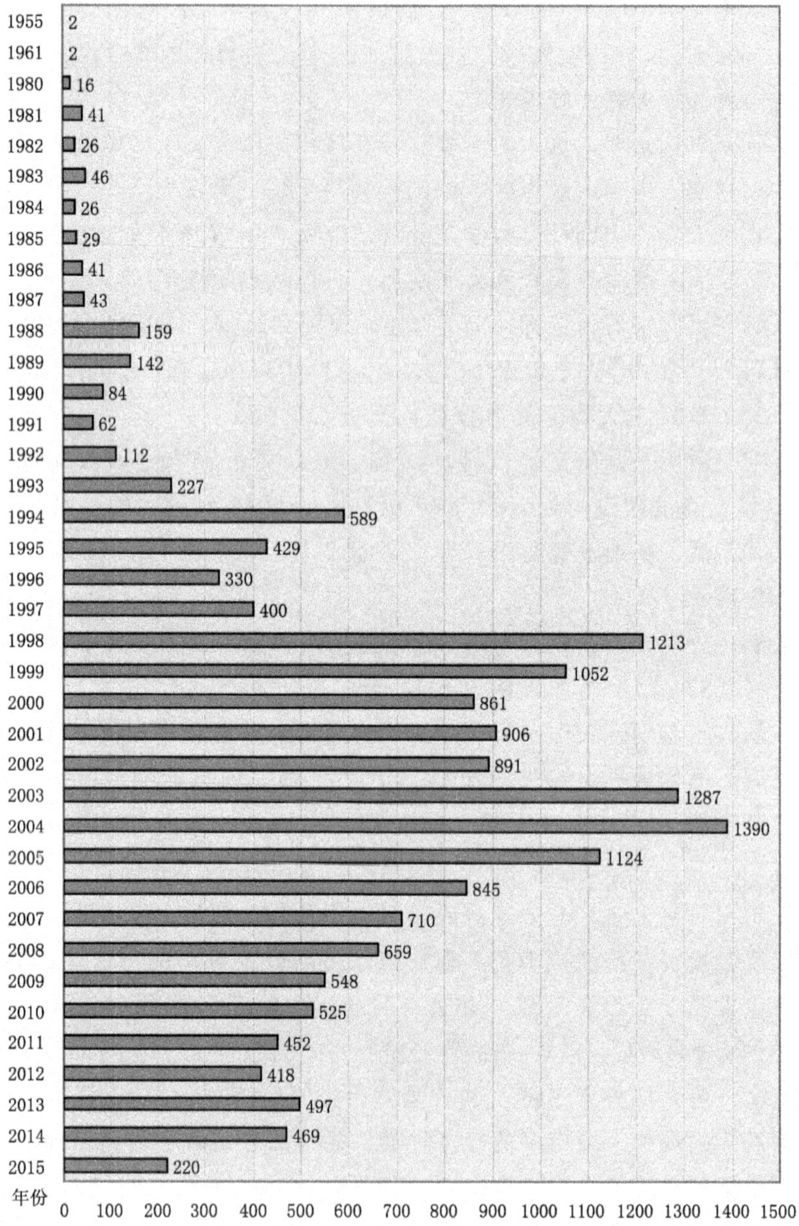

图 1－1　1955—2015 年 16875 篇非公经济相关研究文献的逐年发文量

数据”，的确很难把其主要研究内容提取出来。为了研究方便，不妨先筛选其中的重要文献进行研究。众所周知，被引次数是反映文献重要程度的一个重要指标。为此，选取了被引次数在 30 及以上的 43 篇文献（在

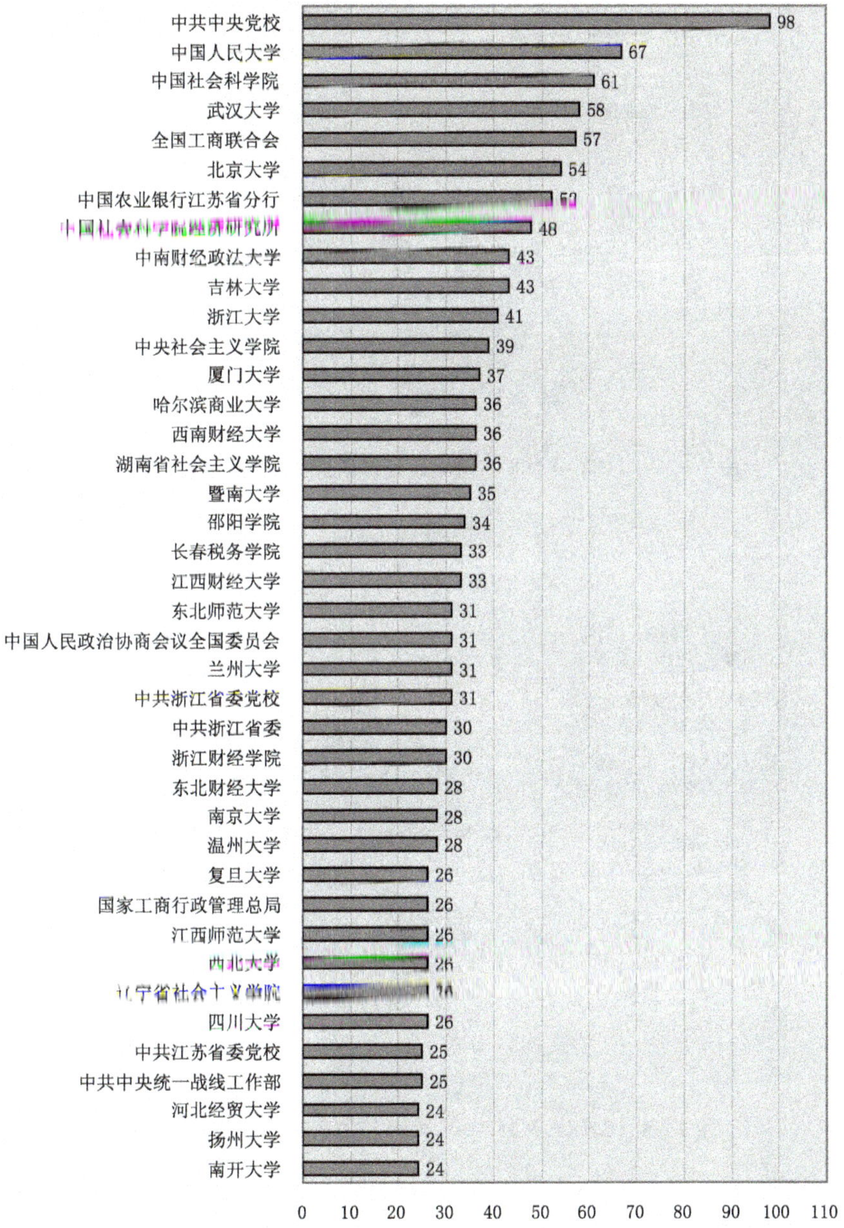

图 1－2　CNKI 中 16875 篇非公经济研究文献的部分主要研究单位及其发文量

CNKI 中用以下语句进行检索 TI＝（‘非公经济’＋‘非公有制经济’＋‘民营经济’＋‘个体经济’＋‘私营经济’＋‘外资经济’＋‘港澳

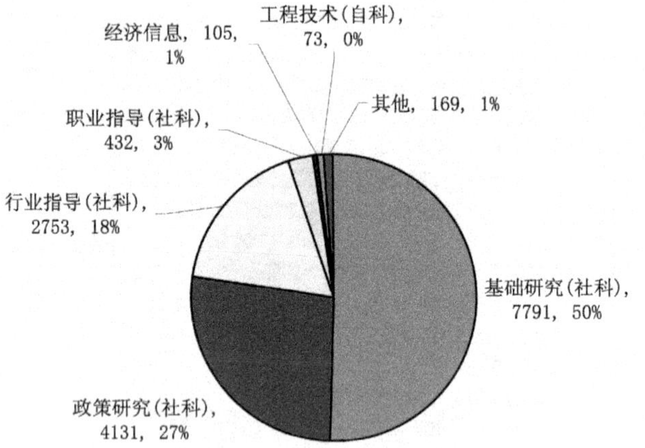

图 1－3 CNKI 中 16875 篇非公经济研究文献的研究层次分布

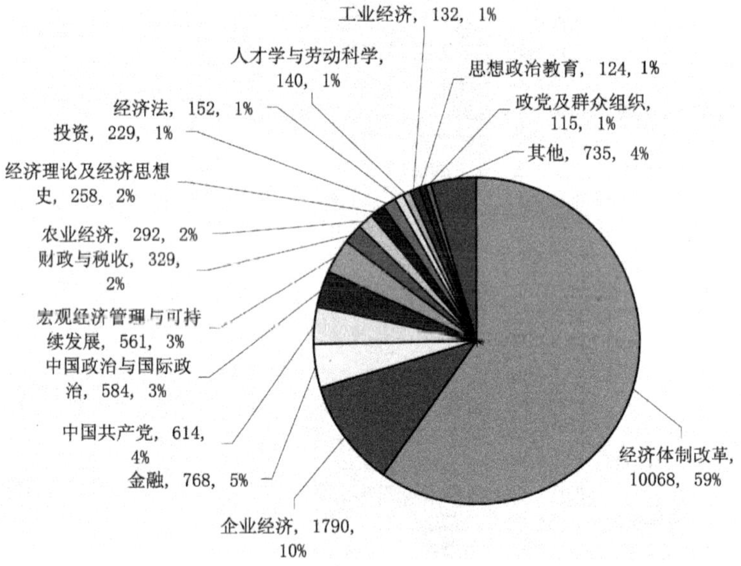

图 1－4 CNKI 中 16875 篇非公经济研究文献的学科分类

台投资经济'）AND CF＞＝'30'），详情见表 1－1。通过表1－1不难发现，"民营经济"几乎全部出现在这 43 篇文章的标题中，也就意味着民营经济相比非公经济研究，尤其是早期的相关研究，更能引起学者们的兴趣和关注。通过细分其研究内容，可以归纳出如下五个研究主题或方向（其后数字为该主题所涉及的文章在表 1－1 中的序号）：

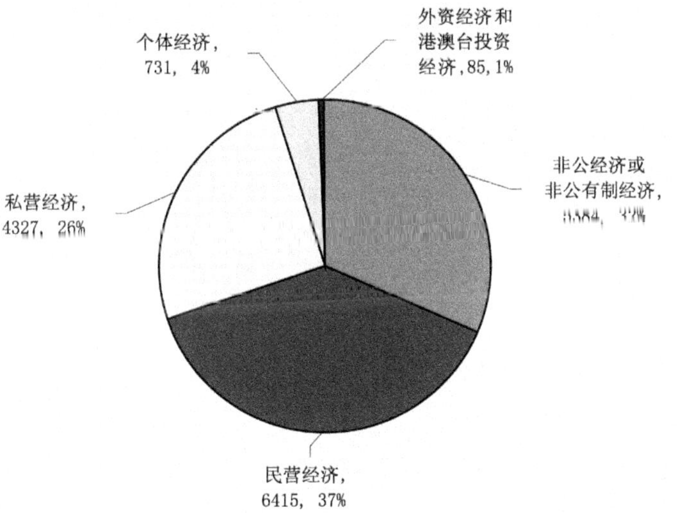

图1－5　各研究对象在16875篇文献中所占比重

- 发展历程、现状及对策分析：2、4、8、9、17、19、22、33、34、35、36、40。
- 金融环境及融资策略分析：1、6、10、13、15、17、25、28、37、38、38、41、42、43。
- 政策、法规与制度环境（政府意志）：5、7、14、16、20、24、26、27、29、31、39。
- 发展模式、区域或产业分析（对比）：6、11、21、22、27、30。
- 非公经济企业内部治理：3、4、32。

表1－1　CNKI期刊数据库中非公经济研究高引文献

（被引次数≥30）

序号	题名	作者	来源	发表时间	被引次数	下载次数
1	民营经济的金融困境与融资次序	张杰	经济研究	2000－04－05	1422	6549
2	中国的外资经济对增长、结构升级和竞争力的贡献	江小涓	中国社会科学	2002－11－10	586	3750
3	民营经济发展与劳资关系调整	姚先国	浙江社会科学	2005－03－15	169	1307
4	中国民营经济的发展与前景	茅于轼 张玉仁	国家行政学院学报	2001－11－05	109	715

续表

序号	题名	作者	来源	发表时间	被引次数	下载次数
5	转轨期中国制度变迁的演进论解释——以民营经济的演化过程为例	邓宏图	中国社会科学	2004－09－10	98	2319
6	中国民营经济的产业结构演进——兼论民营经济与国有经济、外资经济的竞争关系	王劲松 史晋川 李应春	管理世界	2005－10－20	95	2405
7	论民营经济的十个认识问题（上）	晓亮	南方经济	2001－01－25	82	196
8	民营经济内涵问题探析	阳小华	江汉论坛	2000－05－15	81	312
9	走向21世纪的中国民营经济	黄文夫	管理世界	1999－11－24	77	313
10	关于我国民营经济发展中的金融支持问题	李茂生 苑德军	财贸经济	2000－01－10	67	301
11	民营经济发展模式比较	谢健	中国工业经济	2002－10－17	66	866
12	民营经济发展和民营企业成长研究	国家统计局企业调查总队课题组	经济研究参考	2004－01－23	63	402
13	民营经济、民间金融与经济增长研究	刁怀宏	理论与改革	2004－03－28	63	663
14	我国民营经济发展的制度性障碍研究	杨天宇	改革	2003－12－30	62	383
15	中国民营经济融资困境与金融制度创新	马方方	经济界	2001－05－10	59	240
16	“入世”后民营经济发展中应着力解决的若干问题	王国刚	中国工业经济	2002－02－17	56	262
17	中国私营经济：贡献与前景	胡家勇	管理世界	2000－09－24	55	307
18	制度变迁与民营经济融资渠道拓展	康立 吴韡	中南财经大学学报	2001－03－16	55	246
19	中国民营经济发展研究综述	徐瑞娥	经济学动态	2002－10－18	52	355

续表

序号	题名	作者	来源	发表时间	被引次数	下载次数
20	民营经济要健康快速发展	董辅礽 厉以宁 戴园晨 黄文夫 李定 曹远征 张厚义	宏观经济研究	2000－06－18	47	334
21	“中国民营经济发展与企业竞争力”研讨会综述	王晓晖	管理世界	2003－02－20	44	612
22	中国区域经济发展差距与民营经济发展差距的相关性分析	胡大立	上海经济研究	2006－02－28	44	736
23	浙江民营经济发展经验及未来态势	颜春友	商业经济与管理	2001－11－25	41	200
24	行政法视野中的民营经济与政府规制改革	唐明良 宋华琳	法治研究	2007－02－05	40	538
25	PPP 模式：民营经济参与公用事业的新模式	熊波	中国城市经济	2005－01－30	40	708
26	我国民营经济发展的制度环境研究	吴宗杰 刘国华 张红霞	经济问题	2003－06－28	40	268
27	地方政府制度创新与民营经济发展——温州制度变迁的轨迹与分析	陈国权 麻晓莉	中国行政管理	2004－06－01	38	302
28	民营经济发展与金融支持	刘海虹	经济评论	1999－09－25	37	124
29	民营经济投资“禁区”研究	王元京	战略与管理	2002－08－05	36	186
30	试论温州民营经济发展动因与特点	陈明乾	浙江学刊	2002－06－27	35	262
31	大力扶持“微型企业”：我国民营经济发展中需要重视的一问题	张陆 张丽鹏	经济经纬	2006－11－10	34	431

续表

序号	题名	作者	来源	发表时间	被引次数	下载次数
32	“民营经济”称谓将约定俗成	单成繁	党史纵横	2006-01-01	33	132
33	对民营经济概念的修正	木志荣	云南财贸学院学报	2002-10-30	33	167
34	民营经济论	单东	浙江社会科学	1998-03-05	33	88
35	我国民营经济发展中的家族治理问题研究	余立智	商业研究	2003-01-25	33	329
36	我国民营经济的发展趋势和战略转型	辜胜阻 李俊杰 郑凌云	宏观经济研究	2006-01-18	33	618
37	基于金融制度变迁的民营经济融资分析	陈春霞	当代财经	2004-10-21	31	232
38	浅谈我国民营经济发展中的金融支持问题	张跃进	财经问题研究	2001-02-05	31	223
39	认真搞好民营经济发展　促进经济持续快速增长	杨启先	经济纵横	2000-10-30	30	73
40	中国私营经济、私营企业主阶层产生、发展的实践和理论演变	陆学艺	中国社会科学院研究生院学报	2003-01-13	30	215
41	完善民营经济投资体制与政策环境	国家计委宏观经济研究院课题组	经济研究参考	2002-02-28	30	196
42	发展民营经济需拓宽民营企业的融资渠道	何芳英	企业技术开发	2004-06-30	30	190
43	民营经济的融资困境及其策略选择	程蕾	当代财经	2001-03-21	30	190

为了深入分析相关文献所涉及的研究主题及方向，作者进一步选取了“被引次数大于等于10”的286篇文献作为研究对象（TI =（‘非公经济’+‘非公有制经济’+‘民营经济’+‘个体经济’+‘私营经济’+‘外资经济’+‘港澳台投资经济’）AND CF > = ‘10’）。限于篇幅，不再一一列出文章题目。通过对286篇文章的题目、摘要及主要内容的归纳，除了包含以前五个大主题的研究内容外，还有一些研究内容和方向值得注意：

- 非公经济及民营经济的内涵界定研究；
- 区域文化环境、文化特色与非公经济发展的关系；
- 非公或民营经济金融风险问题的实证与研究；
- 非公或民营经济投资公共事业、体育行业、旅游行业、电信产业、国防科技工业、航空运输业、校企合作等方面的研究；
- 非公或民营经济集群发展、非公经济产业集聚的研究；
- 非公或民营经济区域竞争力研究；
- 非公经济组织的党建工作研究；
- 非公经济人士的相关研究；

鉴于高引文献的年代相对比较远的事实，作者又选取了2015年的208篇文献进一步抽样分析非公经济近期研究的主要内容（TI =（‘非公经济’+‘非公有制经济’+‘民营经济’+‘个体经济’+‘私营经济’+‘外资经济’+‘港澳台投资经济’）AND YE > = ‘2015’）。通过对208篇文章的题目、摘要及主要内容的归纳，发现其包括了如下主要研究内容和方向：

- 非公经济的统战工作；
- 非公经济区域人才需求、区域高职专业设置问题；
- 非公经济商会研究；
- 非公经济税收法制环境研究；
- 大量区域（省、市、县、区）非公及民营经济发展的现状、经验及对比分析；
- 非公或民营经济发展趋势及对策研究。

根据以上三部分研究主题和方向，可以较为系统地将当前非公经济的主要研究内容分成如下九个分支：

（1）非公经济及民营经济的内涵界定、发展历程研究。

（2）非公经济区域发展模式、区域（产业）发展现状、区域发展趋势、区域竞争力、区域集群（产业集聚）模式与现状，及其对比分析和对策研究。比如，大量区域（省、市、县、区）非公经济发展的现状、经验及对比分析。

（3）非公经济的政策（政府意志）、法规与制度环境研究。比如，税收法制研究等。

（4）非公经济的金融环境、融资策略分析、投资行业及其模式分析、金融风险问题的实证与研究。比如，非公经济投资公共事业、体育行业、旅游行业、电信产业、国防科技工业、航空运输业、校企合作等方面的研究。

（5）非公经济发展与区域文化环境、文化特色的关系研究。

（6）非公经济的区域人才环境、人才需求研究。比如，人才结构、数量和质量，人才储量问题及其服务地方院校、高职的专业设置的关联研究等。

（7）非公经济组织及企业的内部治理。比如，家族管理模式，劳资关系研究等。

（8）非公经济企业家的相关研究。

（9）非公经济的党建与统战研究。

1.2.1 非公经济及民营经济的内涵界定与发展历程研究

在 CNKI 中，对非公经济的相关概念研究最早是对“私营经济”内涵的研究。学者吴江[19]于 1988 年在《社会科学》上发表了以“私营经济内涵的五种不同看法”为题的短文，分析了私营经济的内涵。同样在 1988 年，国家出台了《中华人民共和国私营企业暂行条例》，该条例共四十八条，其中在第二条指出：“本条例所称私营企业是指企业资产属于私人所有、雇工八人以上的营利性的经济组织。”学者方涛[20]在 1989 年对私营经济的概念进行了说明，并对其基本特征和划分标准进行了探讨，从当前实际需要出发，把生产资料私有和雇工 8 人以上作为划分私营经济的标准，由于它既抓住了事物的本质，又能较好地解决实际问题，因而可以作为改革和法律的依据。当然，由于这个标准并未解决私营经济的科学定义，所以不应妨碍我们从理论上对其作进一步地探讨[20]。著名学者晓亮[21]在 1991 年指出私营经济是一个相当广泛的概念，既包括私有私营经济，也包括公有私营经济。它是一个经营性概念，是指私人经营的经济，而不是所有制概念。在我国现阶段，私营经济大体上包括城乡个体经济、资本主义经济、“三资”企业、集体所有、私人经营的经济。用“七上八下”、从量的方面来划分个体经济与资本主义经济的界限，只是实践的需要、管理的需要，这种单纯以雇工人数界定的办法，是有缺陷的，应辅之以经营规模。学者陈烈平、王仲君[22]在1994年对私营经济进行了探讨，认为其更宜定义为一种经营方式而不是经济形式。总体上讲，学者们大都认可《中华人民共和国私营企业暂行条例》中私营经济的定义，而且在实际统计中，这一定义也被广泛接受和应用。

“民营经济”这一概念的讨论于1993年[23]出现在文献当中。学者刘宏[24]于1994年提出观点：民营经济是现实经济生活中客观存在的，是相对于国家所有还是民间所有而言的一种民间所有制经济形式。除国家所有以外的混合型经济实体都应属于民营经济范畴，民营经济是社会主义初级阶段的产物，是社会主义市场经济的产物。学者单东[25]于1997年指出，“民营”是与官营或国营相对的概念，可理解为非国营，而民营经济可理解为非国有经济。学者陈静[26]于1998年对“官工业”和“民间工业”的历史进行了考察，指出凡是非国有国营的经济形式和经营方式都归于民营经济。学者黄文忠[27]于1998年指出民营经济是一个科学的概念，“民营”是指“民间经营”，其外延是指全社会所有各类企业中，除了国家经营的企业以外，均系“民间经营”的企业。学者张旭昆、陈福清[28]于1998年进一步从“营”与“有”两者的关系角度出发阐述了民营经济概念是从经营权角度对各种经济类型的科学概括。学者甄峰[29]于1999年认为民营经济应突出“营”字，可定义为具有营利性和服务性并直接由个人或法人组成成员共同经营管理的经济形式。学者阳小华[30]于2000年在综合理论界相关研究的基础上，探讨了民营经济的基本概念，认为民营经济应定义为非国有非国营经济，并进一步分析了民营经济概念提出的逻辑主线问题，对三种常见的民营经济概念进行了评述分析。该文献是民营经济概念与内涵方面被引次数最高的文献之一，其观点得到了学者们广泛的关注和认可。学者韩云[31]对民营经济的“非国有国营”、“非国营非官营”、“非国有”三种概念进行分析，认为可以从经营机制角度对民营经济进行定义，提出民营经济是一种民营机制，其基本含义是指以一定的产权归属关系为基础，以民众经营制度为特征，并贯彻民众经营行为的一种经营机制。学者木志荣[32]认为“不管是理论界、实业界、政府部门，还是普通老百姓，当说起民营经济的时候，指的其实就是非公有制经济，或者主要指非公有制经济，尤其指个体私营经济。政府制定的民营经济政策，理论界关于民营经济发展问题的研究论文及研讨会，涉及的主要是非公有制经济的发展”，并进一步指出“民营经济”概念提出的现实意义在于改变公有经济的官营模式，民营经济的主体应该是公有民营经济。学者冯秀恳[33]认为“从大力发展民营经济”这一观点提出的背景来看，民营经济的内涵应是指非公有经济，反之，从经营方式来理解大力发展的民营经济是不合逻辑的。并且认为把民营经济定义为所有制范畴，在理论上和实践上有重大意义。学者孙西克[34]在对民营经济概念进行总结的基础上，对“苏南模式”、“温州模式”、“珠江模式”进行了比较说明。针对上述种种争论和因为这些争论带来的弊端[35]，全国工商联作为党和政府联系非公有制经济人士的桥梁和纽带，作为政府管理非公有制经济的助手，于 2003 年成立了“全国工商联民营经济发展形式分析课题组”。课题组在 2003 年 11 月 19 日完成的《中国民营经济发展报告——2003 年度》[36]中对民营经济的界定是：“广义的民营经济是指除国有和国有控股企业以外的多种所有制经济的统称，包括内资民营经济（含个体工商户、私营企业、集体企业等）、港澳台投资企业和外商投资企业。狭义的民营经济是不包含外商投资企业。”学者邢宏建、李好好[35]将上述两种定义称为民营经济的新内涵，并对新内涵所体现出的界定思想和实际操作中可行性进行了分析与探讨。学者刘儒、周丽涛[37]认为民营经济不是一个所有制范畴，而是一个经营方式范畴，应促进民营经济健康、快速发展，加快公有经济民营化步伐。学者单东认为[38]于 2005 年提出狭义的民营经济指个私等非公有制经济；广义的则除了个私经济外，还包括非国有经济中的公有制经济。学者吴立平[39]指出我国现行的登记注册类型及统计资料中没有现成的“民营”一栏，可采取迂回的办法，如“倒扣法”或“累加法”来计算民营经济份额。学者徐成波[40]也认同民营经济是非国有国营的所有制形式和经营方式的总称。

在非公经济的内涵方面，学者们的看法相对一致。例如，学者刘耀森、郎永建[41]认为非公有制经济不仅包括个体经济、私营经济和外资经济，还应包括股份制、股份合作制等混合所有制经济中的私人所有部分。在实践上，应将股份制、合作制看作是能够促进我国生产力发展的非公有制经济的一种实现形式，并提倡和鼓励其发展。学者郭伦德[42]于 2005 年指出，“非公有制经济”及相关概念等的使用非常混乱。按有关规定和概念内涵，非公有制经济 = 私有经济 + 外资经济 ≠ 民营经济 ≠ 民有经济。该学者进一步建议不要继续使用“民营经济”、“民有经济”等概念，应该统一采用“非公有制经济”和“私有经济”来分别称谓国民经济和内资中的私有成分。学者白嘉、张会新[43]从“非公有制经济”的历史、定义内涵和定义方法三个方面指出了我国理论界目前关于“非公有制”提法的局限性。学者宁坚[44]则对邓小平非公有制经济思想的科学内涵进行了分析，指出邓小平非公有制经济思想不仅突破了传统经济理论的束缚，跨越了传统社会主义经济运行模式的藩篱，是我国社会主义市场经济的重要理论基石，有力推动了公有制经济和非公有制经济的优势互补和共同发展，极大地解放和发展了生产力，促进了我国非公有制经济的繁荣和中国经济社会的持续快速发展，而且对当前我国非公有制经济的发展仍然具有重要的理论指导意义。

有关非公经济、民营经济等概念内涵以及其发展历程的研究综述，可参见本书的第 2 章的相关内容。

1.2.2 非公经济区域与产业发展研究

在 CNKI 中，最早探讨这一问题的是 1982 年的一篇探讨“中国个体经济的发展趋势”的文章（文献没有标注具体作者姓名）。学者王太喜[45]在 1984 年对西安市个体经济的历史和现状进行了分析。学者冯小宁[46]于 1986 年通过对广州某个体经济联合体的发展历程和实践经验进行了说明。学者李相启、岳仁华、牛学忠[47]于 1986 年对陕西省城镇个体经济发展进行了调查分析。学者南文渊、张和平、周忠瑜、王作全[48]于 1987 年对西宁地区回族个体经济的特点及其社会作用进行了调查分析。学者胡国华、刘敬怀、陈敏[49]于 1987 年对我国个体经营者现状进行了调查分析。

在 1998 年之前，全部文献都以“个体经济”为研究对象。到 1998 年之后，“私营经济”开始成为另一个研究主题。

在 1988 年，学者张子仪[50]研究了平遥县的个体和私营经济的现状，学者张厚义、秦少相[51]对我国私营经济的现状进行了分析研究，学者张文蔚[52]分析了上海个体经济的现状与发展趋势，上海社会科学院的《社会主义初级阶段私营经济研究》课题组[53]对浙江省温州、台州地区私营经济进行了考察与比较分析，学者苏永清、刘德林、戴克勋[54]研究了湖南常德地区的个体经济货币流通的现状，学者须俭、夏晓春[55]对“苏南模式”进行了调研，学者傅吕明[56]对新疆个体和私营经济进行了剖析。

在 1989 年至 1992 年，相关研究的重点仍是个私营经济的发展现状和特点。1989 年，学者求实[57]研究了武汉市汉正街小商品市场和发展对策和政策，学者苏文勋[58]对河北省私营经济发展的现状、作用、对策进行了分析，学者于泰厚[59]对沈阳市私营经济进行了调查，学者贾常先、张玉荣、李哲宏[60]分析了郑州市私营经济发展情况，学者全若谷[61]对江西省的个体工商户和私营企业现状进行了分析，学者谭平祥[62]对新疆生产建设兵团个体经济的现状、问题进行研究了分析，学者李士辉[63]研究了温州农村股份合作企业的发展态势。1990 年，学者们研究了沈阳市东陵区私营经济[64]、甘肃从 1951 年来个体经济的发展历程[65]、温州私营经济现状及发展方向。1991 年，学者们研究了安徽省、太原市[66]、深圳市个体私营经济情况和发展趋势[67]。1992 年，学者们研究了全国[68][69]、浙江省宁波市象山县[70]、福建省[71]、吉林省[72]等地个私营经济的发展状况。

到 1993 年，研究文献中开始出现非公有制经济这一主题。一些学者从外资企业总量、结构、规模、地区分布和外资来源等方面对我国非公有制经济整体发展状况进行了研究[73][74][75]。学者们还对广西壮族自治区[76]、上海市[77][78]在南京市、梅州市[79]、阳江市[80]、大庆市[81]、黄陂县[82]的个体和私营经济的发展、问题及其对策进行了研究分析。

从 1994 年开始研究非公经济发展现状、问题及对策的文章大量涌现，所涉及地区也越来越多，很难逐个列举分析。因此，将研究重点放在浙江省的非公经济研究上。此类研究按照其内容可以大致分为以下三类：一是对浙江某一地区或某一产业的非公经济研究；二是对浙江某几个区域进行比较研究；三是浙江省与其他省域的非公经济发展比较研究。在第一方面，学者们研究了浙江省非公经济[13][83][84][85][86][87]、浙江基础设施领域民营经济[88]、宁波市非公经济[89][90][91][92][93]、浙江第三产业个体经济[94]、温州市非公经济[95][96][97][98]、金华市非公经济[99]的发展状况。在第二方面，学者们比较研究了浙东地区（指宁波、温州和台州地区）私营经济[100]、嘉兴市与温州市个私经济[101]、嘉兴市与湖州市个私经济[102]。在第三方面，学者们完成了浙江温州与甘肃临夏非公有制经济发展状况[103]、中国非公经济典型区域发展模式[104][105]、浙江省与江苏省个体经济发展[106][107]、温州、福鼎和福安三地市个体私营经济发展[108]、东南沿海五省（浙江、广东、江苏、福建、上海）的民营经济[109]发展机理及转型趋势比较分析。

在2003年，研究文献中出现了两个明显的特点：一是学者们开始研究非公经济的“聚集”现象；二是各地争相报道、学习、借鉴浙江省非公经济发展的经验与做法，来改造发展本区域内的非公经济。在聚集现象研究方面，有的学者[110][111][112][113][114]指出非公经济的“集群效应”在浙江、广东、福建、江苏、河北、河南、江西等很多省份都有分布，其中以浙江省和广东省分布最为集中，并分析了集群特征和经济效应、面临的问题及解决策略。另一方面，学者们研究了甘肃[115]、广东、江苏[116]等省如何借鉴浙江非公经济发展经验，《中华工商时报》[117]、《证券时报》[118]、《云南政协报》[119]、《广州日报》[120]、《云南经济日报》[121][122]、《人民政协报》[123]、《广西日报》[124]等都对浙江或温州的民营经济或非公经济的发展经验与借鉴意义进行了报道。

在2004年，我国非公经济研究成果的最大亮点之一是《中国民营经济发展报告No.1（2003）》[36]的出版。该书由全国工商联组织众多专家编写、社会科学文献出版社出版。《报告》包括了改革开放25年来民营经济发展回顾与分析，从全国、地区、产业、企业等不同层面，全面、系统地反映了我国民营经济发展总体情况。2004年，另一个显著特点是对各地区的非公经济发展模式比较分析的文献逐渐增多，如湖北省与浙江省私营经济发展差异[125][126]，广东省与浙江省[127]民营经济发展比较，浙、沪、苏、粤四省个私民营经济比较分析[128]。此外，学者们还对浙江民营经济[129][130][131]、温州私营经济[132]、宁波的外向型民营经济[133][134]进行了研究。

在2005年，对比研究和集聚研究还是重点内容之一[135][136][137][138][139]。另一研究热点是《国务院关于鼓励支持和引导个体私营等非公有制经济发展的若干意见》（通常被称为“非公36条”）[140][141][142][143][144][145]。

自2006年开始，非公经济的相关研究重点不再是整体分析某一地区的非公经济的总体发展现状，而是更多偏向非公经济发展某一具体方面的研究。还有一个特点是针对非公经济研究的硕士和博士学位论文开始出现，这也说明非公经济的理论研究开始向纵深方向发展。其主要研究内容涉及非公经济发展模式[146][147][148]、政府政策体制[149][150][151]、劳资关系与人力资源发展[152][153]、集群持续发展[154]、行业进入模式[155]、发展环境优化[156]、市场环境[157]、区域非公经济竞争力[158][159][160]、党建[161]等问题和方向。

2008 年是改革开放 30 周年，这一年的研究重点之一是对非公经济在这 30 年内的发展历程、特点、作用和经验的总结分析[162][163][164][165][166]。此外，学者们还对民营私募股权基金[167]、浙江民营经济软法治理模式[168]、温州基于民营经济主导的区域金融生态环境[169]、温州民营经济投资农村电影数字化放映[170]、“杭州模式”[171]、“慈溪模式”[172]、“绍兴模式”[173]等问题进行了研究。

2009 年至 2010 年基本延续了 2008 年研究内容和方向，而浙江省区域非经济发展[174][175][176]和比较研究[177][178][179][180][181][182][183]占了很大比重。2010 年另一研究重点是《国务院关于鼓励和引导民间投资健康发展的若干意见》，即“新 36 条”[184][185]。

2011 至 2015 年，非公经济区域研究和行业研究的框架和内容基本固定，其理论研究重点也是之前研究体系的某一特定方面和问题的深化与推进，详见本书的第 3 章的相关内容，在此不再赘述。

1.2.3 非公经济政策和法制环境研究

在 CNKI 中，对这一主题的研究开始于 1981 年，学者齐国相、李纪荣、赵宝林[186]结合沈阳市的具体情况，提出了发展城镇个体经济的具体政策有待研究的观点。同年 7 月份，国务院出台了《关于城镇非农业个体经济若干政策性规定》，而中共湖南省委、湖南省人民政府批转长沙市委、市人民政府《关于发展集体、个体经济安置城镇待业人员就业若干问题的报告》[187]也可以说是较早的有关非公经济发展的地方政府文件。

1983 年 4 月，国务院出台了《关于城镇非农业个体经济若干政策性规定》的《补充规定》[188]。

1984 年至 1990 年，研究重点主要围绕个体经济和私营经济的法律地位和法律保护问题展开。比如，“傻子瓜子”现象的法律探讨[189]，私营经济适用法律及其法律地位[190][191][192][193][194]等问题。而这段时期内，国家也出台《中华人民共和国私营企业暂行条例》、《中华人民共和国私营企业所得税暂行条例》、《中华人民共和国私营企业投资者个人收入调节税的规定》等文件，改变了中国私营经济存在和发展无法可依的局面[194]。

在 1991—1994 年间，学者们对个体经济消长的政策效应[195]、政策取向[196]、政策形成过程[197]、政策特点与问题[198]等进行了研究。而在 1993 年 11 月 14 日，党的十四届三中全会通过《中共中央关于建立社会主义市场经济体制若干问题的决定》，对我国所有制结构和非公有制经济问题作出了更加完整的阐述[199]。

在 1995 年至 1998 年，研究重点主要是城乡个体私营经济发展的法律与政策障碍[199]、地方性政策措施效果比较与总结[200][201]。

1999 年 3 月 15 日，全国人大九届二次会议通过宪法修正案，第一次在法律上将非公有制经济纳入社会主义初级阶段的基本经济制度和社会主义市场经济的重要组成部分[202]。

2000 至 2002 年的研究重点是政府行为对非公经济发展影响[203][204]、政府管理制度创新与民营经济发展的相互关系及政策选择理论[205][206][207][208][209]。

2003 年 1 月 1 日，国家开始施行 2002 年 6 月 29 日全国人大常委会通过的《中华人民共和国中小企业促进法》，这是我国国家制定的扶持和促进中小企业发展的第一部专门法律。

自 2003 年开始，非公经济政策环境研究的文章开始增多，每年在 200 篇左右。2003 年的研究主要方向包括浙江民营经济发达地区政府与市场关系[210]、温州地方政府制度创新与民营经济发展间的关系分析[211]、民营经济投资体制与政策环境关系分析[212]、非公有制经济理论与[illegible]分析[213][214][215]。

2003 年 10 月 14 日，党的十六届三中全会通过《中共中央关于完善社会主义市场经济体制若干问题的决定》，这一决定是中国共产党关于非公有制经济理论和政策的创新及发展，在非公有制经济理论和政策方面有许多重大突破[216]。

2004 年 2 月 15 日，中共浙江省委、浙江省人民政府发布了《关于推动民营经济新飞跃的若干意见》。该意见包括五个方面 29 条细则，旨在加快推动民营经济新飞跃，促进浙江省经济社会持续快速协调健康发展[217]。

2005 年 2 月 25 日，国务院发布了《关于鼓励支持和引导个体私营等非公有制经济发展的若干意见》（通常被称为“非公 36 条”）。

2006 年 1 月 13 日，浙江省人民政府发布了《关于鼓励支持和引导个体私营等非公有制经济发展的实施意见》（被业内简称为“非公 32 条”）。

2006 年 8 月 27 日，《中华人民共和国合伙企业法》由中华人民共和国第十届全国人民代表大会常务委员会第二十三次会议于 2006 年 8 月 27 日修订通过，自 2007 年 6 月 1 日起施行。

2005 至 2008 年，相关研究重点主要集中在浙江省各级政府关于非公经济的政策演进与政策导向[218][219][220]、政府行为与非公经济发展关系分析[221][222][223][224][225][226]、相关地区的非公有制经济政策绩效[227][228]等主题上。

2009 年 9 月 22 日，国务院发布了《国务院关于进一步促进中小企业发展的若干意见》，旨在帮助中小企业克服困难，转变发展方式，实现又好又快发展[229]。

2010 年 5 月 13 日，国务院再次发布了《国务院关于鼓励和引导民间投资健康发展的若干意见》（通常称为“新 36 条”），进一步拓宽了民间投资的领域和范围，明确了为非公有制经济创造公平竞争、平等准入的市场环境。

2009 至 2015 年，研究主题主要涉及非公经济政策供给的优势和弊端[230]、政策演变进程[231][232][233]、经济发展转型与政府角色[234][235][236]、金融支持政策[237]、软环境的优化[238]、法治保障[239]等。

1.2.4 非公经济金融环境研究

在获得的 CNKI 文献中，最早对非公经济的金融问题进行关注的是在 1980 年，学者李志道提出银行应当支持集体和个体经济的发展[240]。

1980 至 1987 年间的 10 余篇文章都是探讨银行与个体经济间贷款的问题[241]。

1988 至 1997 年，学者们重点探讨了私营经济的金融政策、银行信贷和民间借贷之间的关系问题[242][243][244][245][246]。

1998 年，非公经济的金融问题的研究突破了百篇，而从这一年开始，大量研究开始使用非公有制经济这一词汇。1998 至 2000 年，研究主要涉及非公经济的金融供需[247]、融资倒挂[248]、融资体系建设[249][250]、金融困境与融资秩序[251][252][253]。

2001 年，大部分相关文献都在研究民营经济的融资困境[254][255]、融资渠道拓展[256][257][258]、金融机制创新[259][260]。

2002 年开始，出现了研究非公经济金融问题的硕士学位论文。

2002 年至 2010 年，研究主题主要包括融资困境与融资制度变迁[261][262][263]、金融困境与民间金融制度构建[264][265][266]、非公有制经济区域性金融风险及其管理[267][268][269]、民营投资政策与体制环境[270][220][271]、非公经济与商业银行[272][273]、金融信贷与金融生态环境[274][169]。

2010 年，《国务院关于鼓励和引导民营投资健康发展的若干意见》成为一个重要研究内容[275][276]。

2010 至 2015 年，相关研究重点涉及区域非公经济升级中融资问题[277]、金融支持体系[278]、后金融危机时代非公经济发展模式[279]、民间借贷市场风险与危机[280][281][282][283]、金融生态环境与政策[237][284][285]、金融市场化形成与改革[286][287]。

1.2.5　非公经济区域文化环境研究

区域文化底蕴及环境和非公经济发展之间存在着重要联系。相对之前的几个研究领域，这方面研究文章数量相对较少，但观点相对集中统一。

研究内容主要体现以下几个方向：

（1）传统文化、文化力、文化基因、文化特征与非公经济发展之间的关系[288][289][290][291][292][293]；

（2）非公经济发展对区域文化的影响和协调发展[294][295][296][283][297]；

（3）区域文化差异与非公经济特征关联分析[298][299][300]；

（4）文化资本、人力资本与非公经济三者间关系研究[301][302][303][304]。

1.2.6　非公经济区域人力资源环境研究

这一领域注重从某个区域的宏观角度来审视非公经济的区域人才现状、结构、管理模式、人才问题及相关政策。

在人才现状与结构方面，研究文献比较多，主要从人才总量、学历结构、年龄分布、来源分布、职称结构、产业/行业分布、企业分布、人才流动情况、人才需求等方面对研究地区的人力资源现状进行数据调查和分析[305][306][307][308][309][310][311][312]。

在人力资源管理模式方面，主要包括了以下内容：人力资源管理模式的转换与地区创新力[313]、不同区域人力资源差异与经济发展间的关联[314]、区域人才开发战略[315]、区域人力资本质量模型[301]、人才流动配置机制与人才发展服务体系、人力资源结构与区域产业结构之间的互动关系[316]，等等。

在人力资源管理问题研究方面，主要是从宏观层面探讨本区域的一些共性问题和宏观政策[317]。相关文献对地区非公经济组织面临的旗帜性和标志性人才引进困难、中高级管理人才数量不足、人才流动频繁、大学生和研究生适岗成才的过程较长、劳动用工成本增加明显、人才激励机制的运作模式比较单一、人才发展服务体系各个层次协调共享不够、外向型非公经济组织的人才引进和招聘难度大等问题进行了分析。

在人才管理政策和环境研究方面，主要集中在地区的人才引进、使用、培养评价、选拔、激励和稳定等政策分析与建议[310][318][312][319][315][320][321]。还有文献对人才的绿色通道、人才载体建设、人才激励机制的多重路径、人才选拔和职称评聘制度、人才中介机构的服务和促进作用、建立和完善社会保障机制、创新区域教育制度进行了研究[316][317]。此外，还有一些文献针对特殊人才进行对策研究，如针对科技人才、技能型人才结构性短缺的问题，学者提出要营造重视高技能人才的社会氛围，加强职业技能培训，努力构建促进技能人才成长的机制[309][322][323]。

1.2.7 非公经济企业的治理研究

非公经济企业的内部治理问题也是一个研究重点，其涵盖了极其丰富的内容，比如包括企业的治理结构与形式、企业文化建设、人力资源管理、财务管理等。鉴于本书的主旨，在此只对非公经济企业的治理结构与形式，尤其是家族式管理与现代化管理制度的关系进行综述分析。

对非公企业的企业治理形式和结构问题的研究始于 2000 年[324][325]。

2000—2005 年，相关研究主要集中在治理结构模式及其优化路径的整体研究上，研究内容包括了非公企业治理结构形式特点[324][326][327]、治理结构的代理问题与“锁定”机制[325]、治理模式创新与完善[328]、治理模式发展的有效途径[329]、治理结构的优劣与嬗变成本[330]、家族制经营机制的形成与演变[331][332]。

2006年至2015年，该领域的研究重点转向了一些细节或特定问题。具体研究方向包括：民营家族企业接班人选择人影响因素及选择路径[333]，家族企业CEO继任模式及其演化路径[334]，民营企业治理转型困境的路径依赖效应[335]，家族控制模式[336][337]，公司治理机制中的用人机制、决策机制、激励机制、约束机制[338][339]，企业与家族关系、企业家与制度关系[340]，治理结构指标与企业绩效之间的影响关系[341][342]，家族控制权持有比例对企业绩效的影响[343][344][345][346][347][348]，家族企业治理结构及其演变路径[345][349][350][351]，股权集中度与总资产周转率间的关系[352]，企业制度创新与生命周期之间的关系[353]，企业经理人薪酬管理模式[354]，企业主与职业经理共同治理模式[348][355]，企业治理结构的企业家心理成本[356]，宏观制度环境与民营企业治理结构间关系[357]，泛家族化管理行为[358]。

对这部分内容的系统整理和阐述见本书第八章。

1.2.8 非公经济企业家研究

非公经济企业家的相关研究也是非公经济理论的不可或缺的组成部分，现将主要研究文献和观点综述如下。对企业家的研究可以分成宏观视角和微观视角两类。

宏观视角主要是从企业家的地区存量和结构来研究的，也是早期研究（2000—2006年）的重点。其研究内容主要包括了地区非公企业家生成模式和成长路径[359][360][361]、区域非公企业家素质评价体系[359]、非公企业家队伍素质提升[362]、典型非公企业家成长影响因素的案例分析[363][364]、区域非公企业家队伍现状与问题[365][366]、非公企业家地域特点差异与作用贡献分析[367][368][369][370][371][372][373]、企业家成长的学习模式[374]、区域非公企业家慈善行为与企业家捐赠意愿[375][376]。

微观视角主要是研究非公企业家对企业的影响和作用，这也是后期（2006年至2015年）的研究重点。研究内容主要包括非公企业家特征与企业绩效间关系[377]、非公企业家政治身份与企业融资便利性间的关系[378][379]、非公企业家人力社会资本与企业成长间的关系[380][381]、非公企业生命周期与企业家素质[382][383]、非公企业家创新“低端锁定”原因及对策[384]、非公企业家自主创新的关联因素与机理[385]、非公企业家能力维度模型[386]、企业家形象提升[387]、企业家背景与企业多元化战略及业绩的相互关系[388][389][390]、企业家代际传承的教育路径[391]、企业家社会资本与民间融资及战略决策间的关系[392][393][394][395]、企业家人力资本与企业经营绩效的关系[394][396][397][398][399]、企业家领导行为与企业绩效间的关系[400][398]、高管团队与企业家精神和绩效的影响[372][401]、企业家个人特征与企业资本结构间的关系[402]、企业家异质性对其商业信用融资的影响[403][404]。

1.2.9 非公经济党建统战与参政方面的研究

非公经济的党建、统战、政治参与等方面的理论也是非公经济理论重要组成部分。现将主要研究文献和观点综述如下。

首先来看党建方面的研究。这方面文献研究开始于 1999 年，主要集中在各地区党建工作的现状、问题和方法经验总结分析上。研究内容涉及绍兴市非公有制企业党建工作的现状、问题及对策（1999 年）[405]、浙江省非公有制企业党建工作概况、原因、关键与难点（2001 年）[406]、宁波市非公有制经济组织党建工作的特点和制度创新（2002 年）[407]、杭州市非公有制企业党建工作现状与对策（2003 年）[408]、杭州市萧山区 1999—2008 年间非公有制企业党建工作创新性经验、问题及发展对策（2010 年）[409]、温州非公有制企业党建工作探索历程及其启示、实施模式、经验与策略（2009 年、2010 年、2011 年、2012 年）[410][411][412][413][414][415]、上虞市非公有制企业党建问题及政策[416]。另一类文献对党建工作进行了理论分析研究。主要涉及了党建工作的基本思路和操作模式[417]；党组织功能定位、党建管理模式、党建工作的体制机制[418]；党建对企业文化角色的促进作用以及对协调劳资关系、构建和谐企业及企业可持续发展的促进作用[419]；党组织在民营企业制度创新的产权制度创新、组织制度创新和管理制度创新等三个层面上的促进作用及模式[420]。

其次，在非公经济统一战线工作方面。这方面的研究包括了非公有制经济人士统战工作的必要性、可行性、存在的问题及其解决办法[421]、非公经济人士统战工作的理论依据、面临挑战和重要作用[422][423]、统战与政商、宗教、劳资、市场及民族问题间的关系和促进作用[424]、非公人士统战工作的对策[425]等。

最后，在非公经济企业家政治参与方面。这方面的研究主要集中在以下两个领域：

（1）对非公企业家政治参与的愿望、主体、客体、途径、过程与本质的研究[426]。包括私营企业主政治参与地方人大的体制、政策作用[427]、私营企业主政治参与机制与体制[428]、地方政府培育发展行业协会的路径模式、思路与策略[429]、民间商会与民营企业发展的互动关系[430]、民营企业的政治参与、治理结构与慈善捐赠之间的关系[431][432]、民营企业家政治参与对企业外部融资的影响[433]、高管参政议政与民营企业雇员行为间的关系[434]

（2）各地区非公企业家政治参与的现状、问题、作用研究[435][436]。涉及温州市地方人大与私营企业主政治参与状况（2004 年）[427]、永嘉私营企业主的政治参与状况调查（2004 年）[437]、台州市私营企业主政治参与渠道调查[438]、浙江省民间商会与民营企业主参与调查[430]、温州民营企业家政治参与的历史背景、参政动机、参政渠道、参政对策调查[439][440]、浙江省私营企业主政治参与现状及特点（2015 年）[441]。

1.3 本书的研究内容

根据以上国内尤其是浙江省非公经济的相关研究内容，本书将分成如下几章来展开：

第 1 章　绪论

第 2 章　我国非公经济内涵及发展阶段

第 3 章　浙江省非公经济发展总体研究

第 4 章　浙江省非公经济政策制度及政府行为研究

第 5 章　浙江省非公经济金融环境研究

第 6 章　浙江省非公经济文化环境研究

第 7 章　浙江省非公经济人力资源环境研究

第 8 章　浙江省非公企业治理研究

第 9 章　浙江省非公企业家研究

第 10 章　浙江省非公经济党建统战与参政研究

综合来看，第 1—3 章主要介绍我国及浙江省非公经济的发展历程和研究内容，第 4—7 章侧重于研究浙江省非公经济发展的外部环境因素，而第 8—10 章则主要从非公企业的内部因素，内外因素共同促成了浙江省非公经济有效发展。

第 2 章

我国非公经济内涵及发展历程

本章从我国非公经济的内涵和发展历程两个方面来归纳相关研究成果。

2.1 非公经济内涵

2.1.1　私营经济

学者吴江[19]于 1988 年在《社会科学》上发表了题为“私营经济内涵的五种不同看法”的短文，认为私营经济的内涵大致有五种不同看法[19]：

第一种看法认为一切非公有制经济都是私营经济，包括以个人或家庭劳动为主的个体户和以雇佣劳动为主的私人企业。

第二种看法认为私营经济是介于个体经济与资本主义经济成分之间的一种独立的经济成分。凡是超过个体经济范围的、雇了两个以上工人，自己还基本从事直接生产过程的轻微占有他人劳动的私有制经济都是私营经济。雇佣的人数数量较大，获得的剩余价值已大大超过小业主、不参加直接生产劳动的资本主义经济不属私营经济之列。

第三种看法认为私营经济是存在雇佣劳动关系的经济成分，包括：(1) 有雇工但基本无剥削的个体私营企业；(2) 有少量雇工剥削的个体私营企业；(3) 有雇工剥削、规模较大、收入过于悬殊的已具备资本主义性质的私营企业。

第四种看法认为私营经济是雇工达到一定数量并且具有一定生产规模的私有制经济。

第五种看法认为私营经济是通过雇佣劳动方式而实现其经济利益的经济，它除了包括个体雇工经营、个体承包雇工经营和联合体雇工经营外，还包括集体承包雇工经营（劳动者联合承包公有的生产资料后雇工经营）。

1988 年 6 月 3 日国务院第七次常务会议通过，1988 年 6 月 25 日国务院令第 4 号发布，并自 1988 年 7 月 1 日起施行了《中华人民共和国私营企业暂行条例》。条例共四十八条，其中在第二条指出："本条例所称私营企业是指企业资产属于私人所有、雇工八人以上的营利性的经济组织。"第六条指出"私营企业分为以下三种：（一）独资企业；（二）合伙企业；（三）有限责任公司。"可以看出，《条例》所给出的私营企业更贴近于学者吴江所列的第四种看法。

学者方涛[20]在 1989 年认为，从当前实际需要出发，可以把生产资料私有和雇工 8 人以上作为划分私营经济的标准。这一概念既抓住了私营经济的本质，又能较好地解决实际问题，因而可以作为改革和法律的依据。方涛认为这样划定私营经济或私营企业有如下两个好处[20]：第一，突出了私营经济的本质特征是存在雇佣劳动关系。非公经济中的私营企业和个体工商户最主要的区别就看是否存在雇佣劳动关系。第二，突出了私营经济雇工 8 人以上的数量界限。我国 1981 年 7 月公布的《国务院关于城镇非农业个体经济若干政策性规定》：允许个体工商户雇佣 1—2 个帮手，带 3—5 名学徒。后来，与学徒很难分开，渐渐地把最多请 2 个帮手和最多 5 个学徒加起来，变成个体经济最多可雇佣 7 人。这样，只有将私营经济或私营企业雇工人数定在 8 人才能和个体工商户区别开来。

学者晓亮[21]在 1991 年指出私营经济可以理解为一个相当广泛的概念，既能包括私有私营经济，又包括公有私营经济。"私营经济"是一个

“经营性”的概念，更适宜于指私人经营的经济，而不是所有制概念。私营经济可以包括城乡个体经济、资本主义经济、“三资”企业、集体所有、私人经营的经济。用“七上八下”，从量的方面来划分个体经济与资本主义经济的界限，只是实践和管理的需要。

学者陈烈平、王仲君[22]在 1994 年认为“私营经济”更宜定义为一种经营方式而不是经济形式。认为当时的私营经济包括三种具体形式[22]：其一，个人占有生产资料，并直接以自己和家庭人员的劳动生产产品或提供服务性劳务的私有经济形式，即现实中为数众多的所谓专业户或个体户这一具体形式。其当事人是独立的个体劳动者，无雇工。可称之为个体劳动者私有经济形式，简称“劳动者私有经济”。其二，个人占有生产资料，并直接以完全足够的雇工的劳动生产产品或提供服务性劳务的私有经济形式，即现实中为数尚有限的所谓私人雇工大户或企业这一具体形式。其当事人完全摆脱了体力劳动，全部时间都用于专门的资产经营和对雇工的管理。可称之为个体资产者私有经济形式，简称“资产者私有经济”。其三，个人占有生产资料，并部分以自己和家庭人员的劳动、部分以雇工的劳动生产产品或提供服务性劳务的私有经济形式。它介于前两者之间，即现实中为数不少的所谓私人雇工小户或企业这一具体形式。可称之为小业主私有经济形式，简称“小业主私有经济”。

总体来看，《中华人民共和国私营企业暂行条例》中私营经济的定义得到广大学者的认可，而且在国民经济统计和实际研究与工作中被广泛接受和使用。

2.1.2　民营经济

“民营经济”这一概念的讨论于 1993 年[23]见诸于 CNKI 的文献当中。学者苏东斌[23]于 1993 年撰文认为“民营经济”是相对于“国营经济”而提出的。“民营经济”除了强调“国有民营”之外，主要是指非国有经济，即“民有民营”经济。“民营经济”一词的使用对于所谓的“国有民营”企业会阻碍产权改革，对于所谓的“民有民营”企业是多余重复的表述，所以建议停止使用“民营经济”这一概念。

学者刘宏[24]于 1994 年分析了民营经济的概念，认为：第一，民营经济是现实经济生活中客观存在的一种区别于全民所有制经济形式的民间所有制经济形式，是完全意义上的自主经营、自负盈亏、自我约束、自求发展的经济。它包括民间个人所有和民间集体所有。目前出现的“国有民营”的经济形式，不属于“民营经济”的范畴，因为它只是改变了经营形式，而依然是国有经济。第二，民营经济的概念是相对于国家所有而不是民间所有而言的，除了国有经济以外的其他经济成分都属民营经济范畴。民营经济不仅包括个体私营经济、非公有制经济，还包括集体所有制经济。第三，现实经济生活中的混合型经济，如中外合资企业、合作制企业、股份制企业等，它们有国有成分、有集体成分、有私有成分。除国家处于控股地位以外的混合型经济实体，都应属于民营经济范畴。第四，我国现有的民营经济是社会主义初级阶段的产物，是社会主义市场经济的产物，是依附于社会主义制度的经济形式。总之，可将民营经济定义为在社会主义初级阶段和社会主义市场经济条件下，相对国有经济而存在的，依法自主经营、自负盈亏、自求发展的民间所有制经济称民营经济。它包括个体私营经济、外资独资企业、除国家处于控股地位以外的混合型经济、农村专业户和村级经济、乡镇企业和区街经济。民营经济具有产权的清晰性、经营的自主性、经营范围的广泛性、经营方式的灵活性、管理模式的多样性、对社会制度的依附性等特征[24]。

学者单东[25]于 1997 年指出“民营”是与官营或国营相对的概念，可理解为非国营，而民营经济可理解为非国有经济。民营企业是国营企业的对称，是指除国家直接经营管理的企业以外的所有企业的总称。民营经济是官营经济或国营经济相对应的概念，是指除国有国营以外的所有制形式和经营方式的总称。民营化是非国营化，即把国有企业通过改制、改组、改造后从国有国营转身国有民营或民有民营。

学者陈静[26]于 1998 年对“官工业”和“民间工业”的历史进行了考察，认为民营经济应当包括集体经济、合作经济、个体私营经济、三资企业。即相对于国有国营而言，其他的经营方式均属于民营经济之列。

学者黄文忠[27]于 1998 年指出，作为反映现代经营方式的理论概括，“民营经济”在市场经济国家早已广泛流行。“民营”是指“民间经营”，其外延是全社会所有各类企业中除了国家经营的企业以外均系“民间经营”的企业，具有质的规定性。民营经济的提法既能客观反映社会经济现实，又符合形式逻辑有关集合概念的要求。民营和国营两个提法在外延上互相排斥，两者之间是矛盾关系。推广使用“民营经济”的提法，有利于国有企业改革中大胆实行多种经营方式，有利于同国际上市场经济国家的企业接轨。

学者张旭昆、陈福清[28]于 1998 年进一步从“营”与“有”两者的关系角度出发阐述了民营经济概念是从经营权角度对各种经济类型的科学概括。

学者甄峰[29]于 1999 年认为民营经济应突出“营”字，可定义为具有营利性和服务性并直接由个人或法人组成成员共同经营管理的经济形式，包括私人企业、集体所有制企业、民营科技企业、股份合作制企业、外资企业，以及国有民营企业。

2000 年学者阳小华[30]在综合理论界相关研究的基础上，探讨了民营经济的基本概念，认为民营经济应定义为非国有非国营经济。认为民营经济是作为国营经济的对应概念而提出来的，在所有制形式上，它包括国有经济中的民营部分、集体经济、个体经济、私营经济、外资经济等，即除国有经济中的国营部分外所有的经济形式。该文献是民营经济概念与内涵方面被引次数最高的文献之一，该观点得到了学者们广泛的关注和认可。

学者韩云[31]对民营经济的“非国有国营”、“非国营非官营”、“非国有”三种概念进行了分析，认为可以从经营机制角度对民营经济进行定义，提出民营经济是一种民营机制，其基本含义是指以一定的产权归属关系为基础，以民众经营制度为特征，并贯彻民众经营行为的一种经营机制。

学者木志荣[32]认为“不管是理论界、实业界、政府部门，还是普通老百姓，当说起民营经济的时候，指的其实就是非公有制经济，或者主要指非公有制经济，尤其指个体私营经济。政府制定的民营经济政策，理论界关于民营经济发展问题的研究论文及研讨会，涉及的主要是非公有制经济的发展”，并进一步指出“民营经济”概念提出的现实意义在于改变公有经济的官营模式，民营经济的主体应该是公有民营经济。

学者冯秀恳[33]认为“从大力发展民营经济”这一观点提出的背景来看，民营经济的内涵应是指非公有经济，反之，从经营方式来理解大力发展的民营经济是不合逻辑的。并且认为把民营经济定义为所有制范畴，在理论上和实践上有重大意义。

学者孙西克[34]比较认同民营经济以经营权的归属来界定，认为“民营”是相对于“官营”而言的，仅仅是一种与资产经营有关的经济形式，其范畴不涉及生产资料归属问题。

针对上述种种争论和因为这些争论带来的弊端，全国工商联于 2003 年成立了“全国工商联民营经济发展形式分析课题组”。课题组在 2003 年 11 月 19 日完成的《中国民营经济发展报告——2003 年度》[36] 中对民营经济的界定是：“广义的民营经济是指除国有和国有控股企业以外的多种所有制经济的统称，包括内资民营经济（含个体工商户、私营企业、集体企业等）、港澳台投资企业和外商投资企业。狭义的民营经济则不包含外商投资企业。”学者邢宏建、李好好[35]将上述两种界定称为民营经济的新内涵，并对新内涵所体现出的思想和实际工作的可行性进行了分析与探讨。

学者刘儒、周丽涛[37]认为民营经济不是一个所有制范畴，而是一个经营方式范畴，应促进民营经济健康、快速发展，加快公有经济民营化步伐。

学者单东[38]认为于 2005 年提出狭义的民营经济指个私等非公有制经济；广义的民营经济是与官营经济或国营经济相对应的概念，是指除国有国营以外的所有所有制形式和经营方式的总称，“民营经济”就是非国营经济。民营企业包括：国有企业经过改制、改组、改造后实行了股份制（但国家不控股）、股份合作制、租赁制、委托经营等形式的企业（国家对这些民营化了的企业不再直接经营管理，只是凭所有者身份享有所有者权益，获取收益，即获取国有资产所有权的果实）、全部集体企业、非国有法人出资的企业、自然人控股的混合所有制企业、由自然人出资但非自然人（不是国家）控股的混合所有制企业、全部由自然人出资的企业、非国家出资且全部由非自然人出资形成的企业、民办非企业单位（以民间投资为主的非营利性机构，如民办科研院所、学校、医院、体育和社会福利机构）、私营企业、个体工商户、民间中外合资企业、合作企业、外商独资企业、港澳台企业，等等。

学者吴立平[39]指出我国现行的登记注册类型及统计资料中没有现成的“民营”一栏，应尽快建立全面反映民营经济发展状况的统计指标体系和统计调查体系，可采取迂回的办法，如“倒扣法”或“累加法”来计算民营经济份额。认为新生代民营经济，应是以市场信息为导向，以民间资本为依托，以技术创新为支撑，非国有国营的所有制形式和经营方式的总称。

学者徐成波[40]于 2012 年认为民营经济是非国有国营的所有制形式和

经营方式的总称的概念既涉及所有制形式，又涉及经营方式，界定比较全面。

总而言之，民营经济的概念有三种解释：

一是非国有就是民营，民营等同于民有与私有。如学者苏东斌[23]、学者刘宏[24]比较认同此观点。

二是非国营就是民营，民营经济可以包括国有经济中的非国营部分。学者单东[25]、陈静[26]、黄文忠[27]、张旭昆[28]、陈福清[28]、甄峰[29]、韩云[31]、孙西克[34]、邢宏建[35]、李好好[35]、黄孟复[36]、刘儒[37]、周丽涛[37]、单东[38]、吴立平[39]、徐成波[40]等认同这些观点。

三是非公有就是民营。认同此观点的学者有木志荣[32]、冯秀昱[33]、单东（狭义民营经济）[38]。

2.1.3　非公经济

在非公经济的内涵方面，学者们的看法相对一致。

学者刘耀森、郎永建[41]认为非公有制经济不仅包括个体经济、私营经济和外资经济，还应包括股份制、股份合作制等混合所有制经济中的私人所有部分。在实践上，应将股份制、合作制看作是能够促进我国生产力发展的非公有制经济的一种实现形式，并提倡和鼓励其发展。

学者郭伦德[42]于 2005 年指出，非公有制经济 = 私有经济 + 外资经济 ≠ 民营经济 ≠ 民有经济。不包括外资经济的非公有制经济为狭义非公有制经济。即狭义非公有制经济 = 私有经济，其目的是衡量内资中私有成分的比重，与内资中的公有成分相比较对应。因此，建议可不使用“民营经济”、“民有经济”等概念，可统一采用“非公有制经济”和“私有经济”来分别称谓国民经济和内资中的私有成分。

学者白嘉、张会新[43]从“非公有制经济”的历史、定义内涵和定义方法三个方面指出了我国理论界目前关于“非公有制”提法的局限性进行了讨论。

学者宁坚[44]则对邓小平非公有制经济思想的科学内涵进行了分析，指出邓小平非公有制经济思想不仅突破了传统经济理论的束缚，跨越了传统社会主义经济运行模式的藩篱，是我国社会主义市场经济的重要理论基石，而且有力推动了公有制经济和非公有制经济的优势互补和共同发展，极大地解放和发展了生产力，促进了我国非公有制经济的繁荣和中国经济社会的持续快速发展，对当前我国非公有制经济的发展仍然具有重要的理论指导意义。

2.1.4 经济类型划分及其相互关系

我国经济形式按所有制类型来划分，可以分为公有制经济和非公经济两大类。公有制经济包括国有经济、集体经济以及混合经济中的国有成分和集体成分。公有资产在社会总资产中占优势，国有经济控制国民经济命脉，对经济发展起主导作用，公有制经济在我国经济中占据着主体地位。非公经济，是包括了公有制经济以外的所有经济成分，包括个体经济、私营经济、外资经济、港澳台投资经济以及混合经济中的非公有经济成分。

《中华人民共和国宪法》第六条指出，我国的社会主义经济制度的基础是生产资料的社会主义公有制，即全民所有制和劳动群众集体所有制。国家在现阶段坚持公有制为主体、多种所有制经济共同发展的基本经济制度。《宪法》第七条明确指出："国有经济，即社会主义全民所有制经济，是国民经济中的主导力量。国家保障国有经济的巩固和发展。"《宪法》第八条对集体经济进行了规定与说明，指出集体经济是由部分劳动群众共同占有生产资料的一种社会主义公有制形式，普遍存在于农业、手工业、工业、建筑业、运输业、商业、服务业等行业中。国家保护城乡集体经济组织的合法的权利和利益，鼓励、指导和帮助集体经济的发展。《宪法》第十一条明文规定："在法律规定范围内的个体经济、私营经济等非公有制经济，是社会主义市场经济的重要组成部分。国家保护个体经济、私营经济等非公有制经济的合法的权利和利益。国家鼓励、支持和引导非公有制经济的发展，并对非公有制经济依法实行监督和管理。"

结合本节所讨论的民营经济的概念，在这里不妨选择第二种最常见的定义，即非国营就是民营，民营经济可以包括国有经济非国营部分和混合经济中的非国有控股部分。因此，各经济划分类型及其关系如图 2－1 所示，其中，矩形的左、右半边分别表示公有制和非公经济，虚线椭圆表示民营经济（采用了广义的概念，包含了外资经济），混合经济中包括了公有制成分和非公有制成分（分别在矩形的左、右半边），国有经济包括了国有国营和国有民营（与民营经济虚线椭圆相交的部分）。

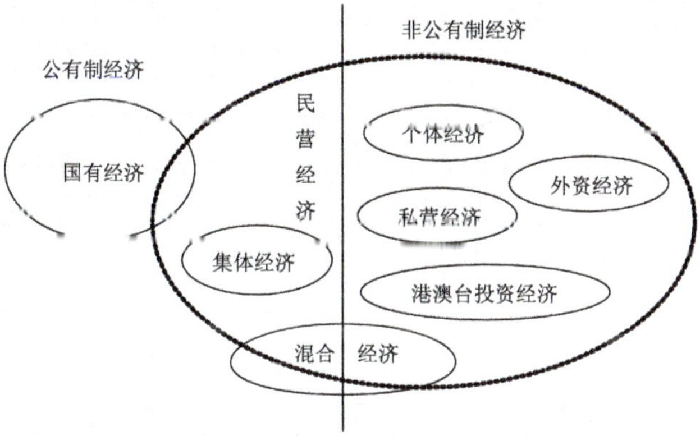

图 2-1　公有经济、非公经济与民营经济间的关系

2.2 非公经济的发展历程

非公有制经济能否存在和发展以及发展的快慢，与党和国家对非公有制经济的政策演变息息相关[1][4]。在改革开放以前的阶段（1949—1977），党的非公有制经济政策变化比较大，经历了一个由肯定到否定，由利用到限制、改造，由有所松动到完全消灭的曲折过程。改革开放后（1978 至今），我国非公有制经济从无到有、从小到大、从弱到强，现已发展成为我国社会主义市场经济的重要组成部分和推动我国经济发展、社会进步的一支重要力量[4][5]。学术界普遍认为，新中国成立以来非公有制经济发展历程，以改革开放为界，分成了两个截然不同的阶段[1][2][3][4]。学者王建香[4]认为可以将我国非公有制经济发展过程分为两大时期、八个阶段。学者徐亚娜[5]将新中国成立以来非公有制经济的发展历程划分为了改革开放前后两个 30 年的变迁，并细分为六个阶段。学者许桂娟、陈杰[2]认为我国非公有经济经历了艰难曲折的发展过程，概括起来就是它与公有经济走过了“对立——补充——共同发展”三个阶段。学者徐业斌[1]认为可以将新中国成立后非公有制经济的发展经历概括为“消灭——补充——重要组成”的过程。学者姚智谋、白凤峥[6]将新中国成立以来至2006年间的我国民营经济发展历程分为了起步阶段、高速发展阶段、稳定发展阶段、调整和巩固阶段、第二个高速发展阶段，持续快速发展阶段。学者郑修敏、许晓明[7]将中国民营经济的发展历程划分为接收改造、限制发展阶段；政策鼓励、发展壮大阶段和继续鼓励、促进发展阶段。学者陆亚琴[8]认为外商直接投资在华的发展历程可以分成五个阶段：萌芽与开始阶段，小幅增长阶段，快速发展阶段，低速增长阶段，持续发展阶段。学者邓利华[9]认为可以将我国外商直接投资的发展历程分成三个阶段。

综合上述文献的相关研究观点，可以将新中国成立以来非公经济发展历程，以改革开放为界分成两个不同的时期，每个时期又划分几个不同的阶段[1][2][3][4][5][6][7][8][9]。

2.2.1 第一时期：新中国成立至改革开放前（1949—1977年）

（1）第一阶段：1949—1952年。为了尽快恢复国民经济，这一阶段对非公有制经济从承认到削弱[1]，采取基本政策是“利用、限制”并重，充分引导和利用有益于国计民生的私营经济，利用其发展生产、恢复经济、造福人民。当私营经济面临困难时，党积极调整政策，予以引导和帮助[5]。如1950年春，私营企业普遍出现严重困难时，党积极调整公私关系，通过加工订货，统一组织私营工厂的生产和销售，适当调整价格政策等措施，扩大加工订货、调整价格和经营范围、放宽限制管理措施，使私营企业主有利可图，继续发挥其有益作用，帮助私营企业渡过难关[4][5]。在国民经济得到恢复、私营企业得到较大发展的同时，针对其唯利是图劣行的抬头状况，对私营经济又进行了整顿。如针对1951年起冒出的在私营经济中存在的偷税漏税、投机行贿、非法经营、盗窃国家情报等严重问题，党中央在全国范围内开展了“五反”运动，针对资本家的“五毒”行为进行针锋相对的斗争。总体来看，这一时期，国家通过没收官僚资本，废除一切封建制度等方式建立了国营经济领导下的个体经济、私人资本主义经济、合作社经济和国家资本主义经济五种经济成分并存的所有制结构，使国营经济壮大，个体经济、资本主义经济等非公有制经济下降。

（2）第二阶段：1953—1956年。“一五”计划时期，非公经济削弱到取消阶段。这一阶段国家实施“三大改造”政策，即国家通过对农业、手工业和资本主义工商业的社会主义改造，个体经济、私营经济基本上被国营经济及农业合作社所取代，使公有制占主要地位，私营经济下降。据统计[4]，到1956年底，个体工商业仅剩16万人，私营工业产值仅占全国工业产值的0.04%，私营商业仅占全国商业批发额的0.1%，占全国商业零售额的4.2%。

（3）第三阶段：1957—1965年。这一时期经历了“利用、限制、改造、调整”的波动。中央对剩余的个体工商户进行了两次大的改造和两次大的调整。到1957年底，城镇个体工商业人数从1956年的16万人发展到104万人[4]。1958年政策又发生了变化，中央提出继续对残存的私营工业、个体手工业和小商小贩进行社会主义改造。结果到1959年，个体工商业人数降到87万人[4]。1961年下半年，又提出“调整、巩固、充实、提高”的方针，实行“吐户”、“开笼放鸡”的政策，让一些原来从事个体经营的工商户从国营和集体企业中退出来，单独生产或经营。1962年城镇个体工商业恢复到132万人。1962年以后，特别是1965年，中央又提出对个体商贩进行改造的政策。结果个体工商业者人数又开始下降，到1965年底，减少到102万人[4]。

（4）第四阶段：1966—1977年。这一时期，完全取消个体经济。“文化大革命”期间，党和国家错误地把残存的个体工商业视为资产阶级的温床和土壤，是资本主义的尾巴，必须割掉。十年中，经过两次清理、取缔，个体工商户濒临灭绝，所剩无几。到1978年底，全国城镇个体工商业者只剩14万人[4]。据中国统计年鉴资料显示[1]，1978年的国民生产总值中，公有制经济占99%，非公有制经济只占1%；在工业总产值中，1975年国家所有制经济占81.1%，集体所有制经济占18.9%，非公有制经济等于零；在社会商品零售额中，同年国家所有制经济56.8%，集体所有制经济43%，非公有制经济0.2%，形成了单一所有制结构模式否定和排斥各种非公有制经济成分的局面[1]。

2.2.2 第二时期：改革开放至今（1978—2015年）

（1）第一阶段，起步发展阶段：1978—1986年。这一阶段，党对非公有制经济的认识是公有制经济的补充。基本政策：对个体经济是鼓励、引导，对私营经济是“等一等，看一看”。1978年12月，中共十一届三中全会提出解放思想、实事求是，实现了把工作重心真正转移到经济建设上来这一历史性转变，提出“社员自留地、家庭副业和集市贸易是社会主义经济的必要补充部分，任何人不得乱加干涉。”开启了中国改革开放的历史新时期，也开启了个体私营经济时代[5]。十一届三中全会以后，开始对经济体制进行改革。随着农村家庭联产承包责任制的实行和城乡市场的开放，个体经济如雨后春笋破土而出[1]。

1979 年 4 月 9 日，国务院第一次提出了恢复和发展个体从事经济：“可以根据当地市场需要，在征得有关业务主管部门同意后，批准一些有正式户口的闲散劳动力从事修理、服务和手工业的个体劳动，但不准雇工。对他们要发给营业执照，会同街道和有关业务部门加强管理，并逐步引导他们走集体化的道路”[5]。此后，个体经济作为公有制的补充出现在华夏大地上。1979 年，全国人大颁布的《中华人民共和国中外合资经营企业法》成为我国利用外资的法律政策的里程碑[8]（1979 年 7 月 1 日第五届全国人民代表大会第二次会议通过，根据 1990 年 4 月 4 日第七届全国人民代表大会第三次会议《关于修改〈中华人民共和国中外合资经营企业法〉的决定》修正，根据 2001 年 3 月 15 日第九届全国人民代表大会第四次会议《关于修改〈中华人民共和国中外合资经营企业法〉的决定》第二次修正）。到 1979 年底，中国出现了 31 万个体工商户[5]。1981 年中共中央通过的《关于建国以来党的若干历史问题的决议》中明确指出：“国营经济和集体经济是我国基本的经济形式，一定范围的劳动者个体经济是公有制经济的必要补充”[1]。在党的十二大上邓小平指出：“在农村和城市，都要鼓励劳动者个体经济在国家规定的范围内和工商行政管理下适当发展，作为公有制经济的必要的有益的补充。”此后颁发的《中华人民共和国宪法》也明确肯定了个体经济是社会主义公有制经济的补充[1]。到 1982 年[4]，城乡个体经济从业人员从 1978 年的 14 万人发展到 319.7 万人，4 年增加了 22.8 倍。1983 年、1984 年又以翻番的速度增长，到 1986 年底发展到 1211.1 万户、1845.9 万人。随着个体工商户的迅速发展，出现了超过雇工 7 人的个体户即私营企业。对此，中央采取的政策是“等一等”，“看一看”，既不提倡、不宣传，也不急于取缔。提出应因势利导，使之向不同的合作经济发展。

1986 年 10 月，国务院发布了《关于鼓励外商投资的规定》，明确了对外商投资企业的先进技术企业和产品出口企业在所得税、土地、水电、用工费用、利润汇出、进出口配额、关税减免、外汇调剂等方面给予优惠，保障外商投资企业享有按照国际惯例进行经营管理的权利[8]。这一具体政策措施的提出和实施，有力地促进了 20 世纪 80 年代中后期我国沿海地区吸收利用外商投资的小幅增长，从而进入了以市场换资金、以资源换技术外资使用阶段[8]。

（2）第二阶段，徘徊发展阶段：1987—1991 年。这一阶段对私营经济的认识是公有制经济的必要的和有益的补充，基本政策是：允许存在，并加以引导和监督。1987 年 1 月 22 日，中央首次发布了关于私营经济发展的文件，即在《关于把农村改革引向深入》中明确提出对私营经济“允许存在、加强管理、兴利除弊、逐步引导”的十六字方针。但由于受当时社会政治环境的影响，人们的思想还存在着种种顾虑，私营企业发展还比较缓慢[4]。1987 年，邓小平在党的十三大召开时提出：“私营经济一定程度的发展，有利于促进生产，活跃市场，扩大就业，更好地满足人民多方面的生活需求，是公有制经济的必要的和有益的补充”[1]。1988 年，在七届人大一次会议通过的宪法修正案中规定了“私营经济是社会主义公有制经济的补充。”随后通过的《中华人民共和国私营企业暂行条例》再次重申了这一思想[1]。1988 年 4 月颁发的《中华人民共和国中外合作经营企业法》明确了中外合作企业的法律地位[1]。因 1985 年开始实施的价格“双轨制”暴露出极大的弊端，在 1988 年，中央决定实施价格“并轨”，取消价格双轨制。放开价格管制，实行“价格闯关”，这直接导致当年全国范围内的物价上涨，进而产生了波及大江南北的抢购风潮[5]。

到 1989 年，国际形势出现了剧烈动荡和急剧变化，而国内仍存在较为严重的市场混乱，认为允许个体、私营经济的存在，不可避免地会冲击社会主义经济，滋生剥削阶级的意识形态[5]。因此，原国家工商行政管理局、原国家税务局又先后发出对个体、私营经济清理整顿和开展税收大检查的通告，各地新闻媒体也进行了相应的宣传。在这种限制政策下，个体工商户要么停业观望，要么缩小营业额[3]。不少私营企业主停止了扩大再生产的投入，甚至转移或分散资产。在这一时期，个体经济出现了负增长，城镇个体工商户的就业人数也出现了下降[5]。1989 年登记注册的私营企业只有 9.0581 万户，比 1988 年国家工商局摸底调查的 22.5 万户少许多。1990 年后发展到 9.8 万户，从业人数 170.3 万人，注册资金 123.2 亿元，分别比 1990 年增长 9.9%、8%、29.4%[4]。

（3）第三阶段，快速发展阶段：1992—1996 年。这一阶段，非公有制经济被认为是社会主义市场经济的组成部分，基本政策是：鼓励、引导和必要的监督管理。1992 年春，邓小平的南方谈话带来了民营经济发展的“第二个春天”。在南方谈话中，邓小平提出的“三个有利于”标准，以及对计划和市场关系的创造性论述都是对传统理论的重大突破，也为非公经济纳入体制之内，发挥平等竞争作用提供了重要的理论基础[5]。1992 年 10 月召开的中共十四大确立了社会主义市场经济体制的改革目标，对私营经济的政策也有了新的发展。中共十四大报告指出：要坚持公有制为主体和多种所有制经济长期并存、共同发展的方针，不同经济成分还可以自愿实行多种形式的联合经营。到 1992 年底私营经济发展到 13.96 万户，增加了 3.16 万户，比 1991 年增长 29.48%；1993 年猛增到 23.8 万户，比 1992 年增长 70.39%；1994 年又增长到 43.22 万户，增长 81.68%；1995 年增速有所下降，但仍以 51.43% 的速度增长[4]。到 1996 年底，私营企业发展到 81.9 万户、1771.1 万人，注册资金 3752.4 亿元，三项指标分别比 1995 年增长 25.2%、22.5%、43.1%，创造税收 60 亿元，个体经济创造税收 397.8 亿元，二者之和占全国税收的 8.46%[4]。

在外资引进和利用方面也取得了快速发展，自 1992 年开始，全球 500 强大型跨国公司开始纷纷来华投资，制造业成为这些大公司在华投资的主要领域。欧洲、美国、日本等成为这一阶段中国利用外资的主要来源[8]。利用外资的区域以沿海和开放城市为中心在全国迅速扩张，形成了长三角、珠三角、环渤海湾等吸引外资进行加工生产的开放区[8]。仅 1992 年，全国新批合同外资金额超过前 13 年的总和，实际利用外商直接投资金额增 152%。1993 年实际吸收外资比 1992 年增长一倍多，达 389.60 亿美元[8]。从 1992 年开始，外商直接投资成为中国利用外资的主流方式。从 1993 年始，中国已经成为世界第二大吸引外商直接投资的国家[8]。整个 20 世纪 90 年代，中国得到的外商直接投资占流向发展中国家外商直接投资的 50%[8]。

（4）第四阶段，持续快速发展阶段：1997—2004 年。这一阶段，非公有制经济被认为是社会主义市场经济的重要组成部分，基本政策是：积极鼓励、引导、大力扶持。1997 年党的十五大提出“公有制为主体、多种所有制经济共同发展，是我国社会主义初级阶段的一项基本经济制度”，这就把“多种所有制经济共同发展”，从过去的“方针政策”提高到“基本经济制度”的高度。认为社会主义初级阶段的所有制结构本来就不应该是公有制经济的一统天下，而应该是一个多元的大家庭，个体、私营经济和国有、集体经济一样，都是这个家庭的正式成员。所以，“非公有制经济是我国社会主义市场经济的重要组成部分。对个体、私营等非公有制经济要继续鼓励、引导，使之健康发展。这对满足人们多样化的需要，增加就业，促进国民经济的发展有重要作用。”这种作用不是简单的“补充”，而是“重要组成部分”并发挥“重要作用”。虽然非公有制经济属于非主体经济，但它是我国社会主义经济中不可缺少、无法替代、关系全局的经济成分。

1999 年 3 月，九届人大二次会议通过的《中华人民共和国宪法修正案》将原“私营经济是社会主义公有经济的补充”等内容修改为：“在法律范围内的个体经济、私营经济等非公有制经济，是社会主义市场经济的重要组成部分。”“国家保护个体经济、私营经济的合法权利和利益。”非公有制经济的地位问题最终被宪法确立。这是我党第一次把公有制经济与非公有制经济平等对待，把非公有制经济从“制度外”纳入“制度内”共同视为社会主义市场经济的组成部分，这就使非公有制经济的重要作用在宪法中得到了确认，为非公有制经济的稳定发展奠定了基础。至此，非公有制经济的发展呈现出新的特点，思想认识有了新的飞跃，发展非公有制经济由个人行为、部门行为变成政府行为，在发展非公有制经济方面，拓宽了思路，优化了环境。1997—2001 年，私营企业户数、从业人数、注册资金分别以年均 20%、18.4%、37.23% 的速度增长[4]。到 2001 年底，私营经济发展到 202.85 万户、2713.86 万人，注册资金 18212 亿元，三项指标分别比 1991 年增长 18.78 倍、14.76 倍、123 倍[4]。2002 年，我国个体工商户达 2377.5 万户，从业人员 4743 万人，比 1992 年分别增长 59% 和 92%。而私营经济发展到 243 万户，从业人员 3409 万人，分别比 1992 年增长 16.5 倍和 13.7 倍。个体、私营经济等非公有制经济创造的增加值已占国内生产总值的 1/3[1]。

2002 年 11 月 8 日党的十六大再次明确个体、私营等各种形式的非公有制经济是社会主义市场经济的重要组成部分，必须毫不动摇地鼓励、支持和引导[5]。2003 年 10 月 11 日至 14 日党的十六届三中全会又指出，必须大力发展和积极引导个体、私营等非公有制经济[5]。非公有制经济得到了全面发展，非公有制经济发展数量上的稳定增加和占国民经济的比重逐步提高，在国民经济发展和社会进步中的作用得到充分发挥。非公有制经济的组织形式、经营方式、产权关系进一步完善，管理模式和增长方式逐步转变。在外资利用方面，2003 年，中国超过美国成为吸引外商直接投资的最大东道国。随后几年，中国每年新批准的外商直接投资项目都在 300 至 400 万个左右，年均实际投资金额超过 600 亿美元[8]。

（5）第五阶段，高速稳健发展阶段：2005 年至今。2005 年 2 月 25 日，国务院颁布的《关于鼓励支持和引导个体私营等非公有制经济发展的若干意见》（简称为“非公经济 36 条”）及 2005 年 10 月中共十六届五中全会通过的《中共中央关于制定国民经济和社会发展第十一个五年规划的建议》，基本解决了非公有制经济的国民待遇问题，建立并健全了一系列发展非公有制经济的法律法规，为我国非公有制经济的快速发展开辟了前所未有的空间。“非公经济 36 条”的主要内容包括[1]：贯彻落实非公有制经济的国民待遇问题；提高非公有制经济素质，维护企业、员工合法权益；改进政府监管方式，规范监管行为，完善管理体制。该文件在市场准入方面取得了根本性突破，强调“非禁即入”的精神，即“允许非公有资本进入法律法规未禁入的行业和领域，允许外资进入的行业和领域，也允许国内非公有资本进入，并放宽股权比例限制等方面的条件”[5]。到 2006 年底，私营企业发展到 498.1 万户、6586.3 万人，注册资金 76028.5 亿元，三项指标分别比 2001 年增长 145.5%、142.7%、317.5%[4]。

2007 年 10 月公布的中共十七大报告指出：“坚持平等保护物权，形成各种所有制经济平等竞争、相互促进新格局。”中共十七大报告中所强调的“两个平等”，即法律上的“平等”保护和经济上的“平等”竞争，为非公经济成为平等享受“国民待遇”的市场主体提供了制度保障[5]。2008 年 8 月 22 日，财政部、国家发展改革委员会、国家工商总局宣布停止征收个体工商户管理费和集贸市场管理费。两费停征为个体工商户生存再拓新空间[5]。2009 年 7 月，国务院法制办公室公布《个体工商户条例（征求意见稿）》，其中规定，个体工商户雇佣人数不再受限，国家对个体工商户实行平等准入、公平待遇的原则，流动摊贩可办理营业执照，个体工商户凭证照可申请贷款等，将对个体经济的发展起到巨大的推动作用[5]。实施近 22 年的《城乡个体工商户管理暂行条例》将退出历史舞台。工商总局数据显示，截至 2009 年一季度，个体工商户已达 2948 万户，私营企业发展到 664.27 万户，个体私营经济在推动经济增长、增加财政收入、活跃城乡市场、方便群众生活、缓解就业压力、维护社会稳定等方面都发挥了积极作用，已经成为国民经济的重要经济增长点和促进社会发展的重要力量[5]。

国务院于 2010 年 5 月 13 日发布《国务院关于鼓励和引导民间投资健康发展的若干意见》。由于该意见中共计有 36 条，为了与非公经济 36 条相区别，故被简称为“新非公经济 36 条”。“新非公经济 36 条”进一步拓宽民间投资的领域和范围，明确了为非公有制经济创造公平竞争、平等准入的市场环境，鼓励和引导民间资本重组联合和参与国有企业改革，推动民营企业加强自主创新和转型升级，鼓励民营资本参与中小金融机构。要克服行政环境、市场准入、投融资体制、社会服务体系等方面的障碍，更好地推进落实“新非公经济”36 条[184]。2010 年底我国个体私营企业从业人员总数超过 1.8 亿，较 2005 年底增加 6000 万人，年均增加 1200 万人，年均增速超过 9%，成为我国吸纳扩大社会就业的主要渠道[442]。2010 年全年个体私营企业完成税收总额 11173 亿元，5 年年均增速达 22.2%，分别高于全国和国有企业 2.0 和 12.7 个百分点[442]。2011 年 9 月，全国登记注册的私营企业已超过 900 万家，注册资金总额近 25 万亿；个体工商户超过 3600 万户，注册资金总额超过 1.5 万亿。国内投资民营经济 1—11 月出口总额超过 5700 亿美元，同比增长 33.3%，占全国的三分之一；全国近 70% 的私营企业从事第三产业，全国私营企业为社会提供新增就业岗位 800 多万个[443]。根据国家工商行政管理总局的数据，截至 2012 年年底，全国实有企业 1366.6 万户（含分支机构，下同），同比增长 9.06%，实有注册资本（金）82.54 万亿元，同比增长 14.24%。其中，私营企业 1085.72 万户，占全国实有企业的 79.4%，增长 12.20%。外商投资企业 44.06 万户，下降 1.32%。个体工商户实有 4059.27 万户，比 2011 年年底增长 8.06%，资金数额 1.98 万亿元，增长 22.19%。2012 年，个体工商户首次突破 4000 万户[444]。根据国家工商行政管理总局统计，截至 2015 年 4 月底，我国个体工商户发展到 5139.8 万户，私营企业发展到 1653.8 万户。目前，非公有制经济贡献了我国 GDP 的 60%、国家税收的 70%、企业总数的 80%、新增就业的 90%。

从非公经济的发展历程不难发现，改革开放以来，我国非公经济不断发展壮大，已经成为促进经济发展、调整产业结构、繁荣城乡市场、扩大社会就业的重要力量。非公经济的健康有序发展必将有利于完善社会主义市场经济体制，推动各种所有制经济平等竞争、共同发展，充分发挥市场配置资源的基础性作用，激发经济增长的内生动力，促进经济长期平稳较快发展，促进社会和谐稳定与持续发展。

第 3 章

浙江省非公经济发展总体研究

在 CNKI 中，探讨研究浙江省非公经济的区域发展情况的文献出现时间比较早。1988 年，上海社会科学院的《社会主义初级阶段私营经济研究》课题组[53]对浙江省温州、台州地区私营经济发展的现状、问题、趋势进行了考察与比较分析。自此，每年都有关于浙江省或某些区域非公经济的发展分析以及与其他省、区非公经济发展进行比较研究的大量学术文献。本章也主要从这两大方面对浙江省非公经济的相关研究成果进行汇总整理。

3.1 浙江省区域非公经济发展的主要特点

3.1.1　浙江省非公经济起步早且持续高速发展

认为浙江省非公经济具有起步早且发展迅速、稳定的这一观点，可以从诸多文献中得到印证[53][100][83][86][84][63][95]。

资料显示[95]，中国第一批个体工商执照、第一个股份合作制企业在浙江省温州市产生，第一个关于私营企业的地方法规、第一个股份合作制企业的地方法规在浙江省温州市出台。

从以下公开发表的文献中获得的浙江省及各市区的发展数据，可以让读者感受浙江省非公经济发展从始至终的不懈发展势头和成果：

- 截至 1988 年 4 月[53]，在温州市，资产万元以上的私营企业有 7935 户，总体估计温州市城乡的私营企业不少于 2 万户，而台州私营企业也有 1 万户。在发展速度上[53]，私营企业积累百万资金只用了五六年的时间。

- 1988 年，温州国民生产总值 75 亿元，其中，私营企业和挂靠集体企业的私营企业的产值占 48%—49%。温州工业总产值的 60% 是私营经济创造的[445]。

- 1988 年[63]，温州市瑞安市（当时百万人口的县级市）乡镇企业已有 3700 家，从业人员 7 万人，年产值 4.3 亿元，利润 2417 万元，上交国家税收 2605 万元，固定资产投资 7838 万元。更为重要的是，其中股份合作企业有 3480 家，占 94.05%；从业人员 6.3 万人，占 91.55%；产值 3.95 亿元，占 91.55%；利润 2236 万元，占 92.51%；税收 2357 万元，占 90.47%；固定资产投资 7059 万元，占 90.06%。可见股份制企业发展态势迅猛[63]。

- 宁波市象山县[70]，从 1984 年至 1985 年中，个体工商户的总户数、从业人数、注册资金、营业额、总产值的年均增长率为 36.1%、36.7%、73.9%、42.7%、171.5%。而从 1988 年至 1992 年的年均增长率分别为 5.8%、3.9%、32.5%、14.8%、42.3%。

- 1991 年，温州的个体私营经济产值占国民经济工业产值的比重已高于全国平均水平的 3 倍[95]。

- 1993 年末，浙东地区（指宁波、温州和台州地区）共有私营企业 7356 户，从业人员 92003 人，注册资金 175843 万元，产值 176027 万元，户均雇工 125 人，户均注册资金 23.9 万元，户均产值 23.9 万元[100]。1993 年与 1992 年比较，浙东地区私营企业户数增长 73.7%，其中：宁波市增长 46.1%，温州市增长 105%，台州地区增长 106%。浙江地区非公经济在资金实力和经营规模扩大方面更是表现突出。据不完全统计，宁波市有 108 户资金超百万元私营企业，近千万元的 23 户，超千万元的 10 户；温州市有 108 户资金超百万元私营企业，超千万元的 8 户；台州市有

50 户资金超百万元私营企业，900 万元以上的 3 户，超千万元的 8 户[100]。

- 在 1995 年，宁波市私营经济发展速度逐步加快[89]，从 1995 年 1 至 5 月份来看，又比 1994 年底净增 3510 户、62832 人，平均每月增加 702 户、12566 人，继续呈现加速发展的良好趋势。私营经济实力不断增长，全市 12307 户私营企业拥有注册资金 606190 万元，平均每户资金 11.1 万元，拥有 100 万—500 万元注册资金的有 980 户，300 万—1000 万元注册资金的有 33 户，规模较大的有限责任公司 3993 户，其中出现了资金 1000 万元以上的私营集团公司 10 户。1994 年，全市私营企业平均注册资本 32.6 万元，比上年增长 5%[90]。1995 年平均注册资本 47 万元，比 1994 年增长 44%[90]。

- 1998 年年底[99]，金华全市私营企业 1.2 万家，投资者 2.2 万人，雇工 21.8 万人，分别比上年同期增长 8.8%、16.1%、21.2%。

- 2000 年[92]，宁波民营企业户均注册资本达 81.55 万元，注册资本 100 万以上的企业已达 5319 家，注册资本超亿元的企业有 4 家，户均销售额 118.97 万元，其中超亿元的有 19 家。全国首次 500 家最大私营企业评选中，宁波有 9 家榜上有名，全市企业组织结构从个体制、家族制、合伙制，逐步转向公司制发展。2000 年全市私营有限责任公司 17751 家，占私营企业总户数的 49.6%。

- 主要借助于非公经济的发展，浙江省的 GDP 从 1978 年居全国第 12 位提升到 2000 年居全国第 4 位[130]，年均增 13.2%。浙江在 2000 年成为了行业市场大省，当年成交额超亿元的有 451 个，超 10 亿元的有 68 个，超百亿元的有 4 个。浙江省民间资金充裕，2000 年城乡居民储蓄存款年末余额 3594 亿元，人均 7985 元[83][86]。

- 至 2004 年年底，温州市已有民营企业近 8 万家、个体工商户 24 万多户，上缴税收约占财政收入的 70%，民营工业企业产值占全市工业总产值的 80% 以上，外贸出口额占全市出口总额的 95% 以上，从业人员占全市企业职工总数的 80% 以上。已有“中国鞋都”等 27 个国字号生产基地。鞋革、服装、电器等 10 个重点行业产值已经占了工业经济总量的四分之三。重点行业中有 8 类产品在全国市场占有率达 50% 以上，金属外壳打火机高达 95%。已经获得 1 个中国驰名商标，16 个中国名牌产品，8 个品牌成为 2004 年中国 50 最具价值品牌，在全国同类城市中名列前茅。全市规模以上企业数量较三年前翻了一番。已有企业集团 180 多家，跻身中国企业 50 强的有 3 家，跻身全国民营企业 50 强的有 3 家。

- 到 2006 年年底[162]，全省已有私营企业 40.6 万家，投资者人数达 92.6 万人，雇工 508.6 万人，注册资本达到 6936.7 亿元。在全国 500 强民营企业中，浙江占 203 席，总量居全国第一。全省注册资金 100 万元以上的私营企业有 10.1 万家，1 亿元以上的有 435 家，私营企业户均注册资金达 170.7 万元。总资产亿元以上的私营企业超过 1500 家，年总产值或销售总额为亿元以上的私营企业达 1700 多家，私营企业集团 1019 家。2006 年[162]，个体、私营经济创造总产值 12546.9 亿元。2007 年 6 月底[162]，共有 1910 家民营企业在境外设立分支机构，居全国首位，中方投资额 9.12 亿美元。以浙江民营企业的领头军——万向集团为例，如今已经在美国、英国、德国、加拿大等国家设立 31 家公司，在全球市场建立了服务网络，在美国设立了技术中心和生产基地，成为名副其实的跨国公司。浙江民营经济 30 年的发展，形成了如今“发展好，增长快，后劲足”的态势[162]。

- 全国第二次经济普查数据显示[446]，截至 2008 年年末，宁波私营企业有 7.68 万家，占全市企业的 74.6%；从业人员 195.27 万人，占就业总人数的 52.2%。资产总额达 6502.52 亿元，占总资产的 25.0%。与 2004 年第一次经济普查数据相比，企业数量增长了 60.4%，从业人员增长了 30.5%，资产总额增长了 151.2%。截至 2008 年年底，全市私营企业户均资产总额 808.63 万元，比 2004 年增长 49.6%。私营企业资产总额 1000 万—5000 万元的有 6689 户，5000 万元至 1 亿元的有 1060 户，资产总额超亿元的有 930 户。全市资产总额在亿元以上的 2530 家企业中，私营企业占了 36.8%。这些数据说明，在 2004 至 2008 年间，宁波市私营企业在经济总量快速增长的同时，整体实力也极大增强。

- 2011 年年底，宁波实有内资企业 159135 户，注册资本 5772.9 亿元[447]。其中私营企业 142038 家，比上年增加 15003 家，增长 11.81%，累计注册资本 3201.5 亿元，比上年增加 647.2 亿元，增长 25.34%，个体工商户 330354 户，比上年增加 35248 家，增长 11.94%，资金额 169.7 亿元，比上年增加 32.1 亿元，增长 23.33%。

- 2013 年，中国民营企业 500 强中，浙江省占 139 家，高居第一，入选榜单的企业在规模和效益上同比均有明显提高，出现了一大批如娃哈哈集团、万向集团、吉利集团等有一定知名度和影响力的跨国公司。截至

2013 年年底，浙江 300 余家上市公司中，民营企业占 80% 以上。浙商遍布世界各地，海外浙商有 750 多万人，其中有 150 多万人分布在 130 多个国家和地区。

- 截至 2014 年 9 月底[448]，浙江省共有各类市场主体 400.75 万户，同比增长 9.51%，其中企业 119.51 万户，同比增长 16.35%。私营企业 104.89 万户，同比增长 19.07%。个体工商户 274.67 万户，同比增长 6.77%。

从以上数据不难看出，浙江省（尤其是浙东地区）的非公经济，从 1988 年至 2014 年，其体量在逐步壮大，结构与形式不断调整优化，保持了较高速的持续稳定发展。非公经济在整个浙江省的经济发展过程中起到了重要的支撑和引领作用，浙江非公经济实力始终处在国内前列，浙江非公经济在国内和国际市场上始终具有较高的知名度和极强的影响力。

3.1.2　浙江省非公经济总体占比高且社会贡献大

浙江省原有公有制经济的力量本就不强，给非公经济发展的余地很大，在改革开放和商品经济的适宜环境下，非公经济势必有利于私营经济的发展[53]。以下从公开文献中几组数据，可以说明浙江非公经济在整个区域的产业结构、经济发展和社会进步中的重要作用和影响力。

- 在 20 世纪 80 年代中后期，非公经济的初步发展阶段，其主要舞台集中在农村和乡镇，私营经济将一批家庭作坊推上了规模经营的轨道，在改变了贫困农村经济面貌的同时极大地调整了农村产业结构[53]。
- 从 20 世纪 80 年代中期，浙江的民间资本就活跃在基础领域[88]。温州瓯江大桥、飞云江大桥、清江大桥、龙港大桥都是“贷款造桥、收费还贷、以桥养桥、以路养路”模式建成。众所周知的“龙港农民城”共投资约 20 亿元人民币，其中 98 % 是农民个人集资的，其综合实力曾列全国百强镇的第 14 位[88]。在义乌、萧山、武义等市县，都有民间资本以股份制形式投资水库、水电站、公路、桥梁、城市供水、水电站、通讯、医院、学校、文化、体育设施等方面的基础设施[88]。
- 到了 20 世纪 90 年代初，非公经济的舞台初步扩大了城镇，经营领域也拓宽到了工业、商业、服务业、建筑业、运输业、教育业、医疗医院等更多的基础设施行业[100]。
- 1996 年，温州非国有工业总产值占全市工业总产值的 95 %

以上[95]。

• 2001年，在嘉兴、湖州，个体私营经济在两市经济总量中所占的比重已超过50%[102]。

• 1979至2002年，浙江省GDP的增长中有超过69.1%的贡献份额来自于非公有制经济[13][87]。

• 2001年，非公有制经济从业人员已占到全省城镇从业人员的63.1%，非公有制经济税收收入占全部税收收入的比重达到40.4%，直接出口额达86.9亿美元，占全省出口总额的37.8%[13][87]。

• 2002年，浙江民营经济创造增加值5375.7亿元，占全省国内生产总值的69%，其中集体经济创造增加值1708.1亿元，占国内生产总值的21.9%，个体私营经济创造增加值3667.6亿元，占47.1%。全省民营经济从业人员已占到全部从业人员的82%[87]。

• 2002年，浙江个体私营经济增加值占国内生产总值比重分别比江苏28.3%、山东29.1%、上海9.0%高出18.8、18和38.1个百分点[87]。

• 1979至2002年，全省新增就业人员1063.6万人，其中民营经济增加从业人员908.8万人，占85.5%[87]；

• 2002年，全省民营经济税收收入达到769.81亿元，占全部税收收入的比重达到60.6%。全省民营经济直接出口额达8.67亿美元，占全省出口总额的30.1%，民营经济对农村居民人均总收入增长的贡献份额达65.8%[87]。

• 2002年，宁波实有个体工商户21万余户，其中个私企业54352家，共创产值1258元，占宁波GDP总产值近90%[93]。

• 2003年，台州非公经济控制了汽摩及配件、医药化工、模具塑料、家用电器、服装机械、阀门水泵、工艺礼品、食品饮料、鞋帽服装等九大制造业行业[159]。

• 2004年底，温州市已有民营企业近8万家、个体工商户24万多户，上缴税收约占财政收入的70%，民营工业企业产值占全市工业总产值的80%以上，外贸出口占全市出口总额的95%以上，从业人员占全市企业职工总数的80%以上[142]。

• 2005年，宁波市民营经济共实现生产总值1800多亿元[449]，占全市生产总值的80%以上[450]。截至2006年年底，私营企业8.32万户，注册资本1132.75亿元，民营经济对全市经济增长的贡献率达到85%以上。

• 2006年，宁波市工业企业实现工业增加值707.75亿元，其中民营制造业企业均占95%左右[451]。

• 截止到2008年上半年，浙江民营企业为全省创造了70%的生产总值、60%的税收和76%的出口，以及90%以上的新增就业岗位[162]。

• 截至2010年12月底[447]，宁波私营企业和个体工商户投资行业主要集中于制造业和批发零售业，私营企业户数和注册资本比重分别占到其总数的75.58%和53.17%，个体工商户户数和注册资本分别占到其总数的76.71%和66.63%。宁波私营企业从业人员1512891人，个体工商户从业人数达604863人，两者占宁波常住人口数的36.89%。

• 截至2011年底，宁波非公经济总量已占GDP的80%以上，而民营经济总量则已占GDP的70%以上[447]。

• 截至2011年底，宁波实有内资企业159135户，注册资本5772.9亿元。其中私营企业142038家，比上年增加15003家，增长11.81%，累计注册资本3201.5亿元，比上年增加647.2亿元，增长25.34%；个体工商户330354户，比上年增加35248家，增长11.94%，资金额169.7亿元，比上年增加32.1亿元，增长23.33%[447]。

• 2014年宁波私营经济经营范围广泛，涉及一、二、三产除公共管理和社会组织以外其余18个行业门类。而且，私营经济经营行业相对集中，仅制造业和批发零售业就占总量的四分之三多[446]。

而如前所述，浙江省非公经济一直充满强大活力的主要原因之一就是其经营机制方面的产权明确、利益直接、经营自主、决策灵活，有着务实的管理机制和有效的分配方式[53]。浙江省非公经济在全省各经济构成中始终保持较高比重，非公经济在促进浙江省整体经济体量的发展、产业结构优化、民间资本积累、人员就业与社会稳定、国家税收和出口贸易增加等方方面面起到了至关重要的作用，是浙江国民经济发展和社会进步的主要推动力量[148]。

3.1.3 浙江省非公经济组织形式不断优化且发展模式特色鲜明

20世纪80年代末，浙江非公经济，尤其是温台地区私营经济，在其发展初期就具备了多种灵活的形式，包括了个体经济发展、独资经营、合伙与合股联合经营，更有些是从集体企业承包、拍卖而转化而来的。而这些非公经济企业类型经常处于分化和重新组合之中，不断通过股份兼并等方式产生更大的独资和合资企业[53]。

20 世纪 90 年代初，浙江省（尤其是浙东地区）的非公经济组织形式出现了新的内容，即引入外资经济和输出到境外办厂，外向型经济稳步发展。据调查[100]，截止 1993 年末，宁波市有民办科技型企业 170 余家，与外商合资合作经营的企业有 40 多家，利用外资约 5 千万元。台州地区有 24 家私营企业与外商合资合作经营，利用外资 300 万元。温州市出口创汇型私营企业有 22 家，并且有 4 家私营企业在境外、国外兴办 7 家分厂。截至 1994 年 1 月，宁波市已有 104 家私营企业与外商合资合作，引进外资 2269 万美元，其所生产加工的轻工机械、针织服装、工艺美术以及农副产品运销欧美、日本和东南亚市场[90]。1995 年，宁波市个私企业外贸出口交货值 11.9 亿元人民币。

20 世纪 90 年代中期，浙江的非公经济或民营经济开始出现了聚集发展的势头，出现了在地理位置上的块状经济。在 1995 年末，宁波市全市私营经济已初步形成 40 余块区城块状[89]，年销售上亿元的有 20 余个[90]。其块状经济已形成如下四种形式：①以龙头企业为中心。鄞县姜山顾家村以龙头企业宁波相洋燃气具公司为中心，形成了年销售达 4 亿元的专业生产燃气用具的块状经济；②以市场为中心。如北仑郭巨的灯具市场，鄞县邱隘的羊毛衫市场，慈溪白沙的针织市场等，带动了区域内灯具、羊毛衫和针织品发展。③以资源为中心。如象山石浦利用本地的渔业资源，发展水产品加工行业。余姚泗门、朗霞、小曹娥一带利用本地丰富的榨菜资源形成了榨菜加工块状经济；④以传统技术工艺为中心。如北仑塔峙的模具加工业已有近百年历史，随着市场经济的发展，塔峙已形成了“千家万户”开模具的繁荣景象。

进入 21 世纪，浙江非公经济的聚集特色得以进步发展和深化，区域分工非常明显，“一村一品”、“一乡一业”的地方特色经济十分普遍。2000 年，浙江已形成有产值超亿元的特色产业区 300 多个[83]，涉及到制造、加工、建筑、运输、种植、养殖、纺织、工贸、服务等十几个行业[85]。其中，10 亿至 50 亿元的 91 个，50 亿至 100 亿元的 13 个，超 100 亿元的 4 个，区内企业约 13 万家，就业人数约 600 万人，总产值占全省的 60%[83]。形成了比较有代表性的特色产业区，比如宁波的服装、绍兴的轻纺、温州的低压电器与鞋业、义乌的小商品、永康的小五金、海宁的皮革等。浙江省当时提出的战略目标是力求在制造业领域 607 个小类行业的争夺战中谋取更多的份额，着力于一个个占领轻型加工业尤其是日用品加工业的系列高地，最终成为世界性轻型加工业的重要基地，特色产业区与城市化融为一体，加快形成贸、工、技、农一体化或联合体，不断强化特色产业区的国际化战略[83]。

进入21世纪，浙江省非公经济的外向型特色进一步提高和巩固，外向型经济发展突出，市场化程度高[85]。截至2000年年底，全省共有1225家私营企业与外商合资，1119家私营企业获得自营进出口经营权，10400家私营企业出口商品，产品远销全球150个国家和地区，实现出口交货值537.9亿元，全省个私企业外贸出口额约占全省出口总额的35%。中国飞跃集团已在日本、德国等地开设了18家分公司，聘用的外籍员工就有200多人。国内不少地方形成了“浙江村”、“温州街”、“义乌商城”等，并正在境外建设综合商城。

进入21世纪，浙江省非公经济更加注重以技术创断为发展动力，治理机制不断优化，品牌意识和质量意识明显增强，市场竞争能力进一步提升[85]。企业组织的个体制、家族制、合伙制逐步转向公司制发展，以劳动密集型为主逐步转向技术密集型和资本密集型企业，产品结构正从低档次、松散型逐步向系列化、群体化方向转变，并逐渐注重品牌塑造和科技创新[92]。不少企业已设立研发中心和技术中心，组建研究所，设立博士后工作站等，技术密集型企业逐步兴起[92]。到2000年年底，浙江省共有929家私营企业产品通过了ISO9000认证体系，有86家获得了欧洲CE认证。有93只商标获得浙江省著名商标称号，其中，正泰、德力西、传化、康奈、东艺等获得了中国驰名商标称号[85]。

经过多年的发展后，浙江非公经济的特色日益明显。具体来讲，在集群发展（块状经济）方面[131][452]：集群企业单体规模小，总量规模大，集群内企业网络发达，分工协作高度发展，拥有较强的成本、价格和竞争优势，产业集聚与专业市场关联互动并相互促进，产品在国内市场所占份额高，块状经济行业分布广，采用了原地膨胀和异地孵化两种模式进行群落式衍生扩张，集聚扩散效应强，对区域经济发展的带动与贡献程度高；在企业运营机制方面[142]，企业技术创新氛围日益浓厚，注重引进吸收发展高新技术，提高产品质量和品牌附加值，善于进行企业资源整合联动，保持资本运作优化与协同增益；在非公经济发展环境方面[142][452]，积极增加内外合作渠道途径，注重引导企业上市融资，大力建设并完善融资担保体系，善于发挥行业协会作用，积极参与国标制订，营造良好适宜的企业发展环境。总之，浙江非公经济有效地完成了商品、资金、技术、人才、品牌等生产要素的融合和优化，形成了一种自下而上的创业型和市场导向型的“民营、民有、民享”的，扩展性极强的“浙江模式”[164][165]。

3.1.4 浙江省非公经济发展始终得到政府的有效支持

浙江省各级政府在非公经济发展上很早就明确了扶持和鼓励的方向，积极为非公经济提供各种保障措施。20 世纪 80 年代初期，温州、台州等地方个体私营企业开始。当时有不少议论，但地方政府对于这些民间的创业活动不予封杀，允许它们挂集体企业的牌子，即所谓“戴红帽子”，加快了孵化和发展民营企业的步伐[205]。又如，调查显示[53]，在 20 世纪 80 年代末，浙江省的私营企业主的政治地位就有极大提高，温台地区的部分私营企业主已成为市、县的政协委员、人大代表等。宁波、温州、台州三地政府[100]都在 1993 年上半年先后召开几十年来未有的个体、私营经济工作会议，都把发展个体、私营经济作为当地经济发展的一个新增长点，明确私营企业在浙东地区的地位和作用，认为私营企业是社会主义市场经济体制的有机组成部分和先行者，认识到在保障社会稳定方面起到了不可取代的辅助作用。各级政府逐渐由当初的无为而治到有所为有所不为，转到行使规范的“规划、引导、监督、服务”较为全面的政府保障和支持职能[95]。

改革开放后，国家对民营经济发展的政策，可谓经历了几次大的突破。而浙江的地方政府都抓住了机遇，利用国家政策的调整，及时出台了扶持民营经济发展的政策与法规，也有不少“首创”的举动[205]。早在 1978 年 10 月，温州市人民政府就颁发了全国第一份私营企业管理暂行条例。1982 年 6 月，台州温岭县工商局从有利于生产力解放和商品经济发展出发，率先突破工商行政管理禁区，向牧南工艺品厂等 4 家企业核发“联户企业”的营业执照，为全国首例，这可谓是台州股份合作企业发展的开端。党的十五大以后，浙江非公经济面临着发展阶段的转变，即从粗放型数量扩张阶段向集约型质量提高阶段的转变。好在各地方政府十分清醒，他们审时度势，纷纷做出了“二次创业”或称“二次腾飞”的战略构想。

有学者[453]依据浙江省非公经济发展数据，利用科布—道格拉斯生产函数法测算各要素对浙江民营经济增长中的贡献。结果显示，以制度变迁为主要内涵的广义技术进步是推动浙江民营经济增长的首要因素，而制度变迁则主要是由政府的作用。制度变迁尤其是各级政府对非公经济放松管制和积极引导、保驾护航，给其增长提供了强大的激励，释放极大的经济活力，使得非公经济发展的各要素完成了有效地配置和强大的生命力。

浙江非公经济发展氛围始终良好，“重商亲商扶商”是浙江的好传统。近年来，浙江着重推进行政审批制度改革，打造“办事最快、审批最少和服务最优的政府”，加快推动政府职能转变，全面提升政府的有效治理能力[448]。加快实施“四张清单一张网”建设，即实施“政府权力清单”，全面清理政府权力；实施“政府责任清单”，明确政府职责；实施“企业项目投资负面清单”，制定核准目录外企业投资项目政府不再审批的具体办法；制定“政府部门专项资金管理清单”，省级政府部门一般不再直接向企业分配和拨付资金，也不再直接向企业收取行政事业费；建立省市县三级联动的行政审批“一张网”，形成“一站式”网上办理和“全流程”效能监督。通过改革，增加部门间的协同，加快打造尊重市场、尊重规律的“有限”政府，服务到位、监管到位的“有为”政府，严格依法行政、规范高效运转的“有效”政府，为非公经济等各类经济类型有序运转和高效发展提供强有力保障和支持。

3.2 浙江非公经济发展所遇到的问题和改进措施

本节主要从历史发展角度来梳理浙江非公经济曾面临的主要问题，并对相关学者所给予的对策进行整理，以期有一定的现实借鉴意义。

在非公经济的发展初期，即 20 世纪 80 年代中末期，非公经济主要出现了两个方面的问题：一是国家宏观政策法规所导致的非公经济前途及身份不明朗的问题。比如，私营企业地位问题长期悬而未决，严重影响私营经济的进一步发展[445]。私营经济与我国现行经济体制未能融为一体[445]，各地对股份合作企业的法律地位、组织机构的设置、税收信贷政策、工商登记性质、归口管理关系和行政调整控制职能没有统一的标准和规范，无法做到有章可循、有法可依，无法保障非公经济组织健康发展[63]。二是非公经济组织自身内部发展所导致的问题。在 1987 年前后，温台等地私营经济的发展出现了停滞、观望倾向，私营企业的大量利润不再投入生产，而是转入消费，出现了建房与造坟两股风[53]。农村股份合作企业的发展，大起大落现象比较突出，不够稳定。私营企业生产、经营的短期化问题严重妨碍私营经济的发展[445]；股份合作企业的内部分配比较混乱，股息利率高低悬殊过大，造成利益不均，股份合作企业的劳资关系比较紧张，职工劳保福利很少，人员的流动性大，稳定性差[63]。地区间发展不平衡，内部结构欠合理，多数私营企业规模小、企业主及员工素质较低[94][100]。因此，这一时期学者给出建议主要集中在[445]：一方面要加强和完善私营企业立法，使私营企业与我国现行经济体制融为一体，要完善有关的法规、政策、强化依法办事；增加和扩大一批有地区经济特色的个体、私营企业市场和投资区[100]；要创造更为宽松的舆论环境，更为适宜的管理体制环境，更趋平等的政策环境，良好的法律环境和社会环境[94]。另一方面要试行股份合作制，改变短期行为，尽快进行民营经济的组织形式的演变，发挥规模经营效益，确立规范化的股份合作企业形式，提高私营企业及其业主和职工的素质[100]。

20 世纪 90 年代初，个别地区的非公企业出现了较为严重的产品质量问题，市场秩序受到了一定的影响。主要表现在[90]：私营企业大多技术装备差，管理水平低，基本处于粗放经营状态；一些私营企业主生产上偷工减料，经营上以次充好，价格上压价倾销，以致出现不少假冒伪劣产品；部分企业用工混乱，安全生产问题突出；私营企业主依法纳税意识淡薄，国家税收流失严重。其典型事件是 1990 年国务院办公厅专门为柳市这个小镇单独发出《关于温州乐清县生产和销售无证伪劣产品的调查情况及处理意见的通知》，标志着柳市镇打假行动的正式开始。经过近十年的规范市场秩序，强化非公有制企业的自律管理发展，到 2000 年乐清市国内生产总值已达到 145.6 亿元，以柳市镇为主的全市低压电器企业已领到生产许可证近 4200 个，其中通过美国 UL 、欧共体 CE 等认证 200 多个，220 多家企业通过了 ISO9000 系列质量认证、ISO14000 系列环境管理体系认证和OHSAS18001职业安全卫生管理体系认证，各种认证数量居当时全国县级市首位。非公经济的发展实践证明[97]，维护市场秩序，坚持市场信誉，可以带来非公经济的繁荣发展。非公企业不但在发展区域经济、推动科技进步方面发挥了重要作用，而且在规范市场秩序、创造市场方面同样可以发挥重要作用，在建立市场经济秩序方面同样可以唱主角[97]。

在20世纪90年代中后期到21世纪初，困扰非公经济发展的政策问题逐步解除，而非公经济的宏观组织形式、自身发展以及外部融资环境等问题变得更加突出。学者们依据浙江省1984—2004年浙江非公经济的相关数据[453]分析明确指出，1984—1997年间制度变迁尤其是国家对民营经济放松管制是浙江非公经济发展的主推力，而此后的一段时间需要从要素驱动尤其是资本驱动方向着手，一方面要进一步探索释放制度动力的新途径，另一方面要重点抓好自主技术创新，注重优化人力资本和货币资本的相互关系。这一时期，浙江非公经济所面临的主要问题及解决措施主要集中在以下三个方面[13][84][85][87][102]：

（1）在区域性块状发展方面，区域性块状经济数量过多，规模过小，地域性过强，外部规模经济和范围经济效应难以有效形成和充分发挥。一些块状经济的产业结构轻型，产品结构单一，技术装备薄弱，技术层次较低，产业转型、升级、重化、优化的自然演进机制弱化，块状经济的开放性和规范性不足，集群管理、服务体系与规划、引导机制建设薄弱甚至缺位，使较多块状经济的发展面临困难、无序甚至退化。因此，学者建议各经济主体及政府应在注重产业集中、优化、升级的同时，培植龙头企业，强化品牌意识，加强对经济运行演进过程的引导和规范，构建区域产业集群健康成长的政府、产业、企业、大学及研究机构、中介服务组织互动发展体系和促进机制。

（2）在企业自身素质方面，规模偏小，集约化程度低，区城投资趋同，企业技术力量薄弱、研发投入不足，企业产业组织化程度低，企业管理制度滞后，创新能力及体系发育不良，技术服务社会化程度低，导致集群学习与创新机制未能有效形成。因此，应增强浙江民营经济的综合竞争能力和整体实力，以构建市场经济主体为路径，抓住体制创新、科技创新两个关键，从政策上促进和扶持浙江民营经济重视人力资本的投资，积极协助民营企业引进人才，建立和完善配套的社会服务体系，使人才既能招得进、更能留得住，长久提高浙江民营经济的基本素质[84]。需要积极培育社会化、市场化的科技研发机构与中介服务组织，推进制度创新，构建和完善浙江区域创新体系，促进民营经济产业集群的学习、研发与创新机制的有效形成和功能发挥。建议为私营经济发展营造一个良好的社会环境，要引导企业上档次、上规模、上水平，使私人资本联合起来组成企业集团，建立现代企业制度，形成规模经济，纳入健康发展的轨道[90]。深化经济社会改革，大力培育和建设区域经济、行业产业发展中的，具有自治、自律，沟通、协调，服务、管理功能的各类商会、行业协会、同业公会等社会中间组织，构建维护民营经济产业集群健康成长的社会自治体系与协调机制。

（3）外部融资环境方面，由于金融体制市场化改革的滞后与外向型合作发展的滞缓，造成民营经济发展中的社会化融资体系和机制存在严重缺陷，中介组织发展不规范，企业融资困难，直接制约了非公企业发展的规模与层次，企业制度与管理体系的现代化、规范化程度不够。因此，学者建议，在国家银行金融体制深化改革的基础上，积极建设和发展多层次、多主体、多渠道的区域金融组织机构和资本市场体系，完善区域金融监督、服务与政策扶持体系，有效培育和构建社会化、市场化、规范化运行的融资机制。

在 21 世纪初，浙江非公经济的区域性差异也逐渐形成[130][148]，基本态势为：浙江省东北部工业综合发展水平具有明显优势，西南部发展水平落后于东北部，而杭州、宁波、台州和温州四市始终保持着非公经济体量优势和增速优势。

从 2007 年下半年开始，由于受到我国紧缩性宏观政策的出台、人民币兑美元汇率的升值、原材料涨价、劳动力成本上升以及出口退税政策的调整、国际金融危机等因素的影响，浙江的传统优势产业——机械制造业、仪电仪表业、化工化纤业、纺织服装业、皮革业、商业的非公经济发展等受到一些影响[162]。在随后的几年内，非公经济企业组织结构升级及产品产业转型两大主要问题就成了学术研究的热点[162][163][174][454][448]。转型升级中主要遇到了如下三个方面的障碍：一是环境障碍，包括缺乏政府明确有力的引导与扶持，民营企业与国有企业、外资企业相比要接受更加复杂烦琐的审批程序，起点机会不均等。政府政策不到位，致使民营企业在人才引进、投资、融资、地方税收等方面受到歧视性待遇。二是思想障碍，非公企业对当前的大形势、大局势、大潮流并没有清醒的认识，对国内外经济形势和政策环境的变化也没有很好地把握，缺乏居安思危的忧患意识，仍然抱着小富即安的陈旧观念，对大局的变化缺乏积极应对策略，从而在与国外竞争对手的较量中处于不利地位。三是能力制约，浙江民营企业普遍采用家族式经营管理体制，与建立真正的现代化企业管理制度还有很大差距，人才机制不灵活，资金融通渠道尚未畅通。而解决这些障碍主要策略包括[162][163][174][454][448]：非公企业要加快建立现代企业制度，推进企业转型升级和创新发展，围绕增强民营经济核心竞争力和可持续发展能力，着眼于走新型工业化道路，加快企业从主要依靠粗放经营、数量扩张向主要依靠集约经营、结构优化转变，从主要依靠资金、劳动力等实物型资本投入向更加注重科技、人才等知识型要素支撑转变，从主要依靠本地资源与市场的内源发展向更加注重全球资源与市场的外向拓展转变，从主要依靠先发性的灵活经营机制驱动向更加注重适应现代市场经济的制度创新转变，从单纯追求自身经济效益向更加兼顾社会整体效益转变。

在 21 世纪的第二个十年，浙江非公经济仍然面临着外部环境和自身素质两方面的问题[448][454][455]。浙江非公经济发展进入了新常态，步入增速换挡、经济结构调整、政策消化三期叠加，其发展存在的主要问题表现如下[448]：粗放式增长模式严重压制了经济效益，体制先发优势逐渐减退，浙江民营企业转型升级速度缓慢；产业集聚的竞争优势弱化，出口依赖制约国际化，非公经济发展受资源要素约束严重；浙江民营经济的“空心化”趋势比较明显。浙江民营经济要[448][454][455]积极顺应新常态，新形势下的经济发展趋势，立足浙江实际，加快促进民营经济转型升级，实现增长模式集约化和集团化，破除民营经济发展资源要素，制约强化民营企业信用，建设打造民营经济最佳发展环境，消除体制性障碍，鼓励民营经济进入混合所有制国有企业改革，拓宽民营资本进入领域，振兴实体经济，积极引导在外浙商资本、资源、人才、信息、技术等优质生产要素回流，处理好产业、金融和城市三环节之间关系，力争实现产业转型及升级跨越式发展[448]。

3.3 浙江非公经济发展模式与其他典型模式间的比较分析

浙江非公经济发展模式以温州模式最有特色，宁波模式则与之有所不同。而其他地区也形成了非公经济典型发展模式，如苏南模式、珠江模式等。本节对这些发展模式进行简单的总结分析。

3.3.1 温州模式

"温州模式"是费孝通先生在 1986 年第 20 期《瞭望》上发表的《温州行》一文中提出的[183]，他认为"温州模式"的生产经营方式便是"家庭工业加专业市场"。费孝通先生指出："如果把温州模式说成是家庭工业加专业市场的话，那么，这就是突出这个地区经济特点的表述。"同时还提到："温州农村经济发展的基本特点是以商带工的'小商品，大市场'。"于是，"小商品，大市场"便成为"温州模式"一种颇具影响的经典表述。随着"温州模式"的进一步发展，其特征逐渐丰富为[105][183]：以家庭经营为基础，以家庭工业和联户工业为支柱，以专业市场为依据，以供销员队伍及农村能人为骨干，以农村包围城市，发展经济、繁荣经济，突破集体资源的有限性，人们自发地通过市场，主要采取家庭工业的形式，以较低的成本有效地配置市场资源，带动一大批"一村一品、一乡一业"的大型专业市场崛起，在市场化改革的制度博弈中获得了先行优势和机制优势。

随着企业产权制度的不断完善以及社会经济条件的变化，"温州模式"的内涵和外延也不断发生变化。其发展经历了以下阶段：一是民营企业的起步时期，家庭企业是该阶段最普遍的组织形式；二是 20 世纪 80 年代中期的"股份合作制"阶段，家庭手工业、个体私营企业开始走向联合；三是以现代企业制度为标志的阶段，一批企业集团、有限责任公司和股份有限公司纷纷创立。此外，"温州模式"仍不断探索外向型经济增长方式，主要利用海外资本扩张以及海外市场销售等活动进行国际化开拓。

温州模式不同于以乡镇企业为主的长江三角洲地区的民营经济，也有别于以三资企业为重点的珠江三角洲和闽东南地区的非国有经济[96]。“温州模式”是发展市场经济的模式，是放手发展民营经济的模式[98]。温州模式是民营经济发展的典范，是发达的民营经济与有效的市场相结合，是股份合作制的微观企业、完善的市场体系和规范的政府行为相互促进、相互完善的经济发展模式[95][96][98]。温州的企业规模由小变大，所有制形式由单纯变为混合，所有权与经营权由同一向两权分离的方向发展，始终坚持股权清晰、权责一致的特色，产权明晰、利益直接、机制灵活。温州模式坚持以市场为中心，以市场占有率论英雄。温州经济虽无经济规模之名，却有规模经济之实。“温州模式”虽然经历过市场的无序，出现过柳市镇的低压电器被通报和检查、温州的皮鞋被焚烧等事件，但随着市场经济的发展，温州逐渐认识到遵守市场规则、维护市场秩序的重要，逐渐纠正了自己的行为，转而注重产品质量，重视市场信誉。“温州模式”以家庭作坊为基本单位，实行自负盈亏、自主经营，侧重于劳动密集型产品，形成一个严密的市场网络，建立起密切的市场联系，并最终形成了由区域性专业商品市场发展为由商品市场和各种生产要素市场组成的、结构较为完善的市场体系。温州市政府由当初的无为而治到有所为有所不为，逐渐转到行使规范的“规划、引导、监督、服务”现代政府职能。有学者指出，从温州的经验看，要发展民营经济，最重要的是要为民营经济的发展创造适宜的宽松的环境，让人们自己去闯、去创业，去承担风险[98]。“温州模式”还坚持城市乡村一体化、具有强大的自我创新机制、培育创业文化、孕育创业精神、发挥行业协会与商会的桥梁纽带作用、发展经济与发展社会事业并重，等等。

总之，“温州模式”是浙江乃至全国发展非公经济的典型模式，其对转变人们的市场观念、完善市场经济、优化经济产业社会结构起了巨大的作用[98]。

3.3.2 宁波模式

“宁波模式”也是浙江省非公经济发展的典型模式之一[92][93][133][134][446][449][450]。宁波非公经济发展模式与宁波的崇商风气、区位优势与人文优势有关。“工商皆本”正是浙东学派所提倡的思想。宁波具有良好的港口资源，是首批对外开放的 14 个沿海城市之一，宁波有遍及海内外的“宁波帮”，众多海外赤子积极为宁波牵线搭桥。这些优势也促成了“宁波模式”与“温州模式”的诸多不同之处。

宁波是沿海开放城市，又是国内主要的港口城市，宁波经济的总量高和对外依存度比较高。这些优势使得“宁波模式”在很早就形成了内联内销为主向内外双向联销的经济发展模式，放宽涉外政策限制，鼓励民营经济获取自营进出口权、引进外资、开展境外投资，简化出入境审批手续，坚持“准入、进出口、融资、高新技术”等制度保障和“土地、财政支持、税费优惠、执法”等措施配套。

宁波非公经济发展模式，是在各种所有制经济共生共荣的基础上，又以民营经济和外资经济作为依托，从而发挥出各个经济主体的积极性和创造性，依托着宁波商帮文化与海洋文化带来的包容性与开放性的品格，更使得当地的民营经济在发展过程中善于博采众长，并与其他经济发展因素能够共生共荣、相互融合协调，从而得到共同与持续的发展[92]。

以“温州模式”和“宁波模式”为主，浙江非公经济形成了自身独特的发展模式。市场机制是浙江模式发展的重要体制保障，专业块状经济是浙江模式空间的集聚和产业的关联的显著特点。而这一模式的内在原因则主要体现在以下两个方面：一是重商观念、务实精神、开放意识构成浙江民营经济的浙江文化基因，二是自强不息、坚忍不拔、勇于创新、讲求实效的浙江拼搏精神[175][454]。

3.3.3 苏南模式[105][183][456]

20 世纪 70 年代后期以来，苏州、无锡和常州等地兴起的乡镇工业迅速发展，逐步演化成为富有特色的农村工业化发展道路，费孝通先生在 1983 年所写的《小城镇·再探索》中，将其概括为“苏南地区模式”，后简称为“苏南模式”。在《苏南乡村发展的新趋势》一文中，费孝通先生把处于发展初期的“苏南模式”的主要特征归纳为五个方面：一是集体所有制；二是接受大城市的辐射；三是政府经营；四是离土不离乡；五是工农相辅[105][183][456]。随着所有制理论的突破、国企改革的不断深化以及市场经济体制的逐步确立，新形势下的“苏南模式”不管是内涵还是外延都已发生了重大变化：一是“产权模糊”的乡镇企业实施改制以后，企业出资主体变成了民间资本为主，包括改制为规范的股份制企业、股权单一的个体、私营企业；二是党的十五大以来，在政府政策的鼓励下，民间新的投资热情高涨。因此，民营企业逐渐取代乡镇企业成为“新苏南模式”的主体。20 世纪 90 年代中后期，“新苏南模式”确立了发展外向型经济作为经济增长的突破点，开始大力利用外资，逐渐形成了以招商引资为特征的外向型经济，积极拓展国际市场。以苏州为例，从 1998 年开始经济体制调整，积极实施招商引资战略，到了 2003 年，注册外资接近 68 亿美元，在全国各大中城市高居榜首。

总之，“苏南模式”主要是指江苏省的苏州、无锡和常州（有的也包括南京和镇江）等地区通过发展乡镇企业实现非农化发展的方式。其优点在于在工业化初期政府能有效地动员社会资源，很快跨越了资本原始积累阶段，实现了苏南乡镇企业在全国的领先发展。这种方式在基层政府推动下，能够在短期内推动乡镇经济的规模呈现出粗放式的快速增长。

3.3.4　珠江模式[105][183][456]

“珠江三角洲模式”简称“珠江模式”，也是由费孝通先生首先提出的。费孝通先生在实地调查了珠江三角洲乡镇企业发展状况之后，将顺德模式、南海模式、中山模式、东莞模式统称为“珠江模式”。主要是指珠江三角洲经济开放区的佛山市、中山市、江门市、东莞市和顺德区、宝安区等 13 个县区的农村以外向型经济推动乡镇企业快速发展的一种模式。这种乡镇企业的特点是：在所有制上，以乡（镇）村两级集体经济为主、“五个轮子”（乡办、村办、农民联户办、个体办和其他合作形式办）一齐转的多层次结构；在经营形式上，以集体经营为主，积极发展包括同外商合资、合作经营在内的多形式的横向联营，以工业为主，面向国际、国内两大市场；在资金来源上，充分利用社会资金。

随着时间的推移，“珠江模式”中珠三角地区的内涵也在发生变化。20 世纪 90 年代初，“珠三角”由广州、深圳、佛山、珠海、东莞、中山 6 个城市及惠州、清远、肇庆三市的一部分组成，也就是通常所说的广东珠三角。后来，“珠三角”范围调整扩大为由珠江沿岸广州、深圳、佛山、珠海、东莞、中山、惠州、江门、肇庆 9 个城市组成的区域，也就是通常所指的“珠三角”或“小珠三角”。随后，珠三角的概念继续扩张到广东、香港、澳门三地构成的区域，形成了“大珠三角”的概念。“珠江模式”的优点在于利用毗邻港澳，海外华侨、港澳同胞众多的地缘、人文优势，通过“前店后厂”形式发展“三来一补”企业的外向型经济模式。

总之，“珠江模式”是珠江三角洲在从计划经济向市场经济转轨的过程中，利用国家赋予的优惠政策，以其独特的地理区位、土地和劳动力等优势，与外来资源相结合，创造了政府主导的外向经济和三资企业为重要载体的经济组织形式，注重多层结合、内外联动、以外为主、双向发展的运行模式。

学者们对“温州模式”、“苏南模式”、“珠江模式”三种模式进行了比较分析[183]，认为三地民营经济的增长方式和路径有所不同：“珠江模式”主要采取了外向型增长方式，“苏南模式”则采取了内生型与外向型并重的经济增长方式，而“温州模式”采取了以内生型为主、外向型为辅的经济增长方式。三地集群产业的类型和集群产业结构调整的路径有所不同：“苏南模式”由最初的以资金密集型产业为主逐渐向技术密集型产业升级，“珠江模式”由最初的以劳动密集型产业为主逐渐向技术密集型产业升级，“温州模式”则由最初的以劳动密集型产业为主逐渐向资金密集型产业转变，但产业对技术水平的要求仍较低。三个区域制度创新变迁的路径有所不同：“苏南模式”主要是政府主导下的制度创新，“温州模式”主要是市场驱动下的制度创新，而“珠江模式”则是政府主导与市场驱动共同作用下的制度创新。

3.3.5 其他非公经济发展模式

上海“青浦模式”[105]。主要是指上海市在市郊区各县建立民营经济开发小区，改善投资环境，提供优惠政策和信息服务，广泛吸引民间投资，引导民营经济发展的一种适合大城市发展民营经济的模式。“青浦模式”的优点在于把民营企业集中在同一区域，有利于公共产品共享，有利于为投资者提供综合配套服务。但进入园区的民营企业在产业上的关联性不强，产业间缺乏互补性，不利于企业之间的专业化分工与协作以及整个园区竞争力的提高。

北京“中关村模式”[456]。20 世纪 80 年代随着信息技术的快速发展，北京海淀区中关村地区出现了以电子一条街为特征的“中关村模式”。伴随着联想公司、四通公司等信息公司的成立，中关村逐步形成了民营高科技企业群体开始实现跨越式发展。“中关村模式”的特点主要是商品化、民营化、市场化。"中关村模式"通过市场、管理和技术的有机结合把科技成果转化为生产力实现了其巨大的市场化效应。

辽宁"三城模式"[456]。指的是辽宁省的海城模式、兴城模式和山东的诸城模式。这三种模式主要体现了国有集体中小企业改革改制的典型。其中诸城模式主要是以股份合作制改革为特征；海城模式主要是以私营独资企业为改制方向；兴城模式主要是以私营合伙企业为改制方向。"三城模式"改制下的企业获得了强大的发展态势，取得了良好的经济效果。"三城模式"的特点归结为国有集体中小企业改制。

此外一些学者还对浙江非公经济的发展与其他地域发展状况或特征进行了研究。如浙江温州与甘肃临夏民营经济发展比较（2001 年）[103]，温州、福鼎、福安三地个私经济发展分析（2002 年）[108]，东南沿海五省民营经济发展分析（2002 年）[109]，甘肃与浙江非公有制经济发展分析（2003 年）[115]，2000—2002 年粤江浙三省民营经济发展水平分析[116]，湖北与浙江私营经济发展差异分析（2004 年）[125][126]，粤浙 2002 年民营经济发展分析[127]，浙、沪、苏、粤个私经济比较分析（2004 年）[128]，浙江与江西民营经济的发展比较（2005 年）[135]，山东与浙江的民营经济发展对比分析（2005 年）[136]，福建与浙江民营经济发展比较分析（2009 年）[181]，浙南永嘉县与苏北阜宁县的民营经济发展对比（2015 年）[457]等等，在此不再赘述。

第 4 章

浙江省非公经济政策制度及政府行为研究

本章首先对国家非公经济政策法规的相关研究文献进行综述，进而对浙江非公经济发展政策法制及政府行为等方面的研究进行梳理总结。

4.1 非公经济政策法规历程简述

非公有制经济能否存在和发展以及发展的快慢，与党和国家对非公有制经济的政策演变息息相关[1][4]。浙江省的非公经济发展也必然与国家宏观及整体政策密切相关。本节以时间为主线，对影响我国及浙江省非公经济发展的国家层面的政策进行简要梳理和分析。

在这一主题的研究上，学者劳潮惠[207]于 2001 年论述了我国私营经济发展中的四次理论飞跃与政策选择。郑州大学李哲[209]于 2002 年在其硕士论文中对我国政府促进个体私营经济发展的政策进行深入细致地研究。学者滕黎南、牛炳建[214]于 2003 年分析了党的三代领导集体核心对发展非公有制经济的理论和政策。中共中央党校王世勇[215]于2004年在博士论文中对1921—2003年的非公有制经济政策的历史进行了详细考察与分析。学者王远启[213]于2003年分析了党的十六大对非公有制经济理论方针政策的新发展，认为其是完善基本经济制度的重大举措。山西大学蔡俊霞[231]、哈尔滨师范大学梁爽[232]于2010年在其硕士论文中就建国以来党的非公有制经济政策研究演变的历史进程进行了分析。中国民（私）营经济研究会[235]对2011年非公有制经济相关政策进行了评测与分析。黑龙江大学赵思坤[233]于2014年在其硕士论文中分析了我国民营经济政策环境演化的历史沿革及理论变迁。

根据上述文献的研究成果，现将我国非公经济政策法规发展历程进行归纳和分析。

4.1.1 改革开放前的政策反复阶段（1949—1977年）

1949年9月29日通过的《中国人民政治协商会议共同纲领》明确了各种经济成分在国家经济生活中的地位和作用，确立了党对私营、外资、个体等非公有制经济的基本政策。即充分利用和发挥以私人资本为主的非公有制经济对国计民生的积极作用，以推动国民经济整体的恢复和发展。同时，对其不利于国计民生的一面加以限制，把非公有制经济纳入正确的发展轨道。做到"公私兼顾"、"劳资两利"，最终达到发展生产、繁荣经济的目的。使各种社会经济成分在国营经济领导之下，分工合作，各得其所，以便促进整个社会经济的发展[215][231][232]。

1950年4月，在《华北局对公私经济关系中"有所不同"和"一视同仁"问题的指示》中，更为明确地指出，"国营经济与私人资本主义经济是有所不同的，国营经济在新民主主义建设中是领导成分，但在工作上、待遇上则又应该是一视同仁"[215]。

1952年1月26日，中共中央发出了《关于在城市中限期展开大规模的坚决彻底的"五反"斗争的指示》，决定在全国大、中城市，对违法的资本家开展一场大规模的反对行贿、反对偷税漏税、反对盗骗国家财产、反对偷工减料、反对盗窃经济情报的斗争[215][231]。

1958年4月2日，在《中共中央关于继续加强对残存的私营工业、个体手工业和对小商小贩进行社会主义改造的指示》中明确指出，"对于残存的私营工业、个体手工业和小商小贩，我们的方针是要将它们一律管起来，不允许它们未经登记进行非法经营；凡是经过审查允许继续经营的，必须加强监督和管理，取缔它们的投机违法行为”，限制它们的资本主义的自发倾向。同时，对于它们的生产经营，加以审查，然后“分别地有步骤地进行整顿、登记、改造、排挤、淘汰或取缔。对它们的挖社会主义企业墙角和投机违法行为，根据不同情况，按批判从严、处理从宽、处理极少数、教育大多数的原则，分别给以警告、悔过、补税、罚款、没收、停业以致判刑等不同的处分”[215][231][232]。

1961 年 6 月 19 日，党中央又发出《关于城乡手工业若干政策问题的规定（试行草案）》（即手工业四十条），在“调整、巩固、充实、提高”方针指导下，初步总结了手工业社会主义改造的历史经验，着手对合作化过程中一些不妥当的政策进行纠正[215][231]。

1963 年 3 月 3 日，中共中央、国务院作出《关于严格管理大城市集市贸易和坚决打击投机倒把的指示》，决定对大中城市的集市贸易采取“加强管理、缩小范围、逐步代替、区别对待、因地制宜的方针”。要求各地坚决取缔私商的长途贩运，严厉打击投机倒把活动，并强调这是一场尖锐的阶级斗争[215]。

1964 年 4 月 13 日，中共中央、国务院发出《进一步开展代替私商工作的指示》，提出代替私商工作“是一场经济斗争，也是一场阶级斗争。必须打好这一仗。”此后随着农村社会主义教育运动的发展，个体经济进一步萎缩。后来在“文化大革命”时期发展到“割资本主义尾巴”，致使个体经济逐年萎缩，就连农村的自留地、家庭副业等也被当作“资本主义尾巴”割掉[215][231]。

4.1.2 改革开放后持续改进期（1978 至今）

1978 年 12 月，党的十一届三中全会通过的《中共中央关于农业发展若干问题的决定（草案）》中明确指出，社员自留地、家庭副业和农村集市贸易，是社会主义经济的必要补充部分，不能当作所谓资本主义尾巴去批判。相反地，在巩固和发展集体经济的同时，应当鼓励和辅助农民经营家庭副业，增加个人收入，活跃农村经济[207][214][215][231][232]。

1979 年 7 月 1 日，五届人大二次会议通过了第一部利用外资的法律即《中华人民共和国中外合资经营企业法》。1980 年通过了《中华人民共和国中外合资经营企业所得税法》[215][232]。

1980 年 8 月，中共中央在《进一步做好城镇劳动就业工作》的文件中提出，要积极鼓励和扶植城镇个体经济的发展。守法的个体劳动者，应当受到社会的尊重。同年 10 月，在《国务院关于开展和保护社会主义竞争的暂行规定》中，又进一步要求，对于有利于国计民生的集体经济和个体经济应当予以支持。同年 6 月，在《国务院批转工商行政管理总局向国务院的汇报提纲的通知》中，又进一步强调了发展个体经济政策的长期性，加大了对个体经济扶持和保护的力度[215]。

1981 年 7 月，国务院发出《关于城镇非农业个体经济若干政策性规定》。该文件第一次较为全面、系统地阐明了我国的个体经济政策[215]。

1981 年，党的十一届六中全会在《关于建国以来党的若干历史问题的决议》中明确指出："一定范围的劳动者个体经济是公有制经济的必要补充，必须实行适合于各种经济成分的具体管理制度和分配制度"。自此，个体经济的发展及作用日益突出[207][231]。

1982 年，党的十二大报告提出，个体经济在国家规定的范围内适当地发展，是"公有制经济的必要的、有益的补充"。这就在"必要补充"提法的基础上，又加了"有益的"三个字[207][209]。

1982 年 12 月五届人大五次会议通过的宪法，确认了个体经济的合法地位[207][231]。

1983 年 4 月，《国务院关于城镇非农业个体经济若干政策性规定的补充规定》正式发布。根据这一规定，国家进一步放宽了对个体工商业在市场准入方面的限制，扩大了个体经济的经营范围和权限[209][215]。

1984 年 2 月，国务院又发布了《关于农村个体工商业的若干规定》。根据这一规定，国家在注意加强对个体工商业规范化管理的同时，实行了更为宽松的政策[215]。

1984 年 10 月 20 日，中共十二届三中全会通过的《中共中央关于经济体制改革的决定》，标志着我国的改革重点由农村转向城市。《决定》在论述国有经济改革时，特别强调了个体经济的作用[207][209][215][231]。

1986 年 4 月和 1988 年 4 月全国人大常委会先后审议通过了《中华人民共和国中外合作营企业法》和《中华人民共和国外资企业法》，加上在此之前颁布的《中华人民共和国中外合资经营企业法》，初步形成了关于外商投资的三部基本法[215]。

1987 年 1 月 22 日，在中共中央政治局通过的《把农村改革引向深人》的决定中，第一次使用了“私人企业”的概念[207][215][232]。

1987 年 8 月，国务院正式发布了《城乡个体工商户管理暂行条例》，这是一部关于个体经济的综合性的基本法规。《条例》在积极扶持个体工商业发展的同时，加强了对它的规范化管理。同年 9 月，国家工商行政管理局公布了《城乡个体工商户管理暂行条例实施细则》[215]。

1987 年 10 月，党的十三大指出，在社会主义初级阶段，要实行以按劳分配为主体的多种分配方式。在共同富裕的目标下，鼓励一部分人通过诚实劳动和合法经营先富起来。“私营企业雇用一定数量劳动力，会给企业主带来部分非劳动收入。以上这些收入，只要是合法的，就应当允许”[207][209][214][215][231]。

1988 年 4 月，第七届全国人大第一次会议通过了宪法修正案，在宪法第十一条增加了如下内容：“国家允许私营经济在法律规定的范围内存在和发展。私营经济是社会主义公有制经济的补充。国家保护私营经济的合法权利和利益，对私营经济实行引导、监督和管理”。至此，国家在根本大法中确立了私营企业的合法地位[214][215][231]。

1988 年 6 月 25 日，国务院颁布了《中华人民共和国私营企业暂行条例》、《中华人民共和国私营企业所得税暂行条例》和《中华人民共和国私营企业投资者个人收入调节税的规定》等三项法规，明确规定，私营企业是指企业资产属于私人所有、雇工 8 人以上的营利性的经济组织。此外，还具体规定了私营企业的标准、特点、作用、种类、开办条件、登记内容、权利义务以及国家对其监督管理的基本内容，从而把私营企业的发展和管理纳入了法制的轨道[209][215]。

1989 年 8 月 28 日，中共中央下发了《关于加强党的建设的通知》（即中央 9 号文件）。明确指出，我国的私营经济中存在剥削，私营企业主不能入党。《通知》强调，中国共产党是工人阶级的先锋队，不是全民党。1989 年 7 月，国家工商局发出了《关于对个体工商业和私营企业加强管理的通知》，要求各地工商行政管理机关会同有关部门对个体工商业和私营企业进行一次全面的清理和检查[215]。

1989 年 9 月，劳动部发布了《私营企业劳动管理暂行规定》，要求私营企业必须建立健全劳动管理制度，保障职工的合法权益[215]。

1989 年 9 月 29 日，江泽民总书记在庆祝建国四十周年的讲话中明确指出：在我国现阶段，发展从属于社会主义经济的个体经济、私营经济，对于发展社会生产、方便人民生活、扩大劳动就业，具有重要的不可缺少的作用[215]。

1992 年春，邓小平视察南方，发表了重要讲话，明确回答了长期困扰人们思想的许多重大认识问题，掀起了改革开放以来思想解放的新高潮。在邓小平南方谈话推动下，我国发展非公有制经济的政治环境和经济环境得到了前所未有的改善，宽松的环境为个体、私营和外资经济的发展创造了十分有利的条件[207][215][231][232]。

1992 年 10 月，党的十四大召开。这次会议确立了建立社会主义市场经济体制的改革目标模式，在所有制理论方面特别是非公有制经济问题上取得了重大的理论突破。十四大报告明确提出，我国经济体制改革的目标，是“在坚持公有制和按劳分配为主体、其他经济成分和分配方式为补充的基础上，建立和完善社会主义市场经济体制”[207][209][215]。

1993 年 4 月，国家工商行政管理局发布了《关于促进个体私营经济发展的若干意见》[215][232]。

1993 年 5 月，国家科委、国家体改委发布了《关于大力发展民营科技型企业若干问题的决定》。“民营科技企业”是指以科技人员为主体，按照“自筹资金、自愿组合、自主经营、自负盈亏、自我发展、自我约束”原则创办和经营，主要从事技术开发、技术转让、技术咨询、技术服务和科技成果产业化业务，依法注册的企业法人，是我国高科技产业的一支有生力量[215][232]。

1993 年 11 月，中共十四届三中全会通过了《中共中央关于建立社会主义市场经济体制若干问题的决定》，提出：必须坚持以公有制为主体、多种所有制经济共同发展的方针，在积极促进国有经济和集体经济发展的同时，鼓励个体、私营、外资经济发展，对我国所有制结构和非公有制经济问题作出了更加完整的阐述[231]。

1995 年 9 月，江泽民在《正确处理社会主义现代化建设中的若干重大关系》一文中，进一步论述了公有制经济和其他经济成分的关系。明确指出，“以公有制经济为主体、多种经济成分共同发展，是我们必须长期坚持的方针。它是由我国社会主义制度和现阶段生产力发展水平决定的”[215]。

1997 年 9 月，党的十五大在全面总结 20 年来我党在所有制问题上的经验教训的基础上，提出了调整和完善所有制结构的战略性任务。十五大在所有制理论方面提出了一系列的新观点，在对非公有制经济的政策上又取得了新的突破，可以说，这是继在市场经济问题上破除姓“社”姓“资”的思想困惑之后，在所有制结构上破除姓“公”姓“私”的认识误区的又一次思想解放[207][209][215][231]。

1999年3月召开的九届人大二次会议通过了《中华人民共和国宪法修正案》。这个修正案共六条。《修正案》的一个重要内容是对个体私营经济等非公有制经济的规定进行了修改。其中第五条将现行宪法第十一条“在法律规定范围内的城乡劳动者个体经济，是社会主义公有制经济的补充，国家保护个体经济的合法的权利和利益”。第六条增加“国家在社会主义初级阶段，坚持公有制为主体，多种所有制经济共同发展的基本经济制度，坚持按劳分配为主体，多种分配形式并存的分配制度”的内容[209][215][231]。

1997年2月颁布的《中华人民共和国合伙企业法》、1999年8月公布的《中华人民共和国个人独资企业法》以及与此相关的《中华人民共和国合伙企业登记管理办法》和《个人独资企业登记管理办法》，进一步从法律角度规范了个体、私营企业的资产组织和经营形式，确认了其市场主体地位，加强了对企业财产的保护，进一步为非公有制经济发展提供了法律保障[215]。

1998年10月1日，对外贸易经济合作部发布了《关于赋予私营生产企业和科研院所自营进出口权的暂行规定》。允许经批准取得自营进出口权的私营生产企业和科研院所直接从事进出口业务，并可在进出口贸易活动中享受与公有制自营进出口企业相同的待遇[215]。

1999年8月，中共中央、国务院作出《关于加强技术创新，发展高科技，实现产业化的决定》。明确要求，国家科技型中小企业技术创新基金要对民营科技企业给予支持[215]。

1999年8月和2000年1月，《个人独资企业法》和《个体独资企业登记管理办法》颁布。明确了投资人申报的投资额不要验资说明，取消了对投资主体的行为能力资格限制，也无分支机构与所从属企业经营范围和经营方式上的限制。同时，取消了雇工八人的限制[215]。

2002年6月，《中华人民共和国中小企业促进法》颁布，进一步加强了对以个体私营为主体的中小型企业的法律保护，力图以法律的形式，从资金、政策等方面为中小企业的创立和发展创造有利的环境[215]。

2002 年 11 月，中国共产党第十六次全国代表大会正式召开。十六大报告把发展非公有制经济同对我党现阶段“历史方位”的科学判断和全面建设小康社会的现实目标联系起来，强调发展非公有制经济的长期性和保持政策的连续性[213][214][215][231]。

2003 年 10 月，党的十六届三中全会召开。这次会议通过了《中共中央关于完善社会主义市场经济体制若干问题的决定》，明确提出要在法律上为非公有制发展经济扫除体制性障碍，在建立健全现代产权制度中要有利于保护私有财产权，促进非公有制经济发展。放宽了对非公有资本市场准入的限制，在市场主体地位上突出了地位平等[215]。

2004 年 3 月，十届人大二次会议审议并通过了《中华人民共和国宪法修正案》，以国家根本大法的形式确认了非公有制经济人士“社会主义事业的建设者”的政治地位，并进一步明确了国家保护、鼓励、支持和引导非公有制经济发展的方针[215]。

2005 年 2 月 25 日公布了《国务院关于鼓励支持和引导个体私营等非公有制经济发展的若干意》，通常被称为“非公 36 条”。其主要内容有[1]：贯彻落实非公有制经济的国民待遇问题；提高非公有制经济素质，维护企业、员工合法权益；改进政府监管方式，规范监管行为，完善管理体制。该文件在市场准入方面取得了根本性突破，强调“非禁即入”的精神，即“允许非公有资本进入法律法规未禁入的行业和领域，允许外资进入的行业和领域，也允许国内非公有资本进入，并放宽股权比例限制等方面的条件”[5]。

2008 年 8 月 22 日，财政部、国家发展改革委员会、国家工商总局宣布停止征收个体工商户管理费和集贸市场管理费。两费停征为个体工商户生存拓展了新空间[5]。

2009 年 7 月，国务院法制办公室公布《个体工商户条例（征求意见稿）》，其中规定，个体工商户雇佣人数不再受限，国家对个体工商户实行平等准入、公平待遇的原则，流动摊贩可办理营业执照，个体工商户凭证照可申请贷款等，对个体经济的发展起到巨大的推动作用[5]。

2009 年 9 月 22 日，国务院发布了《关于进一步促进中小企业发展的若干意见》，旨在帮助中小企业克服困难，转变发展方式，实现又好又快发展[229]。

国务院于 2010 年 5 月 13 日再次发布了《关于鼓励和引导民间投资健

康发展的若干意见》。由于该意见中共计有 36 条，为了与非公经济 36 条相区别，故被简称为“新非公 36 条”，“新非公 36 条”进一步拓宽民间投资的领域和范围，明确了为非公有制经济创造公平竞争、平等准入的市场环境。

2011 年 7 月 23 日，国家发改委颁布了《关于鼓励和引导民营企业发展战略性新兴产业的实施意见》，这意味着我国鼓励民间投资的政策正朝着既定目标延伸，民间资本进入战略性新兴产业将呈现蓬勃生机[235]。

4.2 浙江非公经济发展与其政策环境及政府行为关系研究

4.2.1 浙江政府管理制度创新与非公经济发展研究

浙江非公经济的率先发展，有其深刻的政治、经济、历史、文化背景，其中政府超前的观念与意识以及积极进行的管理制度创新发挥了极其重要的推动作用[205]。

浙江的非公经济发展，从最初的家庭作坊到联户企业，从股份合作制发展到后来的有限责任公司、股份有限公司。而在这一系列的进步和发展过程，各级地方政府始终尊重群众的首创精神，坚持不争论的原则，为非公经济创造了十分宽松的发展环境[205]。对体制上一时难以突破的领域，便积极寻找相容的方面，创造性地运用原有体制形式为现实服务[205]。

20 世纪 80 年代初期，温州、台州等地方个体私营企业开始出现。当时有不少议论，但地方政府对于这些民间企业未予封杀，允许它们挂集体企业的牌子，即所谓“戴红帽子”，加快了发展非公企业的步伐[205]。

改革开放后，国家对非公经济发展的政策，可谓经历了几次大的突破。而浙江的地方政策都抓住了机遇，利用国家政策的调整，及时出台了扶持非公经济发展的政策与法规，也有不少“首创”的举动[205]。早在 1978 年 10 月，温州市人民政府就颁发了全国第一份私营企业管理暂行条例。1982 年 6 月，台州温岭县工商局从有利于生产力解放和商品经济发展出发，率先突破工商行政管理禁区，向牧南工艺品厂等 4 家企业核发

“联户企业”的营业执照，为全国首例，这可谓是台州股份合作企业发展的开端。党的十五大以后，浙江非公经济面临着发展阶段的转变，即从粗放型数量扩张阶段向集约型质量提高阶段的转变。好在各地方政府十分清醒，他们审时度势，纷纷做出了“二次创业”或称“二次腾飞”的战略构想。

近年来，浙江着重推进行政审批制度改革，打造“办事最快、审批最少和服务最优的政府”，加快推动政府职能转变，全面提升政府的有效治理能力[448]。加快实施“四张清单一张网”建设，增加部门间的协同，加快打造尊重市场、尊重规律的“有限”政府，服务到位、监管到位的“有为”政府，严格依法行政、规范高效运转的“有效”政府，为非公经济等各类经济类型有序运转和高效发展提供强有力保障和支持。

持续不断的制度创新所形成的“经济体制落差的势能”，营造了浙江非公经济的先发优势，最终带来持续递增的规模经济收益[205][211]。非公经济作为我国经济发展中一种新的制度安排，已成为我国经济市场化改革的主要形式，并且在经济运行中扮演着越来越重要的角色。浙江各级政府对民间的经济创新以一种尊重、支持姿态来积极回应，提供非公企业制度创新的活动空间，发展方向和制度安排，建起一种自主性、开放性、合法性的公共运作制度环境，使得浙江这人多地少、资源禀赋贫乏的地区，非公经济得到迅速发展[211]。

以温州为例，温州之所以成为我国非公经济的重要发祥地之一，得益于其具有别于其他区域的制度创新的初始条件和有效途径[211]。

创新初始条件主要包括以下三个方面：弱势政府下非公经济生存空间的扩展；单位制度供给不足导致非公经济的发展；正统政治社会化缺失下市场经济意识的传承与发展[211]。

政府控制力软弱是温州在计划经济时期进行超前性制度创新的有利外部条件。一方面，由于偏僻的地理位置、对台前线的特殊地位、滞后的交通条件等原因，上级政府对温州的控制力相对较弱，温州成为计划经济时期全国超强政府控制链条中的薄弱环节。另一方面，温州长期以来一直处于弱势政府的局面，政府不能为社会成员提供充分的就业和生活条件的保障，所以个体小生产一直普遍存在，从而地方政府失去了对民众在经济上和政治上强大的影响力和控制力。在财政压力与政治压力的两难困境中，温州地方政府自觉或不自觉地选择“无为”这一折衷的行为方式，使温州民众得以有发展家庭工商业和专业市场的空间[211]。

计划经济下的单位都行使一定的政治社会化功能和社会控制功能。温州国有企业比重小、国有经济历来薄弱，加之温州人多地少，社会成员不能在正统的单位体制内获得充分就业，只能游离于体制之外，使得温州没能形成一个把多数社会成员都纳入强大控制的单位制度网络。这使得温州缺失了对社会资源按照计划经济模式进行有效整合的载体，为产生零散社会资源的自发流动提供了机会和空隙，社会成员不可能稳定在制度内，从而保有了非公企业生存的经济基础[211]。

温州历史上就是浙南地区最重要的商品集散地，早已形成了较发达的市场经济，加之计划经济制度供给不足，其市场经济就基本上没有消失。温州地方政府及其工作人员对非公经济的发展产生高度的认同感，并很自觉地把发展非公经济纳入了制度选择集合中。由于地方政府的介入，与非公经济天然相适应的市场制度的知识与信息能得以顺利、快速地生成和扩散，从而使得制度变迁相对提前[211]。

温州政府实现制度创新是利益高度契合下的地方政府与非公企业的制度互动过程，是地方政府与中央政府制度博弈并为非公经济发展的不断拓展制度空间的过程，正式制度与非正式制度相互融合发展的过程[211]。

地方政府和非公企业之间的互动是温州制度变迁的一个重要机制。虽然两者无论是功能特性还是知识积累都具有各自供给相应制度的比较优势，但相互之间的彼此依存成为地方政府和非公企业功能发挥的动态制度基础。地方政府通过一系列地方政策的变动来放大或扩展制度选择集合，成为非公经济表达制度创新需求的有效通道和有力载体。温州政府仅在 1987 年至 1997 年期间就相继出了 9 个地方性政策，扶持和引导非公经济发展，提升了制度创新体系的整体功能，使得温州非公企业的发展基本上沿着一条较为平稳上升的轨迹演变。从挂户经营到股份合作制，温州地方政府实施的一系列扶持非公经济发展的政策措施，制度创新的展开始终是沿着非公企业自主权逐步确立的方向发展[211]。

温州非公企业之所以能在外界此起彼伏的争论中依然故我地发展，归因于温州地方政府积极地对制度非均衡作出反应，主动地与中央政府进行长期艰难的制度博弈，从而减少了中央政府制度供给“时滞”所造成的制度约束。中央、地方政府、非公企业三层次的利益主体在长期的较量、磨合和妥协中，地方政府将非公企业的制度需求与权力中心原有体制相容的方面巧妙地结合起来，设计出一种社会各方力量都能妥协和接受的制度形式和有效的变迁路线，减少了与传统体制的正面冲突，从而在一个更高的层面上达成新的制度均衡[211]。

温州非公经济的发展，受惠于其地域文化非正式制度基础和理论上的超前准备，两者融合互动，一起调整着地方政府的制度创新体系。市场观念和商业精神的非正式制度对温州正式制度的变迁起着不可低估的贡献，它削减了计划经济时期正式制度对市场经济发展的束缚，使得温州发展非公经济的意识形态转变和冲破传统制度进行制度创新的机会成本较小，使温州人有更多的选择机会，有更多的潜在收益，因此在行动上就表现为敢为天下先和强烈的自主创新意识，推进温州民间进行一系列的非正式制度创新。但是非正式的制度只能将经济发展推进至一定的水平。超出这个水平后，正式制度和起保护作用的政府就显示出了规模经济，并能保障有更多的进入者都获得公正、开放的市场机会，制度创新的绩效可以认为是既定制度创新结果有助于价值实现的程度[211]。

从浙江省及温州市许多非公经济发展的典型案例不难发现，政府制度创新对非公经济的发展影响是极其显著。政府管理制度创新可以为非公经济发展创造一个成本较低、风险较小的制度传递和积累机制，提高种类市场资源的配置效率，最终促进了区域经济增长。触动或是加速国家政治域规则设定的改变是政府管理制度创新另一直接成果。因此，各级政府应从长远考虑，进一步明确政府的权力、职能、规模和行为方式，公域与私域界线明晰，积极进行制度创新，制定规范有序的区域政策环境，制定和完善有利于非公经济“公开、公平、公正”竞争的激励政策，建立资金融通、信用担保、技术支持、管理咨询、信息服务、市场开拓和人才培训等服务体系，政府在稳定、资源配置、收入分配三大经济职能，让政府成为非公企业的“安全网”，为非公经济的发展提供良好的制度环境、经营环境和市场环境[211, 234][236]。

4.2.2　浙江地方政府行为与非公经济发展研究

地方政府行为与浙江非公经济发展之间关系密切。

在浙江非公经济企业的发展历程上，浙江省各级政府走了一条从政府无为而治到有为推动的路子[222]。地方政府为自下而上的民间变革力量提供了关键的导引和护佑，这种内含地方政府意志的变革动力直接促使了传统体制在局部地区的消弭和瓦解，并最终经由集中式产权的分散和私有，完成计划配给向自由交易的回归[223]。在非公经济发展的早期[222]，企业主要是突破旧有秩序，政府不阻拦，采用了无为而治的方法，地方政府推动改革是通过“政策默许”或“政策追认”等相对被动的方式来操作的。家庭或个人以及它们的联合体将其生产经营活动挂靠在具有法人资格的公有制企业（或政府）名义下，对外以被挂靠单位名义开展业务，取得公有制企业所特有的便利条件从事经济活动。这种政府行为使浙江非公经济有了先发优势。而先发优势并不等于持续性优势，随着全国非公经济发展政策的一体化，人们发展非公经济的思想观念和认识一致化，到了 21 世纪初期，浙江非公经济的先发优势正在日益衰减，浙江省各级政府对非公经济发展的政策也发生了转变，即转变为有为推动，从过去政府注重于三要素：免税、贷款、圈地，转变为优化企业生存环境，优惠政策变成优化服务[222]。企业生存环境包括了土地、人力等硬成本和市场完善、法制健全、资讯畅通、科技发达、国际化程度和人才综合素质、政府服务水平等软环境。改善软环境是政府的重点工作，浙江各级政府通过放宽非公有制经济市场准入，加大对非公有制经济的财税金融支持，提升对非公有制经济的社会服务水平，推进非公有制经济加快结构调整和增长方式，维护非公有制企业和职工的合法权益等措施使得浙江省非公经济发展保持住了先发优势，进而得到了本地区非公经济的持续发展[222]。可以说，浙江非公经济的发展过程是浙江地方政府和非公企业关系与时俱进、良性互动演进的过程[222][223]。

地方政府行政还可以通过对非公经济集群形式及环境发展进行规划和引导，来影响非公经济个体发展水平及区域非公经济发展规模和格局。浙江省的非公经济发展集群的一个典型特点是以专业市场和块状市场为主要载体和形式。浙江省专业市场的“自发秩序的扩展”和浙江地方政府自身定位和理性行为之间构成了一种良性互动，体现了政府干预、促进、优化专业市场发展的渐变改革过程[210]。专业市场可以定义为：以现货批发为主，集中交易某一类工业品或若干类具有较强互补性和互替性工业品的场所，是一种大规模集中交易的坐商式市场制度安排[210]。从浙江省专业市场的发展历程来看，浙江省政府行为大致经历了缺位阶段、合辙阶段、越位阶段、适应阶段等不同历史状态，是一个从辅助功能到主导功能最后又回归辅助功能的动态演变过程[210]。在诸多信息不对称和激励保障机制不健全的情况下，政府必须提高自身的回应性，及时调整自身的角色职能和行为。政府在市场经济中的作用是“催化剂”，起着“掌舵”而非“划桨”的作用。各级政府应紧密联系本地实际，实现政府职能行为方式转化和专业市场力量填充并举，根据专业市场的发育程度和体制的完善程度适时地实现政府职能角色和行为方式的动态性调整[210][225]。

此外，政府在改善融资环境、实施行政审批制度改革等具体行政也可以有效地降低了非公经济发展中的交易成本，积极推动了非公经济的发展[225]。在改善融资环境上，政府可以充当银行与企业之间合作的桥梁，构建“诚信、合作、发展、共赢”的新型银企关系，建立了畅通、高效的银企信息交流平台，适时向银行推荐优良项目和成长性较好的企业，为银行安全授信提供条件。政府可以积极推进企业上市融资，在政策上对企业上市进行激励，给予相关的优惠政策，优先办理立项预审和报批，优先安排所需建设用地，在环保审批、规划等方面开辟“绿色通道”。在行政审批制度改革上，政府可以减少行政审批项目，简化审批手续，提高办事效率。总之，在降低非公经济交易成本方面，政府应界定非公经济主体及市场之间的关系，加快政府职能的转变，把政府职能的重心转到市场监管和公共服务上来。应用法律来规范政府行为，实现行政审批和市场准入规则设定的制度化，政府具体行为的程序化和法治化，政府行政效率的提高和行政成本的降低，提供人力资源保障，为非公经济的发展创造更好的外部环境[225]。

需要强调的是，政府行政应当与所处地区的非公经济发展水平与态势相适应，需要不断动态调整和优化进步。以萧山为例，政府根据其在乡镇企业发展阶段、非公经济蓬勃发展阶段、都市化战略阶段等不同发展阶段，对非公经济采取不同的政府行为[226]。在乡镇企业发展阶段，萧山地方政府行政的突出特点就是：各级政府（包括村庄）直接办企业，抓企业经营管理，抓企业做大做强，这种农村基层的“政企合一”行为促进了非公经济的快速产生和壮大。非公经济蓬勃发展阶段，萧山的目标是大力推进强县战略，全面加速城市化进程。地方政府所抓住的主动权不再是微观领域的办企业的权力，而是转移到地区经济的宏观层面，其政府行为主要集中在地区经济的规划权与土地开发权上，政府担当地区经济的开发商，大力招商引资。在都市化战略阶段，即撤市设区后，由强县战略转入都市化战略的城市化目标，政府行政主要以发展地区的经济集聚功能和综合服务功能，增强产业竞争力，积极调整萧山与杭州之间的区域城市化发展格局，走都市化集约型的经济发展道路。

综上所述，政府行政可以影响非公企业个体的发展、非公经济产业聚集形式及市场化的进程、非公经济交易成本和融资环境等非公经济的微观和宏观发展环境。政府行政应当与所处地区的非公经济发展水平与态势相适应，是一个需要不断动态调整和优化进步的过程。而浙江地方政府与非公经济间互惠默契，通过对这种政治与市场的耦合方式的反复博弈与调适来应对制度变革中各种外部环境的变化，使得经济组织与政治组织之间的交互作用与相互关联达成良性循环，并取得了双赢的改革效果[222][223][225][226]。

4.2.3 浙江非公经济发展中的政策供给研究

也有学者从政策供给视角对浙江省非公经济发展过程中的政策作用和政府角色、政策优势弊端进行了研究[230]。

浙江地理的基本特点是“七分山一分水二分田”，可耕地稀少，国家投资及外来投资少得可怜，人多地少的矛盾必须通过非农化的手段来寻求出路，这是改革开放前浙江经济发展中的一对尖锐矛盾[230]。

浙江非公经济的起步阶段[230]，地方政府采用一种“无为而治”“睁一眼、闭一眼”的策略。这种特殊的政府角色定位和政府管理模式，实际上正是浙江区域市场体系发育最重要的支撑力量。

在政策供给推动阶段[230]，即 20 世纪 90 年代以后，地方政府开始扮演起政策创新“第一行动集团”的角色，浙江省委、省政府提出了不要“死抠”公有制经济比例的思路，主动为个私经济“松绑放权”，在注册、用地、服务等方面，给予与公有制企业一视同仁的待遇，让个私企业经营者“经济上有优惠，社会上有地位，政治上有荣誉，事业上有作为”。同时，针对个私经济发展初期难以完全避免的诸如制假售劣、恶性竞争等现象，浙江地方政府也改变了以往“放任自流”的政策取向，开始加强对市场失灵的政府干预。总之，政府在制度供给中主动性的加强产生的外推力量，与浙江民间要求私有经济发展的内生力量最终在改革开放的过程中找到了契合点，地方政府的行为从保守的“无为”转变为积极的“有为”，推动了浙江经济更快的发展势头。

但浙江省非公经济发展中政策供给导致了一些问题[230]。首先，政策供给强化了经济结构畸变[230]。浙江老百姓发扬走遍千山万水、讲尽千言万语、想尽千方百计、历尽千辛万苦的“四千精神”，终于形成了非公经济、产业集群、专业市场、有效的市场机制等鲜明的浙江经济特色。但是，浙江非公经济起步的低起点却造成了目前的一大发展瓶颈，那就是在经济结构上过多地偏重于劳动密集型产业和低端制造业。此外，由于浙江的地理位置，其经济大环境中其他经济体的挑战，比如紧邻浙江的上海，以其成熟的市场运作能力和金融高地优势，会对浙江的经济发展产生很强大的辐射影响。这一强大的经济体会一边将低端产业向浙江转移，同时还会吸引浙江资本和人力的流入，强化了浙江经济结构不平衡的状态，更加削弱了浙江在市场竞争中的前进能力。其次，政策供给容易忽视环境代价[230]。低端制造业带来的连锁反应最终会影响到区域环境，而治理环境的政策供给与促进经济发展的政策供给在短期内具有相互矛盾的特性。地方政府往往为了能够在短时间内获得最大的政绩和财政收入，会义无反顾地支持非公经济的发展，而不问发展带来的代价。最后，产权保护与激励机制不足[230]。低端发展首先是经济发展低起点无奈的选择，但同时也受到了政策供给的指引。政府应积极提供完善的产权保护制度和措施，提供促进技术创新的政策供给。

总之，要改善浙江非公经济的发展环境，从政策供给的角度要转换政策主体的角色，并使得政策供给的方向和内容更加全面，以和谐社会和可持续发展的战略方向为纲，才能最终为经济的发展保驾护航[230]。

4.2.4　浙江省地方政府非公经济发展政策对比及差异分析研究

不少学者针对地方政府非公经济发展政策对比及差异进行了分析研究，研究结果说明：在中国经济改革过程中，地方政府的政策可以为个私企业进入提供政策许可，可以部分化解个私经济制度创新的成本，为个私企业提供产权保护，从很多方面直接影响个私经济的生产函数，影响生产成本的高低，引导企业的发展方向，最终对当地非公经济发展整体绩效影响重大[224]。因此，不同地区政策的不同极有可能带来不同的政策效果，达到不同的非公经济发展状态和绩效。

下面以温州和丽水在同时期非公经济政策对比，以及浙江与四川针对“非公经济 36 条”落实的情况对比为例，来说明各地区非公经济政策的内容及实施方面的不同。

曾有学者对 1978—2006 年浙江省温州和丽水地方政府对民营经济发展的政策进行了对比分析[224]。

浙江大学张晓[224]于 2006 年在其硕士论文中以温州和丽水两地的政策文件为样本，对比分析了地方政府在民营经济发展中的作用。

分析认为，温州市政府有关个私经济的政策分为三个阶段[224]：第一阶段，1978 年到 80 年代中期，温州对个私经济还是以监管为主，保护为辅，口气态度较后期强硬，多出现“不准”、“监督”、“必须”等强制性字眼。但是横向比较，在当时的环境下，温州的政策已经算是很宽松了，它肯定了个私经济对社会主义经济有一定的作用，提倡从实际出发，不搞一刀切。第二阶段，20 世纪 80 年代中期到 90 年代初期，这一阶段温州政府加强宏观调控力度，有意识、主动地倡导制度创新，扩大企业自主权，发挥出保护民营企业产权的积极作用。第三阶段，20 世纪 90 年代至 2006 年，政府继续积极地鼓励和扶持个私经济的大力发展，全方位地为个私经济创造有利的政策环境，放宽经营范围、放宽经营方式，无论是注册、税收、融资还是用地、用电，都给予优惠、照顾和方便，强调对个体私营经济的一视同仁，同等待遇，甚至政策上的有所倾斜。

而丽水市政府有关个私经济的政策也可分为两个阶段[224]：第一阶段，从改革开放到 20 世纪 80 年代末期，丽水的文件主要表现出的是对个私经济的监管，对它们作用肯定的比较少，多用“不准”、“必须”等强硬的限制性字眼，多出现罚金等惩罚性条款。第二阶段，从 20 世纪 90 年代以来，丽水的政策解放了思想，放手发展个私经济，放宽了各种限制，在税收、信贷和用地、供电、用水方面对个私经济给予了优惠扶持政策。

经过对比发现，两地政府政策的相同点主要包括[224]：两地政策的趋势与国家对民营经济的态度呈基本一致的走向，由改革初期的怀疑、歧视到后来的扶持、促进、鼓励；从原来的逆市场，到默许个私经济的存在，再转向对市场，对个私经济合法性的承认，然后在管个私经济的同时还参与对微观主体、民间市场的培育。两地政府文件的不同点在于[224]：颁发主体不同，温州以市委、市政府居多，而丽水以下级部门为主，尤其是工商局，显示了两地政府对民营经济的重视程度存在差异；主动性、创造性不同，温州直接、主动针对个私经济颁发的文件较多，常常会超前于主流意识形态，而丽水则是亦步亦趋、被动地制定相关文件，多为转发上级文件，或是为了贯彻上级政策，体现上级政策的精神而出台一些相关政策；对风险的态度不同，温州政府对风险表现出积极的态度，敢于突破主流意识形态，丽水政府则更谨慎，常常比权力中心的意识还要慢一拍；步伐快慢不同，类似内容的文件，温州颁发的较早，常常会超前于国家政策，而丽水总是要慢一拍，常常是国家政策出台了，它才开始贯彻上级文件的精神；对个私经济的观念、态度不同，温州的政策中对个私经济的作用肯定的多，肯定的早。当丽水还只是“允许”、“可以”时，温州已经是“鼓励”个私经济发展了；地方政府发挥的作用不同，温州的政策多是为了保护、扶持个私经济，而丽水的规定则是管多扶少，在早期，常常是一面说要促进，另一面却又设置重重障碍；文件内容的细化程度不同，温州的文件多是从总体上表态，擅长抓大放小，而丽水文件内容比较细，可供微观主体自主发挥的空间、余地比较小；力度不同，温州往往是“大力”支持，而丽水相对比较保守。在扶持措施上，无论是税收、用地、科技还是人才，相同的优惠政策温州一般都给予的更早，相同时期的政策温州一般都给予的更优惠[224]。

通过政策的对比不难看出，温州与丽水非公经济的发展绩效和规模与当地政策的相关政策密切相关，不同的政策必然会带来不同的发展速度、发展绩效和发展规模。

学者认为，在中国经济改革过程中，地方政府的政策为个私企业进入提供政策许可，部分化解了个私经济制度创新的成本，为个私企业提供产权保护，并且在很多方面直接影响个私经济的生产函数，从而影响生产成本的高低，引导企业的发展方向，地方政府的行为对当地改革进程和民营经济发展绩效影响重大[224]。

另一个例子是“非公经济 36 条”在浙江和四川的政策落实绩效与差异进行了比较研究[227]。研究认为，浙江、四川两省非公有制经济绩效存在差异是明显的，浙江落实“非公经济 36 条”的效果要好些[227]。其主要原因，除了浙江的地方文化的原因外，主要是由于政府自身的利益与市场经济的发展之间较早就建立起了实质性的联系，也从政治上保证了市场化发展的政治性的“路径依赖”[227]。反观四川，其制度变迁中较大的强制性表明，改革在较大程度上并非是响应新的获利机会的带有自发性的行为，其制度变革的动机和目的最初往往只是为了解决一些急迫的经济和社会难题，如巨大的就业压力、严重的经济困境及其带来的社会和政治压力等[227]。从制度利用的效率上来看，东西部地区存在制度利用上的重大差异，浙江省对制度的实际利用率要远远大于四川省，浙江省的制度变革所产生的经济绩效要远远高于四川省。这种制度绩效的差异，主要来源于不同的制度演进格局所产生的制度本身的差异和落实的相关政策上，进而使东西部在资源配置效率、经济发展绩效上表现出较大的差距[227]。

第 5 章

浙江省非公经济金融环境研究

在 CNKI 获得的文献中，对非公经济金融问题的研究开始于 20 世纪 80 年代，对浙江非公经济金融问题研究开始于 1994 年。

早期的研究关注点为个私经济的金融需求及公平待遇问题[244][245][247]。比如，慈溪市个体私营企业的金融服务需求（1994 年）[244]的研究文献指出，当时许多个体、私营企业对金融业的服务与需求方面主要集中在增加贷款额度，贷款利率要求与集体企业一视同仁，结算取现等要求能给予方便等基本公平待遇上。而丽水个体经济金融需求（1995 年）[245]的相关研究文献指出当时存在的主要问题是：迅猛发展的个体经济的旺盛资金需求与金融系统实际可供资金能力相对不足的矛盾日益突出，融资手段单一、贷款审批程序繁琐，银行难以掌握个人私营企业真实的财务状况，存在着严重的凭感觉放款的情形。对嘉兴市非公有制经济发展现状及金融供需情况调查（1998 年）[247]显示：非公经济金融的主要需求是增大贷款额度、减少贷款审批时间、现金存取方便、结算便捷。因此，在上个世纪末，应对以上非公企业金融需求的建议和策略主要是解放思想，转变观念，对非公经济成分与公有制成分一视同仁，树立“公私平等”观念，增大信贷投入和优化信贷结构，逐步推进金融中介服务，完善金融服务功能等相对简单直接的办法和途径上。

进入 21 世纪，对浙江非公经济的研究内容逐渐扩展至浙江省内非公企业融资困境、融资渠道及模式[251][261][262][263][264][282][287]、商业银行及其金融与信贷支持[269][271][272][273][276][458]、金融与信贷风险[267][280][281]、金融生态环境[169][265][268][278][284][285][459]等方面。

5.1 浙江非公企业融资困境渠道及模式研究

融资一直是非公经济组织在 21 世纪发展所面临的主要难题之一，也是非公经济研究的重点内容之一。

从整体上看，非公经济的融资困境与融资制度的低效率困境是相互影响、相互交织在一起的[261]。非公经济的融资困境只是表面现象，隐藏在其背后的深层次问题是融资结构的不合理和融资制度的低效率。完善非公经济服务的融资制度创新十分紧迫和必要，而建立一个高效的、多层次的融资制度体系，是非公经济走出融资困境的根本保证。

有学者提出，完成金融资源的优化配置是解决非公经济组织融资问题的重要举措[261]。而金融资源的优化配置可以通过对国有银行产权进行有效改造和重组，使其产权中除了国有成分外，融入更多的民间股份或非公经济成分，还可以培育民营或非公中小金融机构从而形成有效的资本市场竞争结构，而恰恰资本市场竞争机制则是完成金融资源优化配置的关键所在。在市场机制导向下，非公金融的发展关键在于创造公平的市场竞争环境，也是资本市场发展和监管的重要内容。非公经济对非公金融制度安排具有内在的制度需求，而内生于非公经济的非公金融又为非公经济发展提供有效的金融服务，从而形成相互促进的良性循环。公平的市场竞争环境不仅需要政府的隐性担保，更需要健全系统、执行到位的法律监管制度。股市融资制度和区域性的中小型资本交易市场的培育是建立有效率的直接融资制度的重要方式和有效途径。避免了低效率和高风险的融资制度必然使得非公经济发展面临较小的融资约束，中国的体制改革和经济增长才会顺利进行。

在实践上，浙江省的非公经济增长与中小金融机构发展之间也存在着互动效应[263]。通过相应指标对浙江非公经济发展历史数据进行分析显示，非公经济的增长与中小金融机构的规模和效率之间都是双向因果关系[263]。这意味着，非公经济的增长推动了中小金融机构进一步扩大规模和业务，同时中小金融机构又反过来在扩张规模的同时加大对非公经济的扶持力度，推动非公经济的进一步增长。中小金融机构对非公经济增长作用的渠道主要体现在储蓄率和资本形成方面。非公经济增长对中小金融机构发展的作用渠道体现在了利润额、就业人数和运营资金的增加方面，即通过以上三个渠道来作用于中小金融机构的发展。因此，浙江非公经济发展需要有中小金融机构的支持与协助。而达成这一目的，各参与主体应通力合作。首先，政府需要提供相应的制度供给，制定完善的法律法规，建立风险预警体系，加强对中小金融机构的风险管理，对准入和退出提出详细的要求，加快社会信用体系建设，为金融贷款创造良好的社会信用环境，从而让市场化、法制化来替代行政化的管理。其次，中小金融机构要进一步筹集民间资本，扩充法人股份，改善股本构成拓宽募集渠道，从股票市场筹集资本金创新金融产品，拓展业务范围融服务，使中小金融机构更为贴近企业的发展，最大限度地发挥自身优势。再次，各大国有商业银行要转变经营理念，加大对非公中小型企业的投入力，逐渐调整业务重点，依靠非公经济的增长能进一步提升银行的效益。最后，对非公经济组织来说，在短期资金的流动问题可以依靠信贷融资解决，而长期资金可以尝试在融资模式上向股权融资转变，通过自身的企业运作和快速增长的业绩，吸引中小金融机构作为股权人投资，进一步完善公司治理结构，进而更为规范地进行扩张活动。

从非公经济融资渠道来分析非公经济的融资困境和解决办法也是这一研究领域的重要内容[262]。非公企业资金主要来源两个方面：一是企业内部形成的资金，包括企业初创阶段由企业所有人投入的资金和由企业利润的一部分形成的发展基金构成的企业自有资金。二是由企业外部的资金，包括以间接金融方式和直接借款方式筹集的资金。

2003 年一项针对台州温岭市统计调查显示，90% 以上的非公企业的创业资金和营运资金是通过个人自筹、私人借款、民间“互助会”和内部集资等形式获得。而当这些企业发展到一定规模后，向金融机构贷款就变成了其主要的融资渠道，主要包括[262]：

银行信贷。一般来说，银行信贷与 GDP 之间呈高度正相关。在个体经济恢复、稳步发展阶段，贷款量比较低且对 GDP 的贡献较低，企业资金需求主要依靠体外融资。而到了快速发展且质量提升阶段，基于面临相对较好的金融境遇，通常银行贷款会大幅上升，银行信贷逐渐成为非公经济的主要融资渠道，GDP 与银行贷款的关联作用则日益明显。

民间借贷。非公经济受自身条件的制约，向金融机构贷款较难，因此还需大量的民间借贷作为资金不足的补充。特别是非公企业在初创时期，大多靠自身的原始资本积累，并通过亲朋好友的借贷来维持生产和周转。以台州为例，民间借贷的方式主要有三种：一种方式是直接借款；另一种方式是称之为“做会”，它是一种“凑份子”的轮流集资；第三种方式是企业内部集资或直接向社会集资。民间借贷在企业初创时期是融资的主渠道。在企业发展到一定规模后，仅作为资金不足的必要补充。

票据融资。随着非公经济的进一步发展，票据融资功能逐渐被企业所重视，已成为企业外源融资的重要渠道。据调查[262]，早在 2002 年，台州民营企业票据融资 3.42 亿元，占其融资总额 17.82%。近年来，票据融资发展迅猛，已成为企业获取银行资金的重要途径。

应付账款。企业拖欠也已成为企业资金来源的主要渠道之一，一些经营较好的企业，为了节省财务费用，靠向客户预收产品销售款或向提供原材料的企业应付账款的办法，占用客户的资金。

此外，还有其他融资形式，包括股份制入股资金，原先的农村合作基金会、政府对企业扶持的资金，证券市场融资，企业债券等。

因此，解决非公经济融资困境，可以通过以下途径拓宽非公经济融资渠道[262]。拓展地方性非公金融机构融资渠道，鼓励非公金融机构在经济发达地区试点，并逐步在有条件的地区推广。拓宽银行间接融资渠道，在各网点应具备存、贷、汇基本功能，积极利用银行承兑汇票、贴现等工具为非公企业融资。拓宽资本市场直接融资渠道，鼓励和逐步安排条件成熟的非公企业改造股票和债券，向社会筹集资金。拓宽发展创业投资融资渠道，发展创业投资公司和创业投资基金，重点扶持有发展潜力和市场前景的非公企业尤其是科技型企业。拓宽利用外资融资渠道，利用外资进行合作，共同组建合资企业，在获得稳定的资金来源的同时为以后上市流通打下了坚实基础[262][277]。

非公经济组织或企业融资模式具有地域特点。不同的地域由于其非公经济发展历史和环境的不同，会形成独具特色的非公企业融资模式。有学者以浙江温州为例，研究了其与江苏苏州、重庆、广东东莞等三地的非公经济融资模式[282]。总体来看[282]：温州自主投资从形式上起步于商业投资，发展于产业投资，并逐渐显现对正规金融资本投资的热情。苏州地区是以集体所有制、乡镇企业为主体的投融资发展模式。东莞等地为代表的珠三角东部地区是香港加工业的外迁地，"三来一补"成为其乡镇企业发展的重要形式，形成以外商独资、合资和合作企业为主体的投融资模式。重庆位于长江上游航运中心，形成了大企业主导的集团化和外资企业为主体的投融资模式。具体来说[282]：从投融资行为特征上来看，重庆、苏州模式带有"强政府"特征，而温州模式带有"弱政府"特征，东莞代表的珠江模式则介于两者之间。从自主投融资资金结构上来看，伴随企业成长阶段变化，企业融资结构中的外源融资依次递增，内源融资依次递减。而在外源融资中，温州还是更多地依赖传统的银行信贷融资，而其他三地在证券市场直接融资方面都大大领先温州。从自主投融资行为驱动力上来看，尽管后期驱动力有所不同，但四地最初驱动力都可归纳为国家改革开放和发展战略赋予的各种优惠政策和条件。总之，对于其他三地融资模式，以温州模式为代表的浙江非公经济发展模式所面临的主要融资难题是：中小企业间接融资压力较大，上市直接融资渠道不畅、民间借贷的直接融资成本较高，中小企业自我融资能力有限。因此可以尝试从内部与外部融资两方面入手来解决这一难题[282]。在内部融资方面，劳动密集型产业企业，建议以间接融资中的银行融资模式作为主要的融资渠道；对于具备上市条件的企业应进入资本市场直接融资，也可考虑选择债券融资；科技型企业初期可考虑依靠风险基金投资或私募股权投资，平稳发展期应选择直接融资工具中的股票融资方式；服务型企业的资金需求主要数量小、频率高、贷款周期短、贷款随机性大、风险相对较小，可避免银行贷款的手续烦琐，民间融资更合适。在外部投融资环境方面，政府应积极通过推进投融资体制改革，完善投融资体制相关配套政策，引导投资进入新兴产业领域，健全中小企业贷款风险补偿机制，加强规范和引导民间金融发展，打造区域总部经济等方面入手构建和完善。

近年来，P2P（Peer to Peer）点对点信贷，尤其是 P2P 网络融资，成为中小非公经济组织或企业的一个重要融资手段[287]。P2P 信贷[287]是指拥有闲置资金的放贷人通过第三方平台在收取一定利息的前提下，向有资金需求的借款人提供小额贷款的一种金融模式。其融资与借贷的条款是由网络借贷中介或平台来确定。据资料显示，2014 年上半年，中国 P2P 网贷行业成交量为 818.37 亿元，网贷贷款余额 476.61 亿元，平均综合利率为 20.17%，平均期限为 4.75 个月。截至 2014 年上半年，我国有 1184 家 P2P 网贷平台，借款人为 18.9 万人，投资人 44.36 万人，可见 P2P 网贷的投资规模和成交量都有着飞跃性的发展，这在很大程度上缓解了非公经济的融资困境。P2P 融资模式与传统金融机构相比，具有诸多优势：没有地域金额限制，对借款人的审核比较贴近行业实情，降低了借款人的门槛，投资收益较高，资金的配置效率更高且控制力强，融资渠道广，降低交易成本，信息沟通流畅等。因此，国家应规范 P2P 网贷、众筹融资等发展，引导民间资本投资于国家鼓励的领域和项目，遏制高利贷，盘活民间资金存量，使民间资本更好地服务于实体经济和非公经济。

5.2 浙江非公经济发展的银行信贷与金融支持研究

本节主要从各类型银行、信贷等金融机构的角度来分析探讨破解非公经济融资难这一问题的路径。

早期研究（2000—2008 年）主要集中在各类型银行的金融与信贷支持的政策和策略。

比如，有学者在 2003 年讨论了创建非公有制银行的必要性[246]，认为在金融领域国有银行一统天下、非公金融机构发展严重滞后的情况下，为了适应非公经济的发展，满足其融资需要，必须鼓励和发展非公有制银行，这是我国社会主义市场经济发展的必经之路。

还有学者分析了温州市商业银行适应非公经济发展的经营策略[272]，指出各商业银行把非公企业作为优先支持对象，金融服务方式和内容不断创新[272]，推行客户分类制度、非公企业主个人信誉作担保、融资理财服务（动产和货权质押授信、品牌质押、企业透支账户、国内保理、国内信用证等业务）、并积极导入民间资金开办委托贷款业务等。为了解决非公经济的融资问题，除了要从立法的高度来建立社会信用体系，设立信用标准，建立信用档案，实施信用监督，强化信用处罚外，要结合浙江各地区的经济发展特点，对新兴股份制商业银行在机构设置、宏观控制的同时，应区别对待，使服务领域向非公经济集中的强县、强镇延伸。在资产负债比例管理中要灵活掌握，使信贷资源的配置向效益好的地区和非公企业倾斜。要在统一的信贷政策和管理制度条件下，给予直接面对市场的经营主体更多的经营自主权。建立针对非公经济特点的风险防范机制，运行包括风险的标准、类型、评估、监测、防范、转化、处置等一系列的规章制度和措施方法。加快利率市场化进程。温州出现的金融市场真空被民间金融取而代之的现象，反映了利率市场化是市场经济的客观要求。此外，商业银行应探索民间金融的合法化、规范化，可尝试通过招股、扩股、参股的形式吸纳民间金融资本，更有效地支持非公经济的发展。

有学者以浙商银行为例分析了浙江省非公经济与地方性商业银行协同发展的问题[273]。2004 年，非公资本占 85% 的浙商银行股份有限公司正式重组成立，是当时全国三家为中小企业提供信贷服务的试点银行。浙江省“小政府、大市场”的政府管理方式在为非公经济发展提供了良好的制度环境的同时，金融业的发展却被经济的发展浪潮甩在了后面。无论从总量还是从活跃程度看，浙江都是国内最大的民间资本溢出地，但浙江省非公企业融资也面临着巨大困难。浙商银行的 15 家股东中有 13 家为非公企业，是中国第一家“货真价实”的非公银行，开办以后，它迅速将业务领域拓展到浙江省非公经济最为发达的地方。从浙商银行的实例，可以看出，经济增长与金融发展之间具有显著的正相关关系，二者之间相互作用和影响。浙江省金融发展对经济的增长、金融发展对非公经济的增长以及地方金融发展对非公经济的增长都有着明显的促进作用，并且地方金融的发展对非公经济的贡献比全省金融机构发展对非公企业的贡献更大[274]。非公经济的快速健康发展为商业银行发展提供了必要的经济条件，创造了良好的金融环境和发展空间。同时，地方性金融机构为非公经济的发展提供金融支持与服务，以尽可能低的资源成本动员分配尽可能多的社会闲置资金和进行最优的资源配置。地方性金融机构与当地的非公经济具有地缘优势，彼此之间相互了解，可以在最大程度上减少由于信息不对称而引发的道德风险和逆向选择问题，使双方能够得到更好的合作。地方金融部门通过便利交易、资源配置、动员储蓄、公司治理和风险管理等五大功能的发挥，一方面可以降低交易成本和信息成本，促进资本积累和技术创新，从而有利于地方经济增长；另一方面还可以通过产业关联效应，带动后向、推动前向产业的发展，从而间接对地方经济增长做出贡献。总之，建立起非公经济与商业银行协同发展机制，构建非公经济与地方性金融机构的良性发展平台，可以优化经济与产业结构，促进当地经济的快速健康发展。

也有学者以温州银行为例，实证分析了银行业信贷与非公经济发展之间的关系[458]：温州银行信贷规模与非公经济的发展同向消长。具体来看，银行信贷对大中型非公企业的支持力度较大，对支柱产业的支持力度较大，对重点集镇支持力度较大。要解决银行业在支持非公经济发展中存在的诸多障碍和主要问题，应当加快国有商业银行改革，鼓励民间资本参与金融活动，大力促进新兴股份制商业银行及本地中小金融机构的发展，完善为非公企业服务的金融体系；积极开展制度创新工作，不断加强业务创新特别是信贷流程创新，为非公经济发展创造宽松的融资环境；在集中资金支持非公龙头企业做大做强的同时，积极扶持中小成长型企业的发展；积极扩大直接融资，拓宽非公企业融资渠道；建立现代企业制度，完善治理结构及则务制度；大力发展担保机构，解决非公企业担保难问题，使中小企业信用担保体系的建设进一步朝着规范化的方向发展[458]。

在 2008 年后，尤其是国际金融危机以后，相关研究的重点逐渐转变到了金融渠道的系统支持与整体解决方案。

在金融危机中，经济外向度较高的浙江非公经济受到了巨大挑战。在后金融危机时期，要从地区非公经济发展全局来系统优化金融机构的信贷结构，全面创新其金融产品，大力改进其金融服务[269][276]：要根据国家产业政策和地区整体发展战略来调整和优化信贷结构，通过信贷投向结构的优化促进地区经济结构调整；强化信贷投向管理和引导，加大对非公经济转型升级中关键环节的信贷支持，推动非公经济发展方式转变，实现民间资金、信贷资金同先进制造业发展的对接；要加快金融产品的创新和开发，积极开展小额贷款公司、村镇银行、中小企业担保公司，推行股权质押等新的融资方式，创新担保方式，扩大抵押品种，创新贷款品种；要拓宽和改进银行服务，大力开拓多元化金融服务领域，建立多元化金融服务体系，为优质企业提供发行上市、债券发行、并购重组、财务顾问、咨询研究等投资银行服务、投资管理和资产管理服务以及财险、寿险和境外项目保险等保险服务；要不断开发金融创新产品，积极研究低碳金融服务，推出清洁发展机制、境外买家信用证保证、远期外汇套期保值、国际买家预付款账户监管业务，支持中资企业参与国际清洁发展机制交易；要加强渠道创新，把传统营销渠道和网络渠道紧密结合起来，走“多渠道并存”的道路，通过实体银行与网络银行的强强联合，借助网络平台，提高效率，降低成本，控制风险，解决中小非公企业融资难的问题[269][271]。

总之，浙江非公经济是推动浙江整体经济增长的强大动力，非公企业为浙江省提供了大量的就业岗位，为全省人均 GDP 的增长、财政收入的增加等都作出了巨大的贡献。完善的金融支持体系，不仅是非公经济发展的外在要求，也是金融发展的自我要求，更是两者之间协调发展的内在要求。因此，应该系统发展地方性非公资本银行、民间创业投资公司、非公企业政策性银行，专门为非公经济提供间接融资服务，并充分利用创业板市场、区域性资本市场为非公经济提供直接融资平台；应该帮助非公企业改善财务结构、合理利用资金、减少浪费，提高资金使用效率，提供多渠道的融资服务，解决非公企业融资渠道不畅、形式单一的问题；积极提供非公经济发展中金融支持的法律保障，建立非公企业信用担保体系，监督管理金融机构的合法合规运作，促进政府、非公企业及金融机构之间的有机结合，有效弥补非公企业的资金“缺口”，从而实现浙江非公经济的可持续发展。

5.3 浙江非公经济区域性金融与信贷风险研究

浙江非公经济区域性金融与信贷风险的主要研究对象是温州地区。

从改革开放到 21 世纪初，温州金融风险大体经历了三个阶段[267]：第一阶段出现在 20 世纪 80 年代中期，温州民间个人集资泛滥，“会案”频繁爆发，涉及面广，破坏力大。大规模、大范围的民间金融风潮时有发生。第二阶段是 90 年代初，社会上出现乱集资、乱批金融机构、乱从事金融业务（称“三乱”）现象，以及小法人金融机构高风险状况严重影响了金融秩序。第三阶段是 90 年代中后期，企业逃废银行债务和非银行金融机构风险影响了金融的稳定，金融风险度加剧。这二十年的金融风险呈现出主体规模化、风险隐藏化、形式多样化的特征。产生这些风险的主观原因主要是温州经济转轨进程中金融的民营化倾向和金融组织经营者素质等方面，客观原因则在于温州非公经济的规模特征、银行发展局部滞后、金融机构资产质量恶化、政策导向失误等方面。而这一阶段风险管理手段主要包括了紧急救助、撤销或关闭、合并或归并、兼并与收购、重组。在以后发展过程中，要化解和防范这些金融风险，政府部门和监管当局应发挥信心支撑作用，克服政府过度保护产生的道德败坏问题，完善金融机构并购破产的专项法律。建立地区性互助形式的储蓄存款专项基金或存款保险公司，坚持持续的外部监管，建立健全内控机制等手段[267]。

温州民间借贷风险也是近年来的研究热点之一。温州民间借贷市场作为全国民间借贷市场最具代表意义的样本之一，曾是中小企业救命稻草的民间借贷在一些时候却成了压垮这些企业的“最后一根稻草”。这些信贷风险的具体表现为[280]：中介机构参与民间借贷，违规经营现象普遍；民间借贷异化为“炒钱”游戏，蕴藏隐患值得关注；民间借贷利率冲高，短期化现象明显；民间借贷资金链断裂，企业关停、业主逃逸事件频发。风险产生的主要原因和历程大致如下[280]：在外贸形势不确定、劳动用工成本提高、原材料价格上涨、融资成本加大等多种因素的夹击下，作为“草根产业”的制造业，其先发优势不再，面临新的“瓶颈”，即经营效益持续下滑，经营成本不断攀升，低附加值的制造业景气堪忧，陷入举步维艰的困境。非公企业深刻感受到转型升级的迫切性，却找不到有效解决方案。由于连续多年的宽松货币政策，推动着房地产等资产价格猛涨，在“资产泡沫”的诱惑下，一些民营企业家热衷于通过私募、炒房、炒煤、放款等途经赚快钱，强化了虚拟经济，弱化了实体经济，导致实体经济领域的“产业空心化”，既走入了“变味”转型的不归路，也孕育了浮躁逐利的投资心态。而随着宽松货币政策转变为适度从紧的货币政策，为填补因扩张冲动而形成的“资金窟窿”，一些民营企业被迫大规模求助于民间高利贷。当企业经济效益无法承受高利贷的巨额利息时，必然出现资金链断裂，民间金融危机随之爆发。要化解和防止这些风险重演和加剧，需要做好“加、减、乘、除”法[280][281]：增加资金供给等要素保障，减轻税负和不合理的企业负担，鼓励企业进行改革创新、技术改造和兼并重组，按照转型升级的要求淘汰落后，改善民营经济外部发展环境；增强民营经济转型升级的主动性，鼓励民营企业自立成长；打破“二元金融体制”，支持民间资本进入金融业；加快推动利率市场化进程，缩小民间市场与正规金融市场上的利率差距。要坚持金融服务于实体经济的要求，牢牢把握发展实体经济这一坚实基础，从各方面采取措施，确保资金投向实体经济，有效解决实体经济融资难，防止虚拟经济过度自我循环、自我膨胀，防止出现产业空心化。

5.4
浙江金融生态环境研究

广义上的金融生态环境是指宏观层面的金融环境，指与金融业生存、发展具有互动关系的社会、自然因素的总和，包括政治、经济、文化、地理、人口等一切与金融业相互影响、相互作用的方面，主要强调金融运行的外部环境，是金融运行的一些基础条件。狭义上的金融生态环境是指微观层面的金融环境，包括法律制度、行政管理体制、社会诚信状况、会计与审计准则、中介服务体系、企业的发展状况及银企关系等方面的内容。金融生态环境是依照仿生学原理来发展建立金融体系的良性运作发展模式。

浙江金融生态环境的研究开始于 2007 年，主要是对一些地区的金融生态环境的现状、问题及对策进行研究。比如，学者指出宁波市加强金融生态环境建设[268]的战略重点应该放在地方中小金融机构和地方资本市场上，应以“市场化、股权结构多元化、资本化、区域化和国际化”作为发展战略，从根本上解决中小企业融资难问题，建立一个适应不同类型企业的多层次、全方位的金融生态环境体系。具体措施包括：深化产权改革，明确市场定位，开拓业务创新，推进利率市场化；重塑宁波地方中小金融机构，积极引进境外银行、证券、保险、信托、期货、基金、租赁等金融机构到浙江设立分支机构或办事处；以地方产权交易中心为基础，搭建资金和项目的产权交易平台；积极稳妥地发展和规范私募资本市场，加快组建一些投资基金，拓展企业债券市场，争取发行市政债券，加大地方资本市场培育和发展力度；积极扶持地方资本市场的发展，为地方金融机构的发展提供优质的服务，创造良好的外部环境，培育高效的市场平台。还有学者分析了温州（2008 年）金融生态环境状况，认为其主要要素包括四个方面：区域经济结构、社会文化氛围、诚信环境、政府行政效率和公共服务。温州区域良好的金融生态环境得益于温州悠久的传统商业文化奠定了区域金融生态环境的社会基础，发达的民营经济为金融生态环境奠定了良好的产业基础，“诚信建设”为温州金融生态环境提供良好的社会氛围，良好的政府服务为金融生态环境提供了制度保障。

浙江非公经济发展的实践也证明了非公经济发展水平与金融生态环境质量间的正相关关系[284][285][459]。在历次的中国城市金融生态环境质量排行中，浙江省的金融生态环境指数都排名靠前，浙江金融业在薄弱的基础上获得了腾飞，银行业存贷款增速、增量及银行资产质量和经营效益连续稳居全国前列，已成为金融机构最齐全、金融规模增长最快、金融资产质量最好，金融市场发展最快、风险最小、回报最高、机构和投资者最活跃的省份之一。这一经济金融发展奇迹被人们誉为“浙江模式”，其背后是非公经济的快速崛起、地方金融的发展壮大以及地方金融发展与非公经济增长之间双向促进的良性循环机制的形成[459]。

浙江省非公经济发展水平与金融生态环境质量相得益彰和良性互动也绝非偶然，有其内在的具体原因：金融生态环境改善产生“资金洼地”效应，非公经济获得更多的外部融资支持，从而非公经济发展水平得到有力的推动；金融生态环境改善提高了金融生态系统中金融主体的效率，使其能够更好地发挥资金配置功能，从而促进了金融发展水平；信任水平既对金融生态环境质量也对经济发展具有强烈的积极影响，浙江省在金融生态环境质量与非公经济发展上皆得益于其悠久的诚信文化传统和成功的信用文化建设。

浙江金融生态在支持非公经济发展上也存在着一些不足[285]。比如，内源融资仍为最主要的融资方式，非正规金融渠道的民间借贷比例高，通过民间借贷进行融资，一旦资金链断裂，就会引发新一轮危机。贷款结构与实体经济的运行存在着错位，信贷结构与实体经济之间的错配不利于充分发挥社会闲置资金的作用，也不利于非公经济的健康可持续发展。

要改善和优化浙江区域金融生态环境，可以从以下方面入手。

首先，结合区域经济发展实际，进一步打造良好的金融平台和融资服务机制。要继续加大政府对金融业的政策扶持力度，着力改善金融业的微观生存环境，促进金融业做大做强，深化银企合作，努力构建“诚信、合作、发展、共赢”的新型银企关系，强化银银协作，以“平等互利、诚实守信、资源共享、优势互补”为基本原则，建立良性的银银竞争协作关系，实现错位竞争、共赢发展，探索创新中小企业融资途径，全力破解中小企业融资难题，搭建行业金融服务平台，围绕集群产业发展导向，开展个性服务、分类服务、结对服务，促进经济金融良性互动。

其次，推动金融改革创新，防范金融业风险。进一步完善各金融机构的法人治理结构，加大金融业对外开放，深化利率市场化改革，加强民间金融的阳光化，建立存款保险与金融机构退出制度，创新金融监管模式，完善监管体系，维护金融业安全稳定运行。

再次，继续大力推进信用文化建设。要健全征集机制，提高信息质量，进一步完善企业信用信息征集系统；要加强引导推广，积极主动服务，着力在企业信用信息应用上下功夫；要强化道德教育，开展征信试点，稳步推进个人信用建设；要推行政务公开，切实加强政府自身信用建设；要完善信用监管，规范市场秩序，运用法律手段和行政手段加强失信惩戒；要加快信用立法，加强舆论引导，全面推进社会信用体系建设，优化社会信用环境。

最后，创造良好的制度和市场环境，引导非公经济转型升级。增强政策的连续性、稳定性及透明度，切实维护非公企业合法权益，进一步放开非公经济市场准入，建立非公中小企业技术创新公共服务平台。地方政府应重视商业银行在内部评级中对本地区的看法，有针对性地采取措施，提高自己的评级等级，以此争取商业银行在资金调度、信贷授权等方面对自己给予支持。同时进一步深化行政管理体制改革，推行政务公开，提高依法行政水平，规范政府服务收费，取消不合法的收费项目，合并或取消重复设置的收费项目，进一步简化抵押、评估费用和手续，降低企业经营和信贷成本。

第 6 章

浙江省非公经济文化环境研究

区域文化是影响非公经济发展态势与质量的重要因素之一，本章主要阐述浙江省及其相关区域的文化与非公经济发展之间关系的研究成果。

6.1 浙江区域文化与非公经济发展研究

6.1.1 浙江传统文化理性与非公经济发展

区域传统民间文化理性与非公经济发展之间存在极强的关联关系[288]，而这种文化精神因素对经济过程的影响，主要是通过对经济主体行为的导向、规约、激励三种途径发生的[288]。导向作用即文化精神为经济行为主体提供了明确的价值参照系。它告诉人们该做什么，把人们引向有价值的经济和社会活动，不同的文化精神背景的区域会出现不同的社会经济活动取向。规约作用即特定的文化精神也构成经济行为主体的潜在的行为规范。它告诉人们不该做什么，使不同文化精神背景区域的社会经济活动维持不同的秩序风格。激励作用即文化精神往往构成行为主体从事经济社会活动的动力源，为他们提供克服困难、解决疑难、忍受劳苦的心理暗示与信念支撑。总之，文化精神作为非正式制度的重要构件对人的经济行为的影响，是通过主体内在的价值理性认同过程和外在的行为习惯重复过程实现的，是自觉自愿的无形的过程[288]。

浙江传统的社会文化是一种富于商业特色的文化类型，浙江人自古以来就头脑精明、处世灵活，偏好商业和手工艺[288]。这种染濡着浓郁商业气息的传统文化精神构成了浙江非公企业经济理性的重要内涵，其基本特征有四个方面[288]：（1）个体本位的经济理性。浙江历史上由于手工业和商业活动比较发达，手工艺人和商人在长期外出卖艺与经商的活动中，逐渐脱离了家族和帮会团伙的生存共同体，形成了自己独立的利益体系和利益观念，因此考虑问题和形成决策更多是从个体自身利益出发，其次才考虑家族和帮会的群体利益。（2）交易生财、商游四海的谋生传统。浙江沿海地区素来悯商重贾，认为工商与农皆本，甚至认为做官也不如经商，“满路皆商贾，穷愁独缙绅”。经商赚钱是浙江人特别偏好的谋生手段，长期经商交易的“路径依赖”，更加强化了商业交易活动对浙江沿海一带人生存生活的重要性。（3）顺应环境、随机应变的柔性心理。浙江人在长期的商业交易活动中，逐渐塑造了浙江人文化性格中善于见风使舵、随机应变、能够适应各种陌生人际环境的柔性心态一面。浙江文化是一种适应性非常强的软文化，没有鲜明的棱角和显露的锋芒，寻求的是适应、理解与相互沟通，然后才逐步形成权利和控制。（4）博采众长、善于学习的开放心态。浙江传统文化具有很强的开放性、包容性及与时俱进的特点。在其源远流长的演变发展过程中，不仅综合包容了佛教、基督教等宗教文化传统，也继承吸收了孔孟、老庄等先圣思想的精华；不仅保留着农耕文明古老的智慧，也勤于开拓小农商品经济知识；不仅吸收了北方地区人们生存发展的某些经验，也融汇了中西部文化崇尚义理的明显优点。它虽然精于权变，内中却不乏风骨。它看若似水无形，然而却绵延不绝。明末清初时浙东学派王阳明、黄宗羲的思想，在很大程度上体现了浙江传统文化精神。19 世纪中期，浙江人又最早接受了现代资本主义生产方式和知识文明，成为上海滩上华人资本家的先驱。20 世纪 70 年代，也是浙江人最先在“一大二公”体制下从事发展非公经济的尝试。70 年代中期，温州就出现了大量的非公经济。浙江人素有的工商传统以及浙江历史文化精神中浓郁的商业气息和求利唯实主义倾向，成为改革开放以来浙江经济发展的重要资源[288]。

传统经济文化理性为浙江非公经济发展提供了丰厚的人力素质资

源[288]。从知识人力资本的角度衡估测评，浙江比周围省份并不占据明显优势。浙江的初等教育和高等教育发展水平（按每万人口在校学生人数衡量）与江西、湖南、安徽、福建等一些省份几乎相同，比西部的陕西省甚至要落后一些。每年技术发明专利的申报数量，与周边地区亦大体相当。然而从素质人力资本的角度衡量，浙江却具有明显的优势。浙江人受充满商业气息的传统文化精神的长期濡染熏陶，虽然普遍接受教育的程度并不是很高，工商素质却特别见长，对商业交易活动有特殊偏好，对经济发展方向和创业投资机会特别敏感。改革开放以来，浙江人紧紧抓住了三次大的发展机会：第一次是个体私人企业发展的机会，第二次是城市化的发展机会，第三次是信息网络化的发展机会。

传统民间文化精神为浙江民营企业的内部管理提供了作为润滑剂和胶粘剂的丰富的文化素养，有利于降低企业管理的摩擦成本。浙江传统民间文化理性包含有维持既定的社会层级秩序和统治治理结构稳定这样一种典型的“治世”文化的价值取向，它通过上层管理者的“仁”和被管理者的“忍”这种道德伦常规则来消除管理两端之间存在的矛盾与冲突，维持管理系统的整体性与和谐性。浙江传统民间文化理性所认同的层级服从观念、人际和谐观念、家族血缘观念，对维系现代企业置理运行是一种有效的文化纽带。这种传统文化精神给浙江民营企业内部管理带来鲜明的特点：管理者与被管理者之间、员工相互之间的协作共融性强；内部管理摩擦多是一种柔性摩擦，即使存在观点信念差异与利益矛盾，也不会导致严重的行为冲突和规则紊乱。在利益甚至明显对立的状态下亦可以维系企业管理结构的稳定，不至于因为出现严重的“犯上作乱”而挑战企业的管理权威。浙江民间文化精神中的这种“柔性”，也存在其难以避免的时代性缺陷，如果任其发展到极致，会出现企业内部“人剥削人、人压迫人”的制度。这一点必须引起浙江民营企业界的重视，以求在保持自身经济文化理性优势的同时，注意克服其负面效应[288]。

6.1.2 浙江非公经济发展的文化基因分析

浙江人的重商观念、务实精神、开放意识，构成浙江非公经济的文化基因，是浙江非公经济保持活力和后劲的内在原因[292]。

重商观念孕育了浙江规模庞大的非公经济主体[292]。浙江地域文化个性鲜明，重商思想一以贯之。在浙江历史上，一些著名的政治家和思想家大多提出过重要的经济思想和发展经济的主张。特别是南宋时期，被合称为浙东事功学的以叶适为代表的永嘉学派、以陈亮为代表的永康学派和以吕祖谦为代表的金华学派，主张“工商皆本”和“义利并存”，在浙江产生了深远的影响。到 19 世纪末，被称为“东瓯三先生”之一的陈虬提出“齐商办，捷商径，固商人，明商法”的主张，为商业的发展而大声疾呼。与重商思想相辅相成的是浙江人的经商传统悠久。杭州、宁波、温州自古就是工商业发达的商港、商埠；特别是近代以来，外国资本主义入侵，宁波被辟为“五口通商”口岸城市之一，使浙江得商品经济风气之先，成为当时中国商品经济最发达的地区。至 19 世纪末 20 世纪初，许多著名的商帮如“安徽帮”、“广东帮”有起有落，而唯有“宁波帮”久盛不衰，越到近代，声誉越高，有了“无宁不成市”的美誉。重商思想深深地积淀在浙江的历史文化中，默默地传承在浙江人的思想观念中，深刻而持久地影响着浙江人的价值观念和行为方式，构成了浙江人特别是宁波人、温州人的文化“遗传基因”。这种“遗传基因”在由外国资本主义入侵肇始的中国近代工业化过程中，得到进一步的滋长和强化。到了 20 世纪 80 年代改革开放后，也正是这种“遗传基因”与新时代精神相呼应，使得浙江人率先发展私营经济，逐渐孕育了规模庞大的民营经济主体。浙商是当今中国人气最旺的财富军团，人数之众，比例之高，分布之广，行业之宽，都在全国首屈一指。综上所述，浙江人素有的商业传统以及浙江历史文化精神中浓郁的商业气息，是浙江民营经济发展重要资源，它为浙江民营经济发展提供了丰厚的人力资本。

务实精神铸就了浙江富有特色的产业模式[292]。中国传统儒家思想讲究“温良恭俭让”、“重义轻利”等，这些价值观不适用商业社会的市场竞争要求。而在浙江历史上产生巨大影响的浙东事功学说却与正统的儒家思想有显著的不同，他们主张“义利并存”，注重功利。叶适反对离开利来谈义，明确提出“既无功利，则道义者乃无用之虚语尔”，主张“功利与仁义并存”。再如，永康学派创始人陈亮提倡功利和经世致用，他主张把道德与事功、动机与效果统一起来，强调知识的现实性和实践性，主张“道在物中”、“学以适用”和“行重于知”。受这些思想和观念的影响以及浙江悠久的商业传统熏陶，浙江人形成了注重功利、讲究实际、重视实业、不尚空谈的世俗化倾向和致富冲动。改革开放后，一旦经济环境提供了适宜的自由空气，这一独特的区域文化熏陶下的浙江人，就爆发出了无穷的创业冲动。浙江民营经济发展到今天，出现了一个令人费解的现象——个体的“小”与总量的“大”之间的矛盾。事实上，这个令人费解的矛盾之“结”恰恰就是被浙江人的务实所解开。虽然产业层次低、企业规模小、组织形式落后，但浙江人并没有因此而气馁，反而乐此不疲，“小题大做”（小商品，大市场；小规模，大协作；小机器，大动力；小利，大干；小能人，大气魄）。脚踏实地、实事求是、不好高骛远，浙江人以其特有的理性和务实，在立足现有条件的基础上，独辟蹊径，探索出一条独特而有效的区域经济发展路径——通过大力发展区域特色产业和中小企业，形成以中小企业网络为框架、以特色产业为支撑、以专业市场为纽带的极具竞争力的产业发展模式。务实的浙江人相信，产业层次、企业规模、组织形式无所谓优劣，关键是匹配。

开放意识编织了遍及全球的浙江产品销售网络[292]。浙江人具有较强的开放意识，这与浙江的自然条件密切相关。一方面，是由于浙江地理位置优越。浙江濒临大海，是我国海岸线最长的省份之一。面对着大海的潮起潮落，浙江人孕育的文化具有鲜明的海洋文化特征——冒险、开拓、进取、创新。同时，地处沿海使浙江人较早接受了资本主义生产方式和商业文明。另一方面，是由于浙江自然资源缺乏。浙江省陆地面积 10.18 万平方公里，占全国总陆域面积的 1.06%，是中国陆域面积最小的省份之一，而且多山地、丘陵，占全省面积的 70.4%，素有“七山一水两分田”之说。全省耕地总面积为 160.76 万公顷，人均占地面积 0.54 亩，约为全国人均耕地 1.59 亩的三分之一。资源禀赋缺乏、人地矛盾突出，构成了浙江经济发展的硬约束。然而，这种资源强约束进一步强化了浙江人的开放意识，使浙江人很早就走上了外向型生存之路。“无宁不成市”的“宁波帮”更是走南闯北，闻名全国。在 20 世纪中叶，由于政治和社会的原因，其重心逐渐移向海外，其影响也逐渐扩大，后来在全球华商中产生了深远的影响。有些人成为著名的工商巨头、社会名流，如“世界船王”包玉刚、影视巨头邵逸夫、纺织业巨头陈弊等。外向型生存之路的成功又反过来进一步激励和强化浙江人的开放意识。

重商观念、务实精神、开放意识的独特浙江文化使得浙江人既精明，又通达；既聪明，又实干；既活络，又严谨；既敢于冒风险，又严于律己；既追求新知，尽得风气之先，又严守传统，善于掌握火候，把握时机。浙江区域文化及其熏陶下的浙江人是浙江民营经济发展取之不竭、用之不尽的重要资源，是浙江民营经济持续发展的核心力量。浙江民营经济本身所固有的内在的文化基因，是其保持强劲活力和后劲的最深层因素[292]。

6.1.3 束缚浙江非公经济发展的不良文化观念分析

本节总结分析中国传统文化对非公经济发展的负面影响方面的相关研究。在改革开放至21世纪初的近30年间，我国各地的非公经济发展轨迹有着惊人的相似之处，即大都经历了“迅速崛起，迅速衰落”，并不断演着“创立、崛起、衰落”三部曲的倒“U”形发展过程和相对较短的平均寿命。而这种发展轨迹背后有着中国传统文化的负面影响[291]。

我国是在血缘纽带解体不充分的情况下进入阶级社会的，血亲观念是传统文化的轴心意识，容易产生“产不出户”、“父业子承”、“家业己兴”等闭塞思想。在经济文化方面[291]，“万般皆下品，唯有读书高”和“士农工商”的等级观念，自给自足式生产模式和为“满足家庭或经济单位的消费需要而进行生产”的原始经济理念，不能满足现代经济生产和经营的要求。诚然，在激烈的市场竞争以及资金极为有限的情况下，“家长式”管理模式作为家族经济权力组织、宗法制度以及文化道德的有机结合，无疑是以血缘为主线的非公企业在创业初期和进行资本积累这一特殊阶段较为有效和实用的管理模式。然而，在企业具备了一定规模，在企业向现代化、国际化和集团化继续发展时，家长式管理模式越来越暴露出它的局限和不足，此时非但不能带领企业走出矛盾性与不连续性的“蜕变期”，继而完成二次创业，向更高一步发展的目标，反倒极容易成为制约企业发展的瓶颈，只道是成也家族，败也家族[291]。通常这样的企业发展到一定阶段，独裁和集权化倾向严重，战略决策失误，短期投机行为严重，无法适应企业对人才的更高要求。此时，应尝试建立一套科学合理的管理制度，力图在领导方式上合理地进行分权，做到责、权、利清楚，要注意建立一套科学合理的人才任用制度，全方位吸收和选拔有用人才，充实企业队伍，提高整体素质，增强竞争能力，要切实建立一套科学合理的人员考核制度，做到奖罚分明，充分调动广大员工的生产积极性。

除了“家长式”管理模式外，当前束缚非公经济发展的文化观念还包括[297]：

(1) 传统观念歧视。由于长期受计划经济影响，一些政府部门还存在不同程度的歧视非公企业现象，一些垄断行业还存在打压和限制非公企业的问题。在一些政府部门中仍不同程度地存在“疑私”、“怕私”和“防私”观念。部分就业者对到非公企业就业也有一定偏见，不愿意到非公企业就业。

（2）创业文化意识不强。普遍缺乏致富欲望和创业精神，缺乏吃苦耐劳的意志，普遍缺乏市场经济文化，小农意识、计划经济观念和官本位意识等从根本上束缚着非公企业者创新和发展的手脚。

（3）信任文化缺失。当前社会较为普遍的诚信意识淡薄，导致企业间、企业与内部员工间防范意识强，限制了合作，大大提高了市场交易成本。浙江非公企业间的良好信任关系曾为浙江带来了巨大的经济效益，其民间金融非常活跃的前提条件也是企业之间和商人之间的良好信任关系。然而，在某种程度上，浙江企业容易对省外企业却表现出相当的不信任。这在一定程度上解释了浙江相对于其他省份非公经济发达的原因，但同时浙江非公企业中全国性规模的大企业却比较少，到浙江特别是温州去投资的外商更少，也证明浙江的这种商业信任的局限性。因此，突破这种以关系为基础的信任是促进非公经济发展壮大的前提。

6.2 其他相关区域文化与非公经济发展间关系及对比研究

本节主要对福建、广东、南京等地的区域文化与非公经济发展之间的相互影响，并对一些地区之间的文化与非公经济发展之间的关系对比等相关研究内容进行整理和分析。

6.2.1 闽商文化与非公经济发展研究

本节探讨福建的闽商文化与其非公经济发展的相互促进关系[294]。

福建地处中国东南沿海，北、西、南三面山岭环绕（西有武夷山脉，北至东北有仙霞岭、太姥山，东南面对茫茫大海，中部还有博平岭、戴云、鹫峰等山脉耸立），层峦叠嶂，地形支离破碎。山地丘陵面积占 80%

以上，素有“东南山国”和“闽道难于蜀道”之称，更有“八山一水一分田”的形容。由于地处亚热带，福建气候暖湿、森林茂密、河流纵横、物产丰富。从周边地区来看，福建北连浙江、南接广东、西临江西、东与台湾隔海相望，这些地区长期与福建交流，对福建文化的形成有着重要的影响[294]。

由于福建的地理状况使其在古代的相当长时间内处于与外邻相对隔绝的状态。从汉晋以来，福建就一直作为一个比较完整的行政区和经济区而存在。宋元时期是福建经济文化发展的高潮时期。由于北方移民与灌钢工具的应用，开发了福建的森林与沼泽，官营经济的引入促进福建采矿、制茶等手工业发展。自宋初以来的儒学文化浪潮，使福建拥有国内最多的书院、最多的进士、印书最多的书坊，产生了许多影响一个时代的伟人（如朱熹、杨时、柳永、袁枢、蔡襄、李刚等人）。这一时期福建文化中引入了海洋文化与商业文化的色彩。宋元以后，福建经济文化高潮不再[294]。

福建是中国历史上的主要移民区之一。自汉以来，随着历代中原移民的涌入，中原地区先进的生产力与文化推动了福建经济文化的发展，并使得汉族文化逐渐替代福建原始的土著文化——古越文化，而占据福建文化的主导地位。同时，中原移民沿江河流域分布的格局形成了今天福建经济区域划分的雏形。今天，福建境内主要有六大汉民体系——分布在闽江下游区域及闽东地区的福州人、分布于莆仙平原的兴化人、分布在泉州平原和漳州平原的闽南人、分布于闽北山区的闽北人、分布于闽西地区的客家人以及龙岩人[294]。

自古以来的重商主义传统构成了福建非公经济发展的文化“遗传基因”[294]。宋元时期，我国经济文化中心不断南移，福建成为宋元时期的主要经济文化中心，中国海外贸易最发达的区域，被称为“涨海声中万国商”。尤其是在地处泉州平原和漳州平原的闽南人中，其经商气氛更加浓郁，使“逐利”价值观渗透到社会的各个角落，形成了民间社会浓厚的商品经济意识和重实求利的社会心理特征，更成为一个“只博黄金不博诗”的典型商业社会。

多元碎状的文化格局形成了福建境内民间经济区的星罗棋布，造成了不同经济区的发展方式、发展水平及福建整体经济的发展[294]。闽北、闽中地区以传统农业为主，居民大多保守，而闽东、闽南地带海洋经济发达，居民冒险进取精神抢眼，商业气氛浓厚。同时，各经济区交流缺乏的历史事实也使得福建经济的发展一直缺乏整体性，各经济区独自为政，自成体系，难以相互扶持推动，形成经济发展合力。

边缘文化特性带来了福建文化的活力与兼容并蓄的特点，养成了福建经济发展博采众长、善于学习的开放心态[294]。福建文化的边缘特性使得福建人充满活力、善于学习的开放心态。福建在近代能够得风气之先，首先接纳西方文化观念、思想意识及科学知识，涌现出一大批“睁眼看世界”的名人学者，就是由于福建人的开放心态与学习精神。

移民文化传统铸就福建人冒险进取，善于抓住机会，开拓生存空间，发展海外事业的内在理念支柱[294]。这种移民文化传统养成了福建人不安现状，积极进取，敢于冒险，善观时变，精于把握机会来发展自己的商业意识。由于有着敏锐的洞察力和果敢的冒险精神，福建人很早就学会利用各种条件来发展商业，以图谋利。例如出海经商，拿本地特产农作物与其他地区展开商业性交换等等。因而，使得福建人能够在异常激烈的商业竞争中立于不败。

历久不息的宗亲观念形成福建非公经济发展的组织内聚力[294]。在福建人身上的宗族观念要比其他省份的人们更加显著。现代福建人身上强烈的血缘、地缘意识以及非公企业盛行家族式企业经营模式都是这种文化传统的直接影响。

而影响福建非公经济发展的文化障碍主要有[294]：宗亲观念是造成非公经济主体难以突破现状，血缘纽带阻碍了企业资本的社会化，管理方式滞后难以大幅度推动企业发展，企业用人上的差序格局与人力资本时代的管理机制产生冲突。过分强调实用主义，注重财富的人文性格是福建非公经济难以上规模、上档次，形成大企业、大集团的主要原因。多元碎状的文化格局是福建非公经济分割发展，难以形成合力的文化根源。福建人蕴藏深厚的拓外传统以及长期的与中国内地的地理阻隔，也是福建非公经济实体植长于对外拓展，开拓海外事业，但不善于对内发展，国内市场竞争能力弱小的文化渊源。

总之，文化管理是实现福建非公经济持续飞跃的深层动力之一，文化的整合变革是福建非公经济克服自身再发展障碍的重要举措，文化创新是突破全球化所带来的文化冲击，使福建非公经济健康发展的关键。对非公经济实体的文化整合与创新实质上就是非公企业的文化管理过程，即通过文化的整合与创新来塑造、形成企业的共同价值观、企业的共同精神、共同目标，形成企业文化系统，以企业文化力来带动企业发展的管理过程。

6.2.2　岭南文化与广东非公经济发展研究

广东的非公经济之所以在改革中领全国风气之先，实与其文化传统分不开[290]。

岭南背靠五岭，下临南海，居于中国南部，这种特殊的地缘，塑造了岭南文化的特殊性[290]。一方面，岭南远离中央政权所在地，在古代交通和通讯联络不便的情况下，接受正统思想的束缚较少，未形成深厚的文化底蕴，加上险恶的自然环境，逐渐形成了岭南人敢作敢为、自生自养的求存意识，造就出岭南人重利实惠、求新求变的社会风尚。另一方面，岭南是外来文化传入内地的“窗口”和主要通道，置身在多种文化元素冲击之中，因此形成了岭南人易于接受新事物，吸收新思潮，敢于借鉴西方文化，敢于顺应历史潮流的精神。正是这种精神，弥漫在岭南大地，潜移默化地熏陶着岭南人，才有了历史上闪光的一页页：太平天国的爆发点、辛亥革命的策源地、北伐战争的据点、改革开放的前沿、外引内联的窗口。

岭南文化对 20 世纪 80 年代的广东非公经济迅速崛起和发展起到重要作用，主要表现在以下三个方面[290]：一是岭南文化的重商性和务实性，使岭南人摒弃了北方人“耻言利”的传统意识，普遍具有强烈的功利仁义思想。二是岭南文化的开放性和兼容性，形成了广东人能平等地与其他文化融合，积极、主动地对待传统文化和外来文化的特性。三是岭南文化的变通精神使广东在改革开放初期各方面都举步维艰的情况下，获得了不可低估的文化资源。

岭南文化以其商、新、实、活、变等特征，深刻影响了古往今来的广东人，塑造了广东人的性格气质，铸就了广东非公企业家的商业精神，但同时又有其自身的弱点与不足[290]：首先，家族文化观念造成非公经济主体难以突破现状，影响企业做强做大。其次，过分强调实用主义，注重财富的人文性格是广东非公经济难以上规模、上档次，难以形成大企业、大集团又一主要原因。最后，过分强调变通而忽视规范，企业难以做强做大。最后是与重商的传统相适应，广东人的政治意识相对较弱，敏于行拙于思，影响企业做强做大。总之，岭南文化因其自身的保守性、缺少卓越意识、投机性过于重视看得见摸得着的东西、过度感性化和享乐主义倾向是制约广东非公经济进一步发展的文化障碍[290]。

广东非公经济的进一步发展有赖于文化的前瞻性，广东的非公企业家应站在一个更高的平台上审视非公经济的长远发展，在保持岭南文化求新求变务实的同时，把广东非公经济发展的先发优势及时转化为竞争优势，使广东非公经济成为有竞争力产品的代名词，也使广东成为非公经济新企业文化的输出地[290]。

6.2.3 南京地域文化与非公经济发展研究

南京是一个天然的地区商业中心城市，有着发展民营经济的得天独厚的有利条件[296]。从地理位置上看，南京地处我国东部沿海地区水陆交通要冲，区位优势十分明显。在水上交通方面，南京滨江据淮，拥有水上运输的天然有利的地位。在陆上交通方面，近代以来，南京下关北连津浦线，南接沪宁线，万里长江在此与两大铁路交叉，控扼陆水交通，这种地处十字路口的地理位置使南京成为南北粮食和重要物资运输的必经之地。从资源条件看，这里气候温和，土地肥沃，物产丰富，人民勤劳，有着广阔的腹地，历史上就是区域性经济、文化和政治中心，也是有名的军事重镇。

然而，无论是历史时期，还是在改革开放以来，南京民营经济的发展都处于不尽如人意的状态。这其中既有经济基础的因素，又有人文精神的缺失，也有创业意识的淡薄[296]。概括来说，地域文化上的副作用主要是："金陵帝王州"的政治文化难以提供民营经济持续发展的投资环境，客观上使南京经济的发展一次又一次地大起大落。"江南佳丽地"的享乐文化所导致的资本倒流，限制了民营经济的扩大再生产，超强的行政控制抑制了民营经济的健康成长，重文轻工商的市民心态难以形成领袖群伦的企业家群体。而地域文化的积极方面主要是秦淮文化的包容性和重文特征，有利于吸引外地企业在南京创业和发展，重文本身对于培养非公企业家也是非常有益的。

6.2.4 南北方人文思想差异对非公经济发展影响

有学者对南北方人文思想差异对发展非公经济的影响进行了对比研究[289]。认为，相对来讲，南方人更具有适宜于非公经济发展的一些人文优势[289]。

一是具备更强烈的敢闯敢试敢冒的气魄[289]。改革开放以来，浙闽两省的广大群众有强烈的开放意识，他们渴求致富，敢冒风险，敢为人先，不怕失败，创造了发展市场经济的一个又一个奇迹。他们恋乡不守土，踊跃走出家门、国门，在经年累月的运动中寻找商机，发现商机，发展自己。特别能创业的温州人就闯出了"哪里有市场哪里就有温州人，哪里没市场也有温州人在办市场"的局面。温州人、宁波人在世界成为"地球村"之前，就早已遍布全球各地。

二是具备从"小"做起的思想[289]。浙闽等南方人善于从"小"做起，不以"小"而不屑为，从纽扣、打火机、标牌徽章等小商品的"蝇头"小利赚起，日积月累，做大"蛋糕"，逐渐形成了"小商品、大市场"的优势。而北方人对纽扣、标牌徽章这些小打小闹的小商品不屑一顾。岂不知小而易为、小而善务的道理。正是这些瞧不起眼的小商品，才不需大资金和特别的投入，只需用心，只需勤勉，就能以少积多、从小到大，逐步发展成优势。

三是具备成就大事业的抱负[289]。浙闽人具有强烈的创业精神，他们不甘平庸，勇于创新，永不言败，永不满足，永不停步。他们勇于自我否定，自我超越，螺旋式上升，向更高层次更高水平上发展。正是这种永不满足的雄心壮志，才使嵊州领带、永嘉纽扣、平湖服装、永康小五金、温州眼镜和打火机等不起眼的小商品生产向着经营集团化、投资多元化、生产专业化、市场国际化方向发展，出口量均居全国首位。

四是具备吃苦耐劳的精神[289]。浙闽人为了事业、为了赚钱，不怕吃苦，勇于奋斗，许多脏累遭罪的苦力活，他们都去干，他们起早贪黑，"白天当老板，晚上睡地板"，肯于吃苦，执着追求，因此能够实现资本的原始积累，最终成就一番事业。而不少北方人却贪图安逸，讲究享受，不愿干那些脏乱繁重、效益不大的体力活，吃不了那种苦，遭不了那种罪。

五是具备但求实绩的观念[289]。浙闽人以创造财富、安身立命为人生最大乐事，这是群体中最耀眼之处。在浙闽的上上下下，求官走仕途的想法少之又少，用自己的智慧和双手直接创造价值改变生活，才是最可自豪和最受尊重的事情。而北方人却多以求官取仕为最荣耀，也最受人尊重，对类似修鞋、修表、弹棉花等生计，他们感到地位低下、卑贱，根本不愿从事，尤其是有点地位的人，更是放不下架子从事这类职业，如果有也会遭到熟人或知情人的另眼或冷嘲热讽。另外，更缺乏南方人做事认真，有韧性，不敷衍不浮躁的作风。和北方人豪爽粗放、易发脾气相比，浙闽人温和而沉默，求精致、认认真真不怕麻烦的性格，使得他们能够专注和投入，没有这份不愠不火的韧性，打火机、纽扣、标牌徽章等不起眼的小产品，就不可能成规模、成气候，成为一地的支柱产业。

南北方人文思想差异的产生，有历史发展、文化积淀、地域风俗、社会意识形态影响等多方面因素，成因是非常复杂的。其主要原因有[289]：

一是受改革开放、发展市场经济不同步的影响[289]。党的十一届三中全会以后，我国改革开放、发展市场经济率先在南方展开，浙闽地处东南沿海，具有地缘优势，因而他们最早在开放的环境下，经受了市场经济的洗礼和冲击。实践和环境的影响，逐步培养了他们强烈的商品经济意识，增强了敢冒风险的气魄，形成了艰苦创业的精神，学会了善于经营、善于竞争的本领。而北方是最早进入社会主义计划经济的地区，改革开放以来又是最晚退出计划经济的省份，处于计划经济环境下的时间比较长，受计划经济的思维方式、工作方式和经营方式的影响比较重，烙印比较深，摆脱起来比较难、比较慢。

二是历史文化积淀不同的影响[289]。我国人类文明最早从中原、南方兴起，那里文明进程快、文明程度高，历史上的文学家、科学家几乎全部产生于中原、南方地区。浙闽等南方地区的文明、文化程度早在吴越春秋时代就已与中原地区没有什么不同。由于南方历史文化积淀比较深厚、文化底蕴比较丰富，使人们的思想比较活跃，头脑比较灵活，适应能力比较强，一遇到像改革开放、市场经济这样的好环境，他们会很快活跃起来，自觉地、能动地发挥作用。

三是受社会形态意识不同的影响[289]。从我国社会历史发展看，浙闽地区在明朝时小生产、小作坊、小市场等资本主义的东西已比较发达，尤其是进入清朝后期的近百年间，东南沿海地区与外国商业往来已非常频繁、活跃，甚至出现了大量人员纷纷下南洋经商谋生。商业的“灯红酒绿”，商业文化的繁荣发达，潜移默化地影响着他们的思想意识，在他们的性格和意识中逐渐形成了商业文化的特质。而北方的统治者倡导重农抑商、取仕求官，人们的官本位思想和小农意识根深蒂固，一时很难改变。

四是受地域生活风俗不同的影响[289]。俗话说，“一方水土养育一方人”。风景秀丽的南国水乡和民俗，造就了南方人精细、认真、柔韧的性格，空旷、荒芜，苍凉的北国大地和游牧习俗，造就了北方豪爽、粗放、暴躁的性格。南北方人性格的不同，也造成了人文思想的差异。

因此，可以说，不同地域的人文思想会影响非公经济发展的速度与规模。需要对人文思想形成经历和多方面复杂因素进行分析，并结合实际情况，克服畏难情绪，切实采取积极的态度和有效的应对措施，宣传商品经济意识，加快市场经济发展，发挥典型经验作用，积极发展非公经济。

6.2.5　鄂浙两地区域文化比较与非公经济发展研究

鄂浙两地非公经济改革开放以来均获得了巨大的发展，但相比之下，湖北省非公经济的发展要逊于浙江省。鄂浙两地区域文化的属性及历史渊源不同，而这不同的区域文化在两地非公经济发展差异中起到了重要的作用[295]。

浙江省区域文化属于海洋文化，其最大特质表现于舟船及航海贸易[295]。浙江人自古以来就生活在岛湾交错、港汊环绕的海滨一带，生活环境使他们很早就习惯于水上活动，善于造船，长于操舟泛海。三国东吴时期，横屿（今平阳县宋埠镇一带）设有官营船屯，是吴国沿海的主要造船基地之一。北宋时期，温州跃居全国官场造船首位，造船技术非常精湛，杭州、温州都是全国最重要的通商口岸。南宋时，杭州、温州是全国四大对外贸易口岸，对外贸易更是盛极一时。元朝统治者在全国七地设立对外贸易主管，其中浙江独占其四，足见其地位之重要。鸦片战争后，宁波被辟为通商口岸之一。不久，温州、杭州也相继辟为通商口岸。由上可见，浙江人自古以来一直经受海洋文化之浸泡和洗礼。

湖北省区域文化属于农业文化[295]。湖北地处中国的中部，自古以来土地肥沃、物产丰富、江河纵横、湖泊密布。正如司马迁在《史记·货殖列传》中所言："楚越之地，地广人稀，饭稻羹鱼，或火耕水耨，果隋蠃蛤，不待贾而足，地艺饶食，无饥馑之患。"富饶的土地和良好的自然环境，孕育出荆楚先民眷念故土、依赖故土的传统观念。屈原的"鸟飞反故乡兮，狐死必首丘"，正是这种念乡情结的写照。荆楚先人生活在先天优越的农耕自然条件下，无饥馑之患，他们不愿外出谋生，只愿固守家园，过着男耕女织的田园生活。荆楚之地孝感流传下来的古老的传说《天仙配》所描述的那种恬静的男耕女织的田园生活，即体现了荆楚先人对那种生活的向往和追求。湖北人正是在这种以农耕为主的农业文化中度过了世世代代的。

浙江文化长期受海洋文化的熏陶，具有开放性，主要体现在冒险与进取精神、重商主义精神、四海为家的经商精神，而这些精神培育了数以百万计的浙江商人[295]。湖北是荆楚文化的发源地，荆楚文化是湖北的主流文化。荆楚文化自有其绚烂的一面，在历史上对荆楚大地的经济发展发挥过重要的作用，但随着改革开放的深入和商品经济的发展，荆楚文化作为一种农业文化所体现出来的封闭性便与商品经济所固有的开放性相抵触[295]。两种文化的差异或许成了导致两地非公经济发展态势和速度上差异的根本原因。

6.2.6 江浙粤文化类型比较及其对非公经济的影响

文化是经济发展的“母体”，任何经济参与者总是生活在一定社会结构、文化价值体系之中的社会性存在，他们从社会生产、文化价值系统中获得必要的物质和情感满足，同时也受到来自社会组织原则、价值规范的影响和制约[298]。吴文化、永嘉文化、岭南文化分别是江、浙、粤三地区非公经济发展的文化渊源。

吴文化[298]的底蕴对于苏南地区经济发展的成就是功不可没的。在特定的自然、人文环境下，经过漫长的社会活动而形成的“融和古今、汇通中西”的吴文化最大特点在于稳中求进、刚柔并济，强调均衡、集体、等级等概念。受此文化熏陶，江苏商人在营商过程中具有审时度势、扬长避短的特性，营商的人多，但敢于冒风险的人少，在企业经营过程中很难做出什么惊心动魄的决策，没看准的事是不会轻易去碰的，为降低风险喜欢与人联合，集体概念强，非公经济发展主要采用“又红又专”的集体所有制模式，江苏乡镇企业的发达充分说明了这一点。

永嘉文化[298]是浙江非公企业营商文化上具有代表性文化，又称浙东文化，它重经世致用，强调个性、个体、能力，集中体现在浙江非公企业家身上的冒险精神和注重功利。永嘉文化具有内生的创新冒险精神，由于自然资源匮乏、傍海而居的生活环境，培育出了浙江人的顽强的生命力和开拓冒险的精神。浙江非公企业发展的一个显著特点是“走出去”，靠企业家精神去拼搏，在生产和销售方面培育出庞大的、数以万计的老板队伍，企业家的创业精神、财富效应吸引更多的人参与进来，形成强烈的创业致富文化氛围，他们不是推销小打小闹的生活用品，而是带着原始积累的资本和经营智慧去撬动各地丰富的资源，打开财富之门。

岭南文化[298]。岭南远离中原，海洋腹地大于内陆腹地，儒家正统思想的束缚较少，未形成深厚的文化底蕴，对中心和权威的游离加上危险的海上交通和海外贸易逐渐形成了胆大务实、精明灵活、重商重利、求新求变的商业文化特点。平民性和重商性是岭南文化中的两个内涵，而岭南又是外来文化传入内地的“窗口”和“桥梁”，受近代西方文化的冲击较早，因此岭南人易于吸收新思潮，接受新事物。在当代广东非公企业家身上，能够看到这种近代商业文化与传统内涵的相互融合，正是这种文化的融合，才是当今广东非公经济发达的重要原因。

作为非正式制度存在的文化价值观是稳定的，因而能够限制共同体内他人的机会主义，促使他人行为更可预见，协调人们的各种行动，建立起信任，并能减少人们在知识搜寻上的损耗[298]。每一地区非公经济的发展都具有自己的区域特征，文化传承具有相对的稳定性，企业家精神的塑造与其文化传统是分不开的[298]。吴文化、永嘉文化、岭南文化影响江、浙、粤三地的非公企业家和广大人民，并最终促进了我国非公经济在这些地区的多态发展和长久繁荣。

第 7 章

浙江省非公经济人力资源环境研究

在本章重点对浙江省非公经济人力资源环境的研究成果进行综述整理，同时也对我国非公经济人才环境研究的共性问题和其他典型地区的非公经济人才环境的研究成果进行简单梳理介绍。

7.1 浙江省区域非公经济人才资源现状及问题研究

在 21 世纪初，对非公经济人才资源的研究主要集中对某种特定人才，比如非公经济组织中的知识分子、科技人才的问卷调查与现状分析。

比如，有学者在 2000 年完成了 829 份有关非公企业知识分子的调查问卷。调查结果显示[305]，非公有制经济企业中知识分子群体呈主流健康、多元并存的特点，年龄结构呈年轻化、学历结构呈橄榄形、职称结构呈金字塔形等趋势，知识分子的经济地位存在着明显的差距，知识分子队伍已经相当可观，并呈迅速发展的趋势。

学者于 2004 年对金华、义乌、永康、磐安等地的 40 家非公企业的科技人才现状进行了调查，结果显示[illegible]非公企业科技人才虽然平均年龄较轻，但核心人才老龄化。科技人才的培养与使用脱节，缺乏系统有效的年轻人才培养机制。科技人才的录用不完全以学历和职称为标准，而以实际动手能力和创造实际价值为依据，体现了非公企业实用主义的用人原则。科技人才性别比例严重失衡，企业主倾向于选择男性。核心科技人才主要靠外来引进，具有较大流动性，解释了周末工程师的现象，也反映出本地科技人才总体专业水平不高，本地职业技术培训基础薄弱，有待改善。非公企业对科技人才的激励层次不清晰，形式太单一，效果不理想，员工流动性大。

在 21 世纪初的几年里，科技人才需求的增长是非公企业蓬勃发展的标志之一，非公企业对科技人才的总体需求不断扩大，非公企业认为增加科技人才通常会发展和兴旺企业。从科技人才的需求类型看[322]，需求最大的首先是掌握核心技术、能研发新产品的科技人才，其次是具有生产经验的熟练技术工人，对普通生产型技工的需求很小。这一结果表明非公企业现在最短缺的是专家型核心科技人才，而这类科技人才在人才市场上供给短缺。非公企业主要通过三条途径来解决企业内部科技人才的需求问题：一是同行业朋友的推荐和介绍；二是通过互联网发布招聘信息；三是借助政府举办的大型招聘会和劳动力市场。科技人才需求得不到满足[322]，除了企业规模扩大带来需求增加的原因外，最主要的还是留不住原有人才的问题，主要原因是企业管理层尤其是企业主对科技人才作用的认识不足和功利的用人观，同时又缺乏规范化的管理制度，相对单一的激励机制和封闭式的管理态度很难留住科技人才。而在非公经济组织中的科技人才的职业定位主要有两大目标，即稳定性与高收入。但在当时，非公企业收入水平及福利水平远不及外企与国企，风险又大，还有许多诚信危机的传闻，使科技人才择业时退避三舍。再加上，当时的法规体制无法切实保障科技人才的利益，抑制了市场机制对科技人才的基础配置作用[322]。科技才结构性短缺正成为影响当时浙江非公经济进一步发展的瓶颈，营造重视高技能人才的社会氛围，加强职业技能培训，努力构建促进技能人才成长的机制成为当时发展非公经济的重要议题[322][323]。

自 2005 年后，非公企业发展的人才现状和环境变得越来越适宜其繁荣发展，非公有制经济取得长足发展的同时人才队伍建设成就也非常显著。政府越来越重视非公有制经济组织发展，政策导向愈加效果明显，全国各地区纷纷采取了一系列关于加强非公有制经济组织人才队伍建设的措施，逐渐形成了有利于非公有经济组织人才成长的政策环境，为各地非公有制经济的发展提供了较好的人才保障[318]。非公有制经济组织人才的社会地位逐渐提高，非公有制经济组织人才队伍纳入了地区人才战略和人才规划，逐渐提供了平等化的人事人才服务，积极为非公有制经济组织人才开发办实事[318]。非公有制经济组织人才引进渠道畅通，有力支撑非公有制经济组织的发展[308]，如在 2005 年，台州非公经济从业人员 342.16 万人，占全部从业人员比重高达 94%。非公经济组织逐渐成为人才就业的主要渠道，非公经济组织人才队伍总量保持持续快速增长，非公经济组织人才吸纳总量逐步提高，科技企业人才比重高且增长迅速，培养了大批具有一定水平的经营管理人才，人才队伍整体素质显著提高，年龄结构不断得到优化，人才权益保障状况得到持续改善[315]。

但在非公经济发展过程中，人才资源及成长环境也始终面临着一系列具体问题，主要集中在以下几个方面[308][309][311][312][315][316][317][318][319][321]：

非公经济组织人才流动性较高，人才队伍不稳定，这一点尤其以劳动密集型行业的更为突出。造成人才流动的主要原因之一是有些企业在人才引进时往往给予一些承诺，待人才到位后就以种种理由迟迟不兑现或大大缩水，甚至有些企业以经济效益差为借口，拖欠工资。此中原因还包括非公企业所有者缺乏人力资本的管理理念，资金实力不足以吸引人才，人力资本管理部门缺位，管理非理性化，激励机制不充分，培训和会务制度不健全等一些主要问题。因此，强化人力资本投入，推进人力资本的职业化，完善人力资本市场，加强非公企业内部的人力资本管理，就成为非公企业内部需要修炼的内功。而优化非公经济中人力资本激励和约束的法律机制，建立健全社会保障制度，则需要政府及全社会的共同努力。

非公经济组织的人才总量不足，人才素质与非公经济健康发展仍不相适应，不能有效应对浙江非公企业所面临的种种竞争与挑战。非公经济组织主要缺乏三类人才：一是具有丰富经验的高层次、高学历管理人才；二是具有科研能力的专业技术人才；三是直接工作于一线的具有职业资格等级的技能人才。非公经济组织人才流动配置机制与人才发展服务体系建设面临的旗帜性和标志性人才引进困难，中高级管理人才数量不足且流动频繁，大学生和研究生岗位成才的过程较长，人才激励机制的运作模式比较单一，人才发展服务体系各个层次协调共享不够，外向型非公经济组织的人才引进和招聘难度也很大。

非公经济组织人才成长环境区域间差别、产业间差距和经济类型间差距都比较大，存在着政策上的空白或不平等待遇问题，存在着观念上的落后和认知上的差异，存在着学历结构、年龄结构、职称结构等结构不合理的现象。各类人才主要集中在技术含量高的部门，如科学研究技术服务、教育、金融业等，而在科技含量较低的传统加工制造业、采矿业、农林牧渔业等行业的高学历人才拥有量相对要少。非公经济第二、三产业的人力资源所占比重不足，应加大人力资源结构积极向第二、三产业合理转移，提升人力资源素质结构，促进产业结构的优化升级。

政府未能完全按照职能定位办事，习惯于找事情做，习惯于出台优惠政策，实则是一种歧视政策，难以形成长效机制。政策制定和实施中的“玻璃门”现象仍然存在，政府对非公有制组织的人才工作服务方式还比较单一，政府在非公有制组织人才开发中的定位不够清晰，非公有制组织人才权益保障还不到位。

7.2 浙江省区域非公经济人才环境改进建议研究

非公经济从无到有，从小到大，从弱到强的发展过程都以依赖人才资源支撑和推进。要想优化改进非公经济人才环境，更好地发挥人才资源的作用，应从以下两个方面来进行[301]：一是政府通过相关政策与法规等构建适宜人才资源发展的宏观环境，二是非公经济组织从微观层面构建良好的用人制度与机制。

首先，在宏观环境的构建层面。

政府要建立人才法律体系，健全相关法规建设，保持良好的政策环境。政府应实行有力的宏观调控，加强市场服务功能，降低社会交易成本，发展职业技术教育，改善区域人才结构，促进人才供求平衡[322]。减少约束，给予非公有制经济组织以国民待遇。出台一系列政策，打破身份壁垒和地区、部门、所有制障碍，为非公经济广纳英才开辟绿色通道。努力消除人才工作中的各种歧视现象，建设和完善公共服务体系，提高服务水准。要按照市场原则，整合人才市场、劳动力市场与毕业生就业市场，建立公共服务平台，促进人才自由流动。政府奖励与社会荣誉要突破所有制界限，覆盖全社会[308]。

完善人才市场，建立人才的市场配置机制[310][311]。有效地发挥市场在评价人才、配置人才上的作用，疏通公有制与非公有制组织之间、不同地区之间的人才流动渠道。建立市场有效配置、单位自主用人、人才自主择业的专业技术人才管理体制，使人才管理更符合非公经济便捷高效的用人需求。坚持向企业集聚人才，大力实施企业人才优先开发战略，制定完善扶持企业人才发展的政策措施。放宽户籍准入政策，推广以引进人才为主导的工作居住证制度，探索建立社会化的人才档案公共管理服务系统。鼓励专业技术人才通过兼职、定期服务、技术开发、项目引进、科技咨询等方式进行流动。坚持经济社会发展需求为导向的人才培养体系，大力发挥企业在人才培养中的重要作用，强化高校、科研院所与企业的人才项目合作。要注重政策、企业、市场三者的整体配合和互动，合理引进人才，正确使用人才，加强人才培养，提升人才队伍。积极引导大专院校毕业生到非公经济领域就业，为他们提供实践的舞台，最终成为推动企业发展的动力。

构建人才发展的良好配套环境[311][315]。积极开辟和畅通引进人才的绿色通道，全面促进和加强人才载体建设，积极探索人才激励机制的多重实施路径，建立健全符合实际的人才选拔和职称评聘制度，加强人才培养工作的指导，进一步发挥人才中介机构的服务和促进作用，建立和完善社会保障机制[317]。要为企业提供人才引进、人事代理、职称评审、专业技术人才选拔以及人才落户等方面的服务。加大城市基础设施投入，致力改善居住、购物、交通以及文化娱乐等条件，创造一个舒适的环境，解决人才的后顾之忧。构筑招才引智大平台，拓宽非公经济组织人才引进的渠道和领域，构建人才资源开发网络，充实非公经济组织人才发展的后备力量，构筑非公经济组织人才良性发展的社会保障体系和市场服务体系[312][321]。

推进区域教育制度创新，建立适应区域产业结构升级要求的人才培养机制。调整区域人才教育培养模式，实现专业结构与产业结构的对接、人才布局与产业集群的对接。形成高、中、低多层次协调的人才结构体系，并鼓励和引导科技含量高、管理水平高的企业率先发展高科技产业，与高等院校、科研院所实行多种形式的产、学、研联合[316][318]。

总之，要根据非公有制经济组织的人才资源管理的特点和规律，完善非公有制经济组织的人才政策，遵循市场经济规律，切实转变政府职能，建立起符合市场经济规律的人才工作新机制和新体制，建立非公经济组织人才工作指导体系，建立多元化的非公经济组织人才服务体系，促进非公有制经济组织人力资源管理的规范有序和健康发展。

其次，在非公企业微观用人环境的构建方面。

企业要树立“以人为本”的管理理念，坚持以人为根本的思想，事事尊重人的需求，处处调动人的积极性，把实现人的自我价值作为用人的出发点，建立一套完善的激励机制和合理分配机制[319]。同时，科技人才也应实现择业观念、理论向实践两大转变，以适应人才市场的需要。非公经济组织应解放思想，转变观念，树立长远意识和“人才资源是第一资源的观念”，认清市场竞争归根到底就是人才竞争[311]。

引进现代企业制度与现代企业管理理念，实现人力资源管理观念上的突破，提升管理水平，打造从理念——制度——标准化操作规程等完整的人力资源管理体系，界定好人力资源管理工作的范畴与职责，保证职业经理人与技术创新者及其他员工的合理配置，使人力资源的整体效益最大化[313]。

完善人才引进和使用机制[311]。制定人才引进和使用的优惠政策与措施。以地方法规的形式，确立劳动、资本、技术和管理等要素按照贡献参与分配的原则，逐步推行协议工资制、年薪制、期权制、股权制等灵活多样的分配方式。建立非公经济领域人才引进和使用机制，注重从公有制企业中挖掘剩余人才，注重从企业内部发现培养人才，就地取材。

建立有效的激励机制[311]。加快建立有利于优秀人才脱颖而出、人尽其才的收入分配机制，充分调动优秀人才的积极性和创造性，从制度上保证各类人才得到与他们的劳动和贡献相适应的报酬，形成尊重知识、尊重人才的良好氛围。

建立完善的人才培训制度[311]。首先，不断提高现有非公经济领域人才队伍素质，充分利用大专院校资源或建立一批专业技术培训机构，进行技术更新学习，使人才更能适应专业技术的发展。其次，加强职业培训，提高劳动力资源的整体素质，拓宽就业空间，有利于实用型人才的脱颖而出。

建立健全人才培养机制。必须从战略的高度着手发展教育，合理配置教育资源，把优化教育结构当成首要任务来抓，在政策上进行倾斜从而鼓励企业加大对知识性人力资本的投资力度，建立以微观为基础的人才激励机制，根据企业自身的组织结构设计合理的人才绩效考核，从而吸引和留住人才。

总之，在微观层面，非公企业要从功利的用人观中摆脱出来，实现从引进人才到培养人才的观念转变，建立一套人才培养发展机制，变消极留住人才为积极创造人才，构筑企业文化，健全激励机制，规范管理制度，构建起科学合理的人力资源管理体制和发展机制[322]。

第 8 章

浙江省非公企业治理研究

所谓治理结构，是指一种契约制度，它通过一定的治理手段，合理配置剩余索取权和治理权，以形成科学的自我约束机制和相互制衡机制，目的是协调利益相关者之间的利益和权利关系，促使他们长期合作，以保证企业的决策效率。

非公经济企业的内部治理问题一直是非公经济研究的一个重点，涵盖了极其丰富的内容，如企业的治理结构、企业文化建设途径和机制、人力资源管理模式、财务管理机制等等。本章重点关注企业治理结构与形式这一研究领域，针对此领域中我国非公经济企业存在的共性问题以及浙江省非公企业面临的个性问题的研究成果进行综述分析。

8.1 我国非公经济企业治理结构共性问题研究

8.1.1　非公企业现有治理结构演变过程及改进策略

本节主要从历史文献的视角来综述我国非公经济组织的治理结构变化

历程和曾经面临的问题以及解决这些问题的对策。

在 21 世纪初，由于历史与理念、体制及生产力水平等方面的原因，非公企业的治理结构大都停留在业主制、合伙制企业及某些股东占主导型地位的单边治理结构[324]。这类单边治理结构的典型特征是[324][328]：企业的所有者和经营者是同一人，所有权和经营权合一，私营企业很少有聘请外人担任总经理的情况；企业管理人员主要来源于家族内部，因此家族对企业有着绝对的控制权；企业决策主要是企业主个人决策，即使企业有董事会或经理办公室的决策机构只是形式，对于具有较强民主意识的企业主也最多只起一些参谋作用。这种特征在企业处于微小的初创时期，尚有其可行性和存在的合理性，一旦企业规模扩大，产业资本日益社会化，这种治理机构的弊端逐渐突出[324]。首先，往往这些企业家的实际管理素质不能适应现代企业管理者的角色需求，相当多的非公企业家都带有浓厚的"家长制"、"经验型"的色彩。其次，非公企业近代治理结构不适应现代市场经济运行机制。非公企业家素质的近代特征使企业治理结构带有浓厚的"家族化"、"亲缘化"的近代色彩，这种治理结构不仅反映在企业内部关系、决策方式、分配制度等方面与现代企业治理结构相距甚远，更与现代市场经济条件下的股份制、资本运营等现代经济运行方式与制度不相适应，并产生着越来越大的矛盾。最后，当时非公企业的权益资本构成比较单一，仅表现为创办人和业主投资及其累积收益。随着市场规模的迅速扩大，要求企业增强抗风险能力，资金不足又成为制约民企发展的痼疾。反过来，权益资本的单一化又加剧了企业经营决策专制化。因此，改进这种单边治理结构可以尝试吸收一般员工、债权人的代表进入董事会、监事会，允许企业经理阶层及员工持有本公司股份，并科学地划分董事会、经理班子、监事会的权责和权利。

但是，这些单边治理结构在改进其治理模式时，会面临着突破现有结构的"锁定"机制的问题[325]。所有权、剩余索取权和经营控制权直接统一的企业内部治理结构在小规模、单品种经营阶段、在市场体制发育时期表现出了私有产权显著的绩效。企业内部的管理分工、分权和层级化，是企业发展到一定阶段之后必然的演进趋势，但企业治理结构演进过程存在"锁定"机制[325]。构成"锁定"状态的主要因素有[325]：业主对"代理机制"和分权的态度，业主知识存量的有限性对制度变迁的制约作用，企业财会活动的控制与预防风险的作用。同时，这种"锁定"模式的突破与改进也需要政府的支持与指导，政府可以规范私营企业的财会活动秩序，促进私营企业加强财务管理和监督，克服“代理问题”，提供推动企业治理结构演化的基本政策和体制条件[325]。

尝试引入公司式治理结构是解决当时单边治理结构的主要途径和手段。公司治理结构这种制度性安排的目的，主要是为了解决企业内在的两个基本问题[326]：第一是激励问题，即在给定产出是集体努力的结果和个人贡献难以度量的情况下，如何促使企业所有参与人努力提高企业的产出；第二是经营者选择问题，即在给定企业家能力不可观察的情况下，什么样的机制保证最有企业家能力的人当经理。有效的公司治理结构包括五项标准[326]：一是拥有剩余索取权和承担风险的人应当拥有控制权；反过来说，拥有控制权的人应当承担风险。二是经理的补偿收入应当与企业经营业绩挂钩，而不应当是固定合同支付。三是所有者应当拥有选择和监督经理的权威，同时应给经营管理者留有足够的控制权，以保证其充分发挥经营管理的创新才能。四是企业的控制权应当与自然状态相关，不同状态下，企业应当由不同的利益要求者控制。五是应当让所有权适当集中于大股东手中，以解决投资者的搭便车问题。而完成转换后形成的公司式治理结构会仍然存在两种基本模式，即家庭主导型和社会法人主导型两种基本模式[326]。家庭主导型治理结构模式的具体组织形式主要是独资企业、合伙企业和有限责任公司，其内部治理机制是以血缘为纽带的家族成员内的权力分配和制衡为核心的。董事会、股东会和经理办公会的决策功能通常得不到到应有的发挥。这种结构基本不依靠外部经理市场机制来激励约束经理人员的行为。但产品市场、资本市场和劳动力市场的激烈竞争对企业主和管理人员的行为产生一定的激励约束作用。社会法人主导型治理结构模式，主要存在于完全由社会法人投资组成的非公企业或由社会法人直接控股的混合所有制企业中。该治理结构模式中的内部治理结构通常比较有效率的，较少依靠外部市场治理机制。而完成治理结构的进一步调整和持续优化，除了要求非公企业自身应加强内部治理结构创新和外部治理结构创新外，还需在外部治理结构创新方面依靠中国市场经济体制的不断完善[326]。

经过多年的探索与实践，到 2006 年左右，公司治理结构已经受到了非公企业的广泛接纳，而非公企业大多面临着由业主制或合伙制到有限公司制的过度与转型。自此，非公企业治理转型的困境、保障和途径成为研究的重点。

在转型困境方面，主要体现在以下几个方面[335]：

（1）非公企业治理模式转型对初始所有权结构的路径依赖。大多数非公企业治理采取的初始制度安排是典型的家族主导型，家族成员的利益与企业紧紧地联系在一起，当企业制度变迁“损害”了家族成员的利益时，为维护自身的利益，他们将阻挠制度的变迁。

（2）非公企业治理模式转型对传统文化的路径依赖。在企业的经营理念之中，经营者“一把手”观念根深蒂固，亲属网、关系网在企业中具有强大的支配力量。建立在这种企业文化基础上，强调分权与制衡的治理结构显然缺乏生长壮大的文化环境。

（3）非公企业治理模式转型对企业家行为倾向的路径依赖。非公企业家特别是第一代创业企业家为创办企业几乎倾注了毕生的心血和精力，在此过程中也使他们积累了丰富的企业管理经验，形成了相对稳定的思维方式和行为偏好。由于长期在企业中拥有至高无上的绝对控制权和“话语霸权”，在企业内部，人们对企业创办人的权力和正确性坚信不疑，有时甚至到了顶礼膜拜的程度，逐渐孕育了浓厚的个人英雄主义的企业文化，而创业者被以往的成功所陶醉，唯我独尊，权欲膨胀，这些都使得他们以经验和直觉行事的行为偏好不断得到强化。当面临诸如企业产权分割、控制权与剩余收益权分享、引入外部职业经理人等涉及企业治理转型的选择时，他们本能地作出退缩、抵制或排斥的举动。

在转型的保障方面，需要从国家、企业家、企业三个主体身上入手[335]。国家是作为一个外生变量出现的，其主要作用在于通过建立和完善一系列有关经济、政治、社会和法律方面的基础规则，提供有利于促进非公企业治理转型的制度环境，以便在全社会范围内降低治理模式转型的成本。实现非公企业治理模式的转型还必须克服对企业家行为倾向的路径依赖，而达到这一目标的行之有效的途径则在于企业家自身的自我学习和提高。一旦资本社会化、企业社会化、股权多元化成为社会经济发展的主流意识，依法办事、诚信道德、公平竞争成为人们的共同信念，一旦企业家能够通过不断的学习和自我完善来修正对以往经验和行为倾向与偏好的判断，并且以产权的严格保护为核心的产权基础设施建设得以确立和完善，那么，随着国家对非公企业发展支持力度的加大和限制条件的放宽，非公企业对初始所有权结构的路径依赖将会大大减弱。因为，此时外在性的变化促成了外部利润的形成，而这些潜在的外部利润无法在现有的制度安排结构内实现，为了获取潜在利润，非公企业将会对新、旧制度安排的收益与成本进行重新评价，从而使他们有足够的激励去克服种种障碍，主动推动一项新制度安排的形成[335]。

在转型途径与路径方面，学者给出了以下主要建议和对策：

（1）企业家要首先完成思想转变，企业家是这一转型的关键所在[340]。企业家创新是家族式非公企业制度创新的质量保证，培育企业家精神是家族式非公企业制度创新的核心基础，经营决策权和监督权的分离是家族式非公企业制度创新的重点，建立“企业家机制主导”模式是家族式非公企业制度创新的主要目标，文化创新是家族式非公企业持续发展的动力。

（2）引入职业经理人是我国非公企业治理结构优化的必由之路[355]。在具体引入过程中，不宜立即实现企业所有权与经营权的彻底分离，可以尝试企业主与职业经理人分享企业剩余权力的共同治理模式。建立共同治理模式既符合企业发展的规律又能充分发挥职业经理人的人力资本优势，可以优化我国非公企业的内部治理环境，明晰企业产权关系，推进企业产权制度变革，建立适合非公企业自身发展的“两会＋经理”制度，规范企业内部的契约制度，建立健全激励与约束机制，达成职业经理人与企业主之间良好的互信关系，构筑良好的企业文化。而同时，企业外部治理环境优化也对引入经理人起到的关键作用。至于完善企业外部的制度安排，包括法律制度的完善、声誉机制的建立、社会文化环境的提升、政府职能的转变以及企业融资渠道的拓宽等。

（3）防止过度集权化[344]。适当的集权是有利于企业治理的，可以提高企业决策效力，降低企业运行成本。但是，集权超过必要限度，会对企业治理产生不良效应。如股东对公司的过度控制，大股东对中小股东权益的过多剥夺，大股东对董事会人选的极度控制。过度集权导致董事会内部的权力失衡，董事组成人员单一，董事身份不透明，缺乏独立董事。因此应主动完善股东协议，强化董事会制衡机制，建立对经理人的约束激励机制，引入银行监督机制，有效地防止和改善过度集权化给企业发展带来的弊端和影响。

（4）构建多元产权主体和寡头控股主体相结合的股权结构模式[327]。在这种股权结构中，二三个大股东控制企业一半左右的股权，而二三个大股东之间的持股比例相近、其余一半的股权可以分散在众多的中小投资者手里。这样的股权结构的优点在于，可以确保二三个股东稳定地持有公司股份并形成企业内部的寡头制衡，防止过度分散的股权结构下小股东的“搭便车”行为导致“内部人控制”现象。

此外，对于家族企业来说，其所有权构成（家族控股比例和董事长来源），管理层构成，家族人员能力（学历和经验），企业传承以及企业融资能力（负债比例）等因素也影响了企业的转型进程与效果[348]。因此，在治理结构转型中应注意防止过度的股权集中，适当引入外来高管即职业经理人，提高家族人员的企业管理素质和知识，控制负债比例，增强融资能力和内部管理现代化水平。

8.1.2 非公企业的治理模式演变规律

不少学者研究了企业生命周期与企业治理模式之间联系[329]。在实践中，企业的生命周期阶段可以通过企业规模、发展后劲和无形资产三个主要指标来衡量。调查发现[329]，我国的非公企业寿命极短，大多数企业都难以进入成熟期。对非公企业来说，在创业阶段，企业规模小，企业规模需要不断地捕捉市场机会，此时集权能使企业快速地作出反应，充分利用和整合资源。但随着企业规模的扩大，整个管理链条逐渐拉长，投资和经营的项目日益庞大复杂，这就要求企业建立相应的组织机构，配备相应的人员并赋予相应的权力，同时使企业决策层与执行层适度分离，保持各管理层的权力与责任相对称。也就是说，非公企业在步入成长期后，应及时走出家族治理的困境，实行两权分离，向现代企业治理迈进。

企业的生命周期理论、委托—代理理论及制度规范理论之间也存在着联系。在委托—代理理论方面[329][332]，在创业期内，企业没有形成现代管理制度，基本不存在委托—代理问题。随着创业的初步成功，企业开始进入成长阶段。生产社会化的提高、资本的高度聚集和经营职能的高度专业化，客观上要求企业资产的所有权与管理权的适度分离，这就为委托—代理制在企业中的产生创造了条件。在制度规范理论方面[329]，科学合理的制度规范是一个企业保持持久竞争力、健康长远发展的基础。制度规范可使企业的管理由他管变为自管，在规章制度的约束下自觉、认真地按规定行事。当一个企业完成了资本的原始积累，需要从创业阶段向持续成长阶段发展时，企业制度的规范化和内部治理的科学化就成为企业可持续发展的根本保证。根据上述三种基本理论可得，非公企业治理模式的发展方向是控股化、规模化、制度化和科学化。新的治理模式应该使企业产权清晰，两权分离，并且具有完善的组织运行机制、高效率的决策系统和完善的管理体系，同时重视人力资源，以人为本，能够对企业员工特别是经营者进行科学合理的激励与约束[329]。可以尝试将企业产权结构进行多元化改造，构建家族制企业特有的多主体监控下的公司治理框架，实行制度化管理，健全企业内部治理机制，包括决策机制、用人机制和激励约束等机制，在对企业经营者进行约束的同时更要注意对其实施有效的激励，实现基本工资、年薪奖金与期股三者之间的最佳组合，打造成学习型组织等手段和方式。

非公企业家族经营机制的形成与演变规律也是研究的重点之一[331]。家族制经营主要呈现出经营管理中的关系主义、家长式的领导、家族观念与两权合一为特点的产权结构。家族制经营的形成是文化、社会环境与企业组织自身的客观要求。东亚儒家地区家本位的传统文化使得企业的家族制经营更为突出，华人企业的家族制经营最为典型。随着企业的不断发展、客观环境的不断变化，尤其是经济全球化的不断深入，家族制经营的企业，必须引入现代化的管理模式，用规则代替关系、用职业经理人的专业化管理代替家长式的管理，用企业股权的不断社会化代替企业的家族垄断。同时，在这一变化过程中，家族制经营的企业又要保持自己的传统特色——家族制经营的形式，即企业大家庭的观念、企业家庭般的亲情、经营者对员工的关爱、员工对企业的忠诚与献身精神等等。在家族制的转变时机通常也出现于代际转换之际。当前非公企业管理人员一般还是创始人，在不断的成功面前，他们对自己的管理体制和管理水平无比的自信，重点关心企业的市场、产品、资金、技术等问题。在企业规模扩大、外部环境变化以后，家族制经营体制的弊端开始暴露。此时，企业体制的转换就伴随着人员的更替、价值观的变化与经营体制的调整。

不管采取什么样具体的治理模式，非公企业在公司治理方面始终需要处理的问题有产权、家族治理、治理结构虚化、外部治理失衡等[350]。尽管目前多数非公企业形式上采取了公司制的形式，但是实际按公司制运行的企业并不多，原因在于其产权结构并没有实质性的变化，企业内部家族治理严重，非家族成员参与经营控制较少，这就不同程度地导致治理结构虚化。另外，真正体现市场经济内涵的外部治理运行机制也没有形成。因此，非公企业要适时建立合理的产权制度、确保监事会独立性、引入独立董事、引入职业经理人、完善激励约束机制等方面来完善内部治理机制。同时，从完善产品市场约束、加强资本市场约束、完善经理人市场制约、发挥政府调控作用等方面来完善外部治理机制。

8.1.3 非公企业的治理模式与企业绩效关系研究

本部分主要阐述中国非公企业治理结构及其特征对企业绩效影响的研究成果。

家族控制权持有比例的区间分布特征与企业绩效存在非线性关系。调查数据显示[343]，其形式为“侵害—协同—掘壕”[343]。在控制权持有比例分布区间的前端（0%—31.82%），由于该区间大部分家族是通过买壳获得上市公司控制权，控制性家族出于对自身整体利益的考量以及在目前证券市场相关制度不完善的情况下，对上市公司利益的侵害在不违反相关法规的情况下可以达到毫不留情的程度，因此家族对上市公司的利益侵害效应在此区间占据了主导地位。在控制权持有比例分布区间的中间（31.82%—52.13%），大部分家族通过 IPO 的方式获得上市公司的控制权，并且这些家族在公司治理上更具开放性，在不丧失控制权的情形下，适当引入了家族外投资者，为企业的发展提供了更多的资金支持，家族对上市公司也有特殊的感情，因此在这一区间控制性家族对上市公司的协同效应占据了主动。在控制权持有比例区间分布的末端（52.13%—100%），控制性家族对上市公司控制权做了过多的保留，这种保留是完全没有必要的，它限制了企业的进一步扩大和发展，也片面反映了控制性家族在公司治理方面的某些短视行为，因此在这一区间掘壕效应开始占据了主动。

家族控制权的取得途径特征对企业绩效有着显著的影响[343]。产生这个影响的主要原因在于控制性家族对上市公司“态度”的不同。在买壳上市的情况下，“手心手背”对控制性家族并不是一样，因为他在买壳之前已经有自己的“私生子”，牺牲上市公司这个“义子”的利益，使得“私生子”获利在他看来是合情合理的。而在 IPO 情况下，情况就大不相同，上市公司往往是控制性家族最优秀的“嫡长子”，虽然他还有很多“次子”，但是他并不愿意看到自己的“嫡长子”在股票市场的表现过度难堪。

非公企业的股权集中度与总资产周转率呈倒“U”形相关关系[352][346]；上市非家族非公企业第一大股东持股比例与企业绩效在0—58%区间呈正相关关系，在大于58%区间呈负相关关系。适当增加家族企业中第一大股东持股比例则可以提升公司绩效。由于是家族自有财产，家族持股比例越高，其经营管理的积极性也就越强，来自企业内部以及外部市场的激励监督更为有效。此外，持股比例的适当提高也可以提高家族对企业的控制能力，上令下行，提高治理效率[346]。另一方面，上市公司也应避免股权过度集中的情况，股权集中度过高会使大股东与小股东直接的权利制衡被打破，导致大股东通过关联交易、转移定价等方式侵害小股东利益，降低企业经营绩效[341][352]。

上市家族企业绩效显著优于上市非家族非公企业，显示了家族企业在企业盈利能力、营运能力及成长能力三方面具有优势[352]。原因可能来自于家族企业所有权与经营权的统一，使得公司利益与个人利益趋于一致，达到降低代理成本及激励经营者提高利润的效用[352]。家族因素在我国非公上市公司的价值创造方面确实发挥了积极的促进作用，建立在血缘和亲缘等信任纽带基础上的家族企业更容易产生利益协同效应，而大大降低了利益侵害效应和掘壕效应的发生[346]。

家族制非公企业和公司制非公企业在企业绩效上的表现有所不同[351]。具体来讲，在企业资产规模上，家族制企业的资产规模普遍不大，而公司制企业的资产规模相对较大[351]。在经济效益上，由于家族制企业受到资金、规模和管理等方面的限制，因此在销售和业务增长率方面普遍不高[351]。在从决策方式上，在家族制企业中，决策方式大多采用董事长个人决定和征求意见后个人决定，而在公司制企业中则大多采用董事会讨论决定。家族制企业的决策参与人数为1.6，而公司制企业决策参与人数则为2.5，公司制企业的决策方式要比家族制企业有民主性[351]。激励方式上，在家族制企业中，对经理层的报酬形式大多采用固定年薪制和基本薪金加奖金，而在公司制企业中，对经理层的报酬形式除了固定年薪制外，还广泛采用浮动年薪制、基本薪金加奖金和奖金加分红[351]。业务骨干的稳定性上，家族制企业与公司制企业相比，业务骨干的稳定性相对差一点[351]。企业性质上，在家族制企业中，属于私营企业的较多，而在公司制企业中，除了私营企业以外，属于乡镇企业和股份合作制企业的较多[351]。

此外，学者们还发现了企业治理结构特征与其绩效之间的一些关系，也极有参考价值。如，家族控制权的实现方式特征以及现金流权的大小与企业绩效不存在显著的统计关系[343]。企业规模与企业绩效存在正相关，规模效应是客观存在的[343]。通常规模越大企业越容易获得低廉的资本、低廉的原料、广阔的销售渠道等各项提升企业绩效的资源。家族化管理通常会显著降低了内在薪酬水平，显著弱化持股与期权计划薪酬的激励作用，影响薪酬的公平性[354]。股权制衡度、董事会会议次数、监事会工作情况及独立董事人数等其他指标与企业绩效之间不存在显著的相关性[341]。股权集中的治理虽有助于提升经营绩效，但企业主股权集中度与出资人分红存在倒“U”形关系，不利于改善收入分配[345]。在家族上市公司中，增大独立董事的比例、增加两权分离度以及两职合一均会损害公司业绩。家族成员对本公司的实际状况比外部董事有更清楚的认识，掌握的信息更为充分，这可以大大提高家族决策的准确性，相反，处于信息劣势的外部独立董事则可能会拖累家族企业业绩[346]。在家族上市公司中增大终极控制人的控制权和现金流权的差值，不但会产生家族成员排挤中小股东的“隧道效应”，两权分离度的增加也会影响到家族企业的资源配置效率，使得家族成员的搭便车、过度消费行为更为盛行，从而也会降低家族企业的财务绩效[346]。公司声誉有助于为绩效增长提供保证，诚信是长期发展的重要条件，A 股上市公司不管是家族企业还是非家族企业在诚信方面都有待提高。主营业务收入增长越快的公司，其价值增加的也越快，成长性越好，市场也会给予更高的估值。

8.2 浙江省非公经济企业治理结构研究

8.2.1 浙江非公家族治理结构与企业绩效关系研究

本节所阐述的研究均源于浙江省的调查数据，其结果与全国情况有相同之处，也有浙江非公企业所特有的一些数据分析特征[337]。

根据所有权和控制权的分布情况，将非公企业的治理模式分为三大类，即古典家族企业、现代家族企业和非家族企业。古典家族企业是指家族股权比重超过或等于 50%，并且现行执行总经理（总裁）由企业控股股东或其直系亲属担任的非公企业。现代家族企业则又可以分为两类，现代家族企业一类（I）是家族股权比重超过或等于 50%，但现行执行总经理不由企业控股股东或其直系亲属担任的非公企业；现代家族企业另一类（II）是家族股权比重低于 50%，而现行执行总经理由企业控股股东或其直系亲属担任的非公企业。非家族企业则是指家族股权比重低于 50%，并且现行执行总经理不由企业控股股东或其直系亲属担任的非公企业。

通过对浙江省非公企业数据分析，可得如下结论[337]：

在资产特征上，非家族非公企业一般规模相当大，而且资本密集型特征更为突出，而现代家族企业（II）也有相当规模，技术密集型特征相对明显，古典家族企业与现代家族企业（I）由于股权单一，规模相对较小，但由于劳动密集型特征较为显著，平均人均资产又略微高于现代家族企业（II）。现代家族企业（I）平均资产规模小于古典家族企业，或许说明对于股权高度集中的企业，采取古典家族企业治理模式或许更好，因为可以增加管理者的企业关怀度，否则委托代理关系的复杂性可能会制约企业发展。

在企业绩效上，非家族非公企业盈利能力和运营效益都比较强，除了运营效益的平均资产周转率一项指标略低于现代家族企业（II）之外，其他 4 项（平均资产利税率、平均销售利税率、平均劳动生产率和平均工资利税率）指标都排在第一位，而且远远高于其他治理模式的非公企业。现代家族企业（II）的表现仅次于非家族非公企业，各项指标都优于古典家族企业和现代家族企业（I）。古典家族企业和现代家族企业（I）各项指标相差不多，总体古典家族企业盈利能力和运营效益要优于现代家族企业（I）。

非家族企业具有相对完善和现代化的治理结构，绩效仍然相对较高，因此家族企业发展的方向仍然是非家族企业，家族企业治理模式仍要向非家族企业治理模式转变。古典家族企业治理模式仍然是有效的，第一大股东占据绝对控股地位的企业似乎没有太大的必要将总经理职位让与非家族成员，但是家族成员在高管中的比重却不能过高。现代家族企业（II）的治理模式家族性特征较弱，股权有了一定程度的分散，但所有权和经营权没有分离，股权相对分散导致其他股东对企业关注程度的提高，一定程度上导致管理效率损失，对企业销售收入具有一定的负面影响，但是这种关注却有利于成本费用的节约，资产利税率和销售利税率反而较高。

8.2.2 浙江非公家族企业治理制度创新与企业生命周期关系研究

本部分以浙江省家族制非公企业样本数据为基础，给出一些家族制非公企业在其生命周期不同阶段的治理制度创新重点和任务[353]。企业治理制度创新包括产权制度创新、组织制度创新和管理制度创新等三个相互联系的层面。其中，产权制度创新是非公企业制度创新的核心内容，组织制度创新为产权制度创新提供了组织保证，管理制度创新是组织制度创新的深化和延伸[353]。

一个成熟的产权制度应该具备产权清晰、产权结构合理、产权可流动的特征[353]。产权结构合理化主要指的就是摆脱单一的产权结构形式，朝着多元化的方向发展。非公企业在走产权多元化道路过程中，有以下几种实现途径：从单一家族所有制方式向多元混合型产权结构发展；通过与其他企业合并、兼并、合作等形式，形成企业集团实现资本社会化；管理层持股；实行员工持股计划；向其他社会法人筹资招股。非公企业的产权能够交易的前提条件就是企业产权必须有价证券化。

组织创新包括组织形式、组织结构以及组织规模的系统设计[353]。组织形式主要包括独资企业、合伙企业和公司制企业三种形式。国内外学者对组织结构的研究来看，组织结构包括以下几个核心内容：一是组织结构的差异性，即组织机构内各要素之间存在的差异性：二是组织结构的规范性，即组织内部纪律、规章制度、工作程序等；三是组织结构的集权与分权性，即组织内部的决策权力的集中与分散程度。

激励制度创新的实现途径包括[353]：制定公平合理的薪酬分配制度；建立科学的绩效考核机制；建立多元化的激励体系（分享制、年薪制、期权制、员工持股计划、社会福利保障、目标激励、声誉和地位激励、控制权激励、职业发展激励、企业文化激励）；激励机制的制度化和公开化。

在企业的初创期，首要任务是维持生存[353]。本阶段主要依赖于创业者的个人能力，通过私下的人际关系网来完成资源的整合与市场的开拓。因此，初创期适合采用家长制管理。随着市场环境的变化和企业进一步发展，创业者必须深刻认识到此时制度的重要性，适时建立比较健全的规章制度，建立企业内部的规范和秩序。多数企业会寻求管理的专业化分工，组织结构会调整为直线职能制，企业中的核心部门是技术部门和营销部门，企业中的职权划分以集权管理为多，尤其是到了本阶段的后期，集权管理是绝大多数企业的必然选择。如果企业有多个投资主体，有关投资方和创业者就应根据各自的出资额、技术投入以及人力资源的投入情况，协商确定各自的产权份额，一步到位，同时保证投资利益风险、决策权和股权对称。由于初创期的资源有限，企业的薪酬福利不具有吸引力。此时激励方式可以采用精神激励中的目标激励、声誉和地位激励、控制权激励，让员工认识到自己在做一件有意义的事情，从而增强对企业的归属感和忠诚度。

在企业的成长期，制度创新的重点是重塑用人机制[353]。主要是建立有效的家族成员退出机制、科学的人才选拔机制、合理的职业经理人聘用机制、完善的业绩考核体系。随着管理复杂性的增大，决策失误的概率也变大。要避免上述问题的出现，首先实现产权的多元化，可以采用股份合作制，管理层持股，建立一个以能够有效运作的董事会为核心的正式的治理架构，对家族以外成员开放管理岗位，让家族外的专门人才进入企业管理层，并给以较大的经营自主权。家族成员只有在其有专业经验，能对董事会在战略、财务、监管上发挥优势的时候，才可使家族成员进董事会。应尽可能吸收富有管理经验、与企业及家族没有利益冲突的专业人士担任外部董事。有了这样一个董事会，才有可能既保护家族股东的利益，又有利于吸引专门人才，使家族企业比较顺利地走上专业化管理的道路。在组织结构上和职权划分上，随着企业规模的扩大，企业不断面临的组织危机是集权的管理对企业成长的制约，建立分权的组织结构是企业成长的必然要求。在这一阶段的后期，企业的组织结构将面临由集权的直线职能制向分权的事业部制转变，有的企业也可能倾向于调整为超事业部制或集团控股制。在组织结构的创新过程中，合理划分企业的各个层级的责、权、利关系，充分调动中层和基层的积极性是组织创新成败的关键。成长期的物质激励除了上述的对管理层或核心的技术人才实行产权激励，对普通员工也要提高薪酬福利的吸引力，这个阶段要着手建立社会福利保障制度。除了让非公企业的员工享有国家规定的社会养老等系列保障外，有条件的非公企业亦可通过商业投保、企业奖励等方式，为企业员工尤其是有突出贡献的员工提供医疗、人身保险等。精神激励要注重对员工的培养激励，即对于表现突出并有更大潜力空间的管理人员或普通员工进行培养。企业出资让员工进行技术培训、理论学习甚至出国留学，为企业员工提供充分的深造机会，使员工的价值实现和提升需要得到满足，从而调动员工的工作积极性。

在企业的成熟期，所追求的价值目标是盈利[353]。这一阶段的目标有两个：一是使得该阶段持续时间变长，二是要在该阶段结束之前找到新的增长点以避免进入衰退期。非公企业的产权制度，特别是家族企业封闭的产权制度，已成为这个阶段企业发展的严重障碍，因此，成熟阶段制度创新的重点在于产权制度创新。要吸收社会资本加盟，通过设立股东会、董事会、监事会及高级管理层来协调、规范企业的运作，明确划分各方的权利、责任和利益，形成分工合理、互相合作而又相互制约的企业内部机制，从而为进一步提高市场竞争能力提供了制度保证。要依靠规模经济促进市场竞争能力的提高，通过联合、兼并，进行资产战略重组，将企业做大做强，在某一领域中占取较大的市场份额。在成熟期后期，这段企业组织创新的重点是组织的柔性化。在组织结构和职权分配上，企业更加注重谋求集权和分权的均衡，并更大范围地组建项目小组，更多地采用矩阵制以加强组织的灵活反应能力。有的企业也可能根据实际要求，对组织的整体架构进行根本的创新，在大企业内部实行“小企业化”的管理或者采用立体多维制的组织结构。在组织结构创新的同时，有些企业也可能全面改造自身的业务流程，通过业务流程重组，实现企业组织的柔性化。成熟期的企业，企业需要有吸引力的薪酬福利、成熟的培训机制，此时还要借助企业文化这种隐性精神激励。企业文化是企业员工共有的价值和信念体系，它通过培育企业员工的认同感和归属感，建立起员工与企业之间的相互依存关系，使个人的行为、思想、感情、信念、习惯与整个组织有机地统一起来，形成相对稳固的文化氛围，凝聚成一种无形的合力与整体趋向，从而激发出企业员工的主观能动性，为组织的共同目标而努力。

8.2.3 浙江非公企业治理结构与企业成长性研究

本部分基于浙江台州市的调研数据对非公企业治理与企业成长性进行了研究[342]。

非公企业的成长性可以从两个方面来评价[342]：一是财务指标，可以分为企业偿债能力分析、企业盈利能力分析、企业资产运用效率分析、社公贡献能力分析、现金流量分析以及市场价值的计算等内容；二是非财务指标，包括创新能力、客户层面的指标、内部经营过程的指标、学习与成长的指标等等。

数据分析结果显示[342]：

第一大股东持股比例与企业成长性呈“U”形曲线关系[342]。这与以往其他学者的研究结果并不一致。这可能与台州非公企业的发展历程和非公企业家族特色有关。台州非公大部分都是由家族企业发展而来的，在无控股股东的台州非公企业，一般来说都是公司治理比较规范的企业，大股东之间互相制约，能形成磋商机制，共同对企业进行管理，有利于企业成长；而在控股股东“一股独大”的情况下，非公企业一般是属于传统上的古典家族企业，企业创始人控制经营有利于减轻代理成本，增强企业所有者监督和约束公司管理层的积极性，从而提高企业绩效。

前五大股东持股比例与企业成长性正相关[342]。权力适度集中在前五大股东，在大股东之间形成一定的股权制衡度，有利于保护中小股东及公司利益，弥补我国外部治理机制缺失的不足，提高公司治理效率，促进企业成长。

董事会规模与企业成长性负相关[342]。台州非公企业规模较小，受外部环境影响大，企业董事人数过多会带来董事会成员之间沟通和协调上的困难，容易导致决策缓慢，贻误时机，影响企业的经营业绩及成长性。而规模相对较小的董事会，董事会成员之间协调比较方便，决策权也相对集中，能更容易应对瞬息万变的外部竞争环境，企业的绩效和成长性就越高。

独立董事比例、高管持股比例与企业成长性不存在显著的相关性[342]。台州许多非公企业设置独立董事更多的是为了符合监管的要求，而不是出于企业实际成长的需要，独立董事产生机制不规范，独立董事比例较低，加上身兼数职的独立董事无暇顾及公司事务，对公司经营情况不很熟悉，难以起到监督管理层、影响董事会决策的作用。

董事长与总经理两职合一与企业成长性负相关[342]。董事长与总经理两职分离，能使董事会保持独立性，有利于在公司内部形成一个有效的监督机制，减少管理层逆向选择行为发生的可能性，有利于提升非公企业经营绩效和成长性。

8.2.4 浙江非公家族企业接班人问题研究

浙江的家族企业所有权继承的线索通常是清晰的，一般是在家族内部进行所有权的转移，“子承父业”是一种最常见的方式，大多数人也认为顺理成章[334]。然而家族企业经营权的继任问题，即企业的执行者总经理（或 CEO）的继任就比较复杂，常见的方式有家族成员内部（家庭成员亲属）的内部继任计划、由家族成员转向家族外部的职业经理人的外部继任计划[334]。成功的家族企业 CEO 继任计划会受到以下四个关键变量的影响[334]：连贯性、时限性、技术性和沟通性。由于中国人之间的低信任度和关系导向，使得华人家族企业较难成长为大规模的现代企业[334]。在中国文化背景下，虽然随着制度的不断健全、法制的不断完善，会有越来越多的家族企业采取“企业人继任”和“外部人继任”等外部继任方式，但家族企业 CEO 的继任还是会遵循从“家里人继任”、“家族人继任”、“企业人继任”到“外部人继任”这样一条演化路径发展[334]。基于制度导向的信任只不过为家族企业采取“企业人继任”和“外部人继任”等外部继任方式提供了可能，在同样的条件下，内部继任始终会是家族企业的首选，而只有当内部继任无法实现的前提下，外部继任才成为家族企业一种可能的选择[334]。这也正是中国文化背景下浙江乃至全国家族企业 CEO 继任的特殊性所在。

从企业生命周期角度来看浙江非公家族企业接班人选择问题。通常，接班人的选择与企业发展周期之间有如下关系[333]：在家族企业发展的初创期，在家族内部选择接班人拥有很高的认同感。并且非常强调家族对企业的控制权问题。在家族企业发展的成长期或正规化期，选择内部接班的要求并不是那么强烈，对职业经理人作为接班人的认同感有所上升。在家族企业发展的成熟期，对职业经理人来接班的渴望有了很大的提升。家族对企业的控制权的要求进一步下降。在家族企业发展的衰退期或蜕变期，对家族内部接班的认同降到了最低点，但同时对职业经理人的认同反而没有成熟期时那么高。另外，在企业成长初期，在不同学历层次的被调查者之间，在选择职业经理人接班问题上存在显著差异，文化层次较高的人，很早就认识到了职业经理人进入企业的重要性，他们也更倾向于职业经理人成为接班人[333]。从成长期以后的各个阶段，不同学历层次的人对于选择家族企业接班人的来源的差异都变得不显著，说明了随着企业的发展壮大，掌权者在经营家族企业过程中的感受，使得学历层次差异将变得越来越小[333][356]。

8.2.5 浙江非公企业泛家族化管理行为

实证研究发现，浙江非公企业存在着泛家族化管理行为，即发现浙江非公企业在发展过程中应将与自己有学缘、业缘和地缘等关系的“外人”逐步内化为“自家人”，并根据需要委以重任，从而实现泛家族化管理行为[358]。具体来讲，有两种表现形式[358]：

（1）把朋友、同学、同事、同乡等关系人泛化为“自家人”。调查显示，随着信任水平的提高，亲戚以及朋友、同学、同事、同乡在职业经理中所占比例呈现提高趋势，而与非公企业主没有任何关系的外人在职业经理中所占比例呈下降趋势。在非公企业发展初期，朋友、同学、过去的同事和同乡是被泛家族化的最重要对象。随着企业的发展，这些人的职位也相应地提高，因而，在非公企业中占据重要职位的职业经理仍然是值得非公企业主非常信任的朋友、同学、同事和同乡。

（2）把无关系的外人逐步泛化为“自家人”。随着非公企业的发展和壮大，把无关系的外人逐步泛化为“自家人”并随着信任度的逐步提高逐渐委以重任，这同样是非公企业泛家族化管理行为的一种重要表现形式，也是非公企业泛家族化管理行为的发展趋势。

除中国家文化、经理人市场失灵和社会信任不足等外部环境因素外，影响非公企业泛家族化管理行为的主要因素有[358]：职业经理个人因素、非公企业主个人因素和组织因素。非公企业主与职业经理的初始关系，在很大程度上决定非公企业主与职业经理之间的信任，进而影响职业经理与非公企业主之间的合作行为及非公企业主的泛家族化管理行为。在合作过程中，非公企业主和职业经理都会不断地进行信任的重新评估，尤其是非公企业主会根据职业经理在合作中的表现。重新对职业经理的信任进行评估与调整，并对职业经理进行“自家人”和“外人”的重新归类。如职业经理被归入“外人”或“非自家人”，则信任关系终止，将会失去重用的机会。如职业经理人被归入“自家人”，则相互间的信任会进一步强化，从而职业经理会得到进一步的重用[358]。

第9章

浙江省非公企业家研究

本章主要阐述非公企业家研究方面全国范围的共性问题和浙江省所面临的特殊问题。

9.1 我国非公企业家共性问题研究

9.1.1 非公企业家成长机制与影响因素

通常来说，企业家成长模式会从最初简单的经营模式逐步发展成为资本模式、创新模式、技术模式、组织模式以及代理模式等多种成长模式，其成长机制是一个内外部机制协调作用以及糅合地域特色的综合行为过程[360]。比如，珠三角的非公企业家成长的基本特征是以外部的制度变迁为主线、以市场约束为机制、以社会网络为条件、以人力资本投资为主渠道，同时也受到了独特的岭南文化及特殊的地域优势的影响。

具体来说，企业外部环境、内部环境及企业家个人素质三方面因素影响了企业家成长[364]。影响企业家成长的企业外部环境因素有[364]：传统文化、民族精神、经济体制、所有制形式、政治制度、法律规范等。影响企业家成长的企业内部环境因素包括[364]：企业的组织形式、产权关系及分配制度、人员配置及人际关系、企业所处不同发展阶段以及企业多元化和专业化经营等。企业家本身应具备的个人素质包括两个方面[364]：一是知识方面，企业家不仅要懂得技术知识，更重要的是要懂管理，具有财务和资本运作、金融等方面的才能。二是情商和心理素质方面，企业家应具备处理人际关系能力和良好的心理素质。

因此，非公企业家的健康快速成长，需要从内外机制上做好如下几个方面工作：在外部环境机制上[360]，要完善市场经济体制，积极培育资本市场和经理人市场，解除非公企业家成长以及企业向现代企业制度迈进的外部制度约束；健全法律法规，把非公企业家的成长完全纳入法制轨道，净化法制环境；加快政府机构改革，排除对非公企业家的政治干扰，充分发挥非公企业家异质资本的作用；解除金融约束、市场准入约束和降低非公企业的创业初期税收，完善包括行业指导、建立企业发展信息平台、创办企业家培训机构以及召开企业家交流会等在内的非公企业家成长的政府服务体系。在企业内部治理机制上[360]，产权配置必须清晰明确，避免因产权纠纷造成的企业内耗，推行流量股份，发挥要素作用。产权配置必须灵活，利用产权来刺激激励和约束机制发挥作用，同时利用产权的合理配置来强化用人机制，解除人才约束的瓶颈。并要根据企业的发展阶段，完善企业治理结构和强化企业的管理制度，向现代企业管理制度迈进。同时，企业家除了具备行业知识和管理素质外，还应建立创业思想，摆脱家族意识，追求超凡的气质、谦虚的品质、进取的态度、宁静的心态等[364]。

9.1.2 非公企业家与企业绩效间关系

企业家的经历与背景会影响非公企业的战略选择，并最终影响企业的业绩表现。调查数据显示企业家背景、多元化战略与企业业绩三者间存在着较为复杂的相互关系[388]。

首先，企业家背景与多元化战略选择的关系[388]。私营企业家的背景对私营企业的多元化战略选择存在影响。在企业成立的初期，企业家的学历层次、管理背景对企业的多元化选择影响比较显著。高学历的企业家、创业之前担任过“企业负责人”的企业家更倾向于选择多元化战略。与对企业成熟阶段的研究相比，对企业成立初期多元化战略选择的考察更能准确地反映企业家背景的影响。企业成长过程中的多元化战略在很大程度上受到经营初期多元化选择的影响。在成立初期采用多元化战略的企业更倾向于维持企业的多元化战略，这反映了企业经营中在战略选择上的路径依赖和锁定。尽管如此，在企业成长过程中，企业家的背景同样影响着企业的多元化战略选择。在创业之前担任过“企业负责人”的企业家更倾向于选择多元化战略。年轻的企业家比年长的企业家也更倾向于选择多元化战略。

其次，企业家背景与企业绩效之间也存在着联系[388]。在控制战略的情况下，私营企业家背景的确与企业的某些业绩指标相联系，但是仅仅限于企业规模指标与增长指标，包括销售额、资产规模、资产增长率、净资产增长率。高学历与高的销售额、资产规模、资产增长率、净资产增长率正相关。创业前有“企业负责人”经历与高的资产规模、资产增长率、净资产增长率正相关。年轻的企业家拥有更大的资产规模和更高的资产增长率。而企业家背景与利润指标之间直接关联联系不显著，原因可能在于企业业绩不但受企业家的战略选择影响，也可能会受到诸如影响企业外部环境、组织设计途径等其他因素的影响。

再次，多元化战略与企业绩效表现之间的关系[388]。多元化与大的资产规模、高的资产增长率和净资产增长率相联系。企业家可能通过选择多元化战略对企业规模增长造成影响。多元化战略与利润率之间的关系以及多元化与销售额之间的关系也不十分显著。这在一定程度上支持了权变观点，即没有一种绝对占优的战略。某种战略可能对某个指标的确有显著的提高，但是可能影响别的指标。所以，采用某种战略很大程度上应取决于企业追求的目标。

最后，企业家背景与多元化战略的交互作用对企业业绩的关系[388]。学历层次与多元化战略之间的交互作用对组织的销售额、资产规模、净资产增长率存在影响。管理背景与多元化战略的交互作用对销售额、资产规模、资产增长率、净资产增长率、销售利润率均存在影响。而企业家年龄与多元化战略的交互作用对业绩影响不明显。采用非多元化战略的同类背景的企业家相比，高学历和低学历的企业家采用多元化战略能够增加企业的销售额、扩大企业的资产规模、提高企业的净资产增长率，而中等学历的企业家采用多元化战略会导致企业销售额、资产规模、净资产增长率的下降。有管理背景的企业家采用多元化战略可以改进销售业绩、扩大资产规模、提高资产增长率和销售利润率，没有管理背景的企业家采用多元化战略则收到完全相反的效果。多元化对销售额和销售利润率没有显著的影响，只有当高学历、低学历或者有管理背景的企业家选择多元化战略时才可以提高企业的销售业绩，只有当有管理背景的企业家采用多元化战略才可以提高企业的销售利润率。年轻的、高学历的管理者采用多元化战略能够比年老的、低学历的管理者取得更好的业绩；年老的、中等学历的企业家采用多元化战略将产生负面的作用。

也有学者从非公企业家人力资本角度，对其与企业成长绩效之间的关联关系进行了实证研究[396][397]。学者从知识、能力、人格特征、心理因素等角度构建了人力资本模型，分析了对企业成长绩效有显著影响作用的企业家人力资本要素，并对高科技企业与传统企业中企业家人力资本与企业成长绩效关系进行对比分析。实证结果显示[397]：

（1）在知识变量方面[397]。学历方面，创业成功企业家中占最大比重的是大专或本科学历。创业前的学历状况与企业成长绩效无关，但创业后企业家目前的学历状况与企业成长绩效正相关。说明企业家们对学习很重视，特别是高科技企业中企业家的学历水平普遍较高。参加培训活动方面，企业家创业后参加的培训是影响企业家能力的一个重要因素，企业家创业前参加的培训对企业成长绩效没有什么正面影响，但创业后参加的技术培训对企业的成长绩效有显著的正向影响，特别是在高科技企业中这种作用更加明显，这和高科技企业的行业特点有关，企业家需要通过参加技术培训来了解最新的技术发展动向。企业家所学专业上，学习经济管理专业对传统行业企业中的经营成长绩效有正向影响。对行业熟悉是企业生存和成长的必要前提条件，但不是促使企业成长的显著因素，它与企业成长绩效不存在显著的相关关系。在同行业工作经验上，这是评价对行业情况熟悉的一个指标，对所创业行业情况熟悉是企业家创业成功的必备条件，创业成功的企业家都是对所从事行业非常熟悉的人。创业经验上，有创业经验的企业家在自我效能感、关系能力方面强于没有创业经验的企业家，但是否有创业经验与企业成长绩效无显著的相关关系。高管经验上，是企业家创业前曾经担任过高层管理者的经历，担任高层管理者经验使企业家见多识广，这种经历锻炼和培养了他们的管理能力和战略能力，同时也构建了在这个行业中的关系网络，有高管经验的企业家在资金实力、关系网络、战略经营能力方面更占优势，曾经担任过高层管理者的经历与企业的经营成长绩效正相关。家庭环境上，家庭成员或亲戚有创业经验，特别是创业成功正在经营企业的情况，会在生活中对创业者有一种影响，在做职业选择的时候会更容易选择创业，而且在日后的经营过程中也可以进行大量的管理和经营方面的交流，同时在心理上也可以相互激励，有家人或亲戚创业对企业的经营成长绩效有正向影响。

（2）在人格特征方面[397]。人格特征对企业成长绩效的解释力非常小，只有情绪稳定性与企业成长绩效负相关，公正严谨性与传统企业的创新成长绩效正相关，其他人格要素对企业成长绩效的影响不显著，但通过结构方程模型可以发现大五人格特征中的公正严谨性、思维开放性、外向性、情绪稳定性是通过自我效能感和企业家能力对企业成长绩效产生间接作用，公正严谨性、思维开放性、外向性与自我效能感正相关，和悦性与自我效能感不相关，思维开放性和学习能力正相关，外向性与关系能力正相关。高公正严谨性和高思维开放性是企业家们的共性，和悦性的评分是最低的，在传统产业中大部分的企业家性格较外向，健谈又善外交，但是在高科技行业和传统产业中知识密集型的咨询业中会偏中性或偏内向，他们和自己企业高层管理团队成员的性格一般比较互补。

（3）在自我效能感方面[397]。自我效能感是影响企业成长绩效的重要因素，自我效能感一方面直接对企业成长绩效产生正向影响，同时对企业家个人能力产生正向影响而对企业成长绩效产生间接作用。自我效能感来自于知识的积累、公正严谨性、外向性、思维开放性和企业家个人能力的提高。自我效能感对企业家个人能力产生作用，同时企业家能力也对自我效能感产生反作用，随着能力的提高信心也会更强。企业家自我效能感对企业成长绩效的总效应很大，说明企业家的心理因素对企业成长绩效状况有非常重要的影响。

（4）在企业家能力方面[397]，企业家能力主要表现在六个维度：发现机会、建立关系网络、管理与协调、不断学习、创新和战略定位等。企业家一方面直接作用于企业成长绩效，另一方面通过提升自我效能感间接对企业成长绩效产生作用，企业家的学习能力和创新能力对企业的创新成长绩效产生正向影响，学习能力、关系能力、机会识别能力、战略能力对企业的经营成长绩效产生正向影响。企业家的能力来源于他（她）的知识状况、个性特征、心理因素中的自我效能感。

总之，企业家人力资本要素是解释企业成长绩效差异化的重要变量[397]。从定量研究所获得的数据中可以发现企业家人力资本要素对高科技企业创新成长绩效的解释力为69.5%，对传统企业创新成长绩效的解释力为39.6%，对高科技企业经营成长绩效的解释力为60.6%，对传统企业经营成长绩效的解释力为38.2%。由此可见，影响企业成长绩效的因素非常多，但企业家的人力资本要素是解释企业成长绩效差异性的一个至关重要的变量[397]。

还有学者从非公企业家领导行为的角度，实证分析了它与企业绩效间的关系[400]。非公企业家的领导行为可以分为三大类型和九个详细维度，即交换型领导行为，包括了两个维度：权变奖励领导、例外管理；变革型领导行为，包括了四个维度：德行垂范、愿景激励、个性化关怀、领导魅力；家长式领导行为，包括了三个维度：德行领导、仁慈领导、威权领导。基于调研数据，可得如下主要研究结论[400]：

(1) 传统价值观对于变革型领导具有显著的正向影响作用，对家长式领导具有显著的正向影响作用，对交换型领导有正向影响作用但不显著。现代价值观对交换型领导具有显著的正向影响作用，对于变革型领导具有显著的正向影响作用，对家长式领导有正向影响作用，但不显著[400]。

(2) 交换型领导的三个维度对企业绩效的衡量指标的影响作用，发现交换型领导对组织层面的企业业绩的影响作用不显著，与员工层面的工作满意度和组织承诺有显著的负相关关系，与员工离职倾向有显著的正相关关系。非公企业家交换型领导对企业绩效的影响作用不显著[400]。

(3) 变革型领导行为对企业绩效具有显著的正向影响作用。深入分析变革型领导的四个维度对企业绩效的衡量指标的影响作用，发现变革型领导对组织层面的企业业绩具有显著的正向影响作用，与员工层面的工作满意度和组织承诺之间有非常显著的正相关关系，与员工离职倾向之间有非常显著的负相关关系[400]。

(4) 家长式领导对企业绩效具有显著的正向影响作用。深入分析家长式领导行为的三个维度与企业绩效的衡量指标的影响作用，发现家长式领导与组织层面的企业业绩正相关，与员工层面的工作满意度和组织承诺之间有非常显著的正相关关系，与员工离职倾向之间有显著的负相关关系[400]。

（5）比较变革型领导和家长式领导对企业绩效的影响程度。研究发现，变革型领导对企业绩效的正向影响作用比家长式领导要强得多。在控制家长式领导的三个维度对企业绩效影响后，发现变革型领导对企业绩效仍然具有很强的正向影响作用，但是控制了变革型领导后家长式领导对企业绩效就不再具有正向影响作用了。这说明在中国现在的情况下，变革型领导行为比家长式领导更为有效，非公企业家采取变革型领导对于企业绩效的提升会更加有效[400]。

（6）非公企业家领导行为在不同的企业发展阶段对企业绩效的影响作用。交换型领导行为在各阶段对企业绩效均不具有显著的影响作用；变革型领导行为在企业的更新阶段最为有效，其次是创立阶段，再次是生存阶段，在成功阶段有效性最差；家长式领导行为在企业的创立阶段最为有效，其次是生存阶段，再次是成功阶段，在更新阶段有效性最差[400]。

此外，还有学者提出了有关企业家与企业绩效间关系的一些研究结果。如，高学历的企业家更倾向于采取技术创新，企业家的管理经验越丰富就更倾向于在企业经营中进行技术创新，年长的企业家更倾向于采用技术创新，男企业家比女企业家更倾向于采取创新战略，而企业的技术创新与企业业绩之间是正相关关系[389]。企业家教育水平、管理经验水平与非公企业成长绩效显著正相关[381]，企业家领导决策能力对非公企业成长绩效有显著的影响[381]。企业家信心、创新战略、资源和能力对企业的创新绩效有显著正向影响[382][398]。

9.1.3 非公企业家与企业资本之间的关系

融资问题是非公企业面临的重要问题之一。

非公企业家的个人社会资本、市场社会资本、组织社会资本与企业融资间关系密切[392]。企业家的个人社会资本[392]是指企业家依据个人的血缘、亲缘、地缘、业缘以及学缘等构成的社会关系网络，核心是情感与私人信任。浙江非公企业间基于这种社会关系网络的融资规模大，融资渠道多，涉及资金多，已成为浙江省非公企业的重要的融资方式之一[392]。企业家的市场社会资本[392]是在市场交易中产生的关系网络，这种社会资本是无形的，但对于个人和组织的回报却是有形的。企业家通过对市场社会资本的“投资”换取更多的“义务与期望”，从而得到更多的“赊欠单”，使自己成为更多“义务”的债权人，进而拥有更多在其他社会交易中得以交换的资源。而企业家长期在市场中对社会资本过多的投资还会拓展更广泛的人际关系从而产生“滚雪球”式的效应，增加企业家的社会资本存量[392]。企业家的组织社会资本[392]是指企业家在组织内部与企业成员的关系网络以及企业家在组织外部与其他组织所建立的组织关系网络。内部网络由企业家与股东、企业管理人员、董事会以及员工的关系构成，而外部网络则由其与政府、研发机构、行业组织、新闻界、公众等关系构成。企业家是组织内与组织外沟通的桥梁，通过这个桥梁来建构自己的人际圈，是获得利益的前提和保证，也为所在企业在下一步的经济行为中赢得优势[392]。

不同企业家的融资能力不同，根据信息不对称理论和债权人—债务人代理理论，并通过数据实证分析发现[403]：企业家的初始财富、声誉和政治联系可以发挥信号传递的功能，而企业家的过度自信、控制权保留偏好与风险偏好等个性特点会影响企业家对企业商业信用融资的评价和决策。（1）充足的初始财富有利于企业商业信用融资，初始财富不仅可以向供应商传递来自企业正面、积极的“控制权收益效应”信号，而且也能为上游企业提供担保，由此弥补企业家可能存在的创意和能力不足的弱点。（2）良好的企业家声誉有利于企业商业信用融资，企业家声誉一方面可以降低信息不对称引发的逆向选择风险、道德风险和监督成本，另一方面可以增加商业信用提供方资产收回的可能性。（3）企业家具有政治联系的企业获得商业信用融资多，非公企业家的政治身份对于获得来自上游企业的资金支持具有显著的正面影响，政治联系具备信号传递的功能，企业通过企业家的政治联系可以向市场传递公司质量类型的信号。（4）融资规模一定的情况下，过度自信的企业家所在的企业，银行信用融资多，商业信用融资就少。过度自信的企业家低估负债融资的风险和偿债压力，高估负债融资带来的收益，使得负债融资具有利用价值。而银行信用和商业信用间的替代性，使得银行信用多的企业，商业信用融资少。研究同时发现，股权制衡可以有效抑制企业家过度自信行为。（5）在融资规模一定的情况下，企业家的所有权与控制权一致的企业，商业信用融资额度高于企业家所有权与控制权不一致的企业。相同条件下，企业家两权分离程度越高的企业，商业信用融资越少。（6）在融资规模既定的情况下，偏好风险的企业家管理的企业银行信用融资多，商业信用融资少。合理的股权安排可以规范企业家有限理性行为[403]。

还有学者对非公企业家社会关系资本对产品研发投资决策的影响进行了实证研究[395]。数据实证结果显示：非公企业家的协会关系资本对非公企业的研发可能性以及研发投资强度的影响显著为正[395]，这表明行业协会是推进企业技术创新的一大力量。非公企业家的政治关系资本对非公企业的研发可能性与研发投资强度的影响显著为负[395]，其可能原因是非公企业主利用人大代表、政协委员身份参与政治活动，从而对政府的一些政策决定产生重大影响，非公企业家极可能出于回避技术创新高风险的目的影响各级政府决策过程。非公企业家银行关系资本对非公企业的研发可能性的影响显著为正，但对研发投资强度的正向影响不显著[395]，表明非公企业尽管可能通过银行关系资本解决研发投资的资金问题，但研发投资强度更多地取决于非公企业家对研发风险的判断，以及研发成功的概率、市场获利性进行判断。非公企业位置及负担的税率对非公企业的研发投资决策有显著的影响[395]，表明非公企业总部在经济开发区，以及国家对技术创新的税收优惠，由于区域政策效应以及税收政策效应的推动，均有利于非公企业的研发投资决策。非公企业的创办历史和业绩对非公企业的研发投资决策有显著的正向影响[395]，创办历史越长，企业的业绩越好，其资金实力越强，创新风险的承受能力越大。非公企业家人力资本因素中的教育程度、技术人员经历对研发投资决策有积极的影响作用[395]。相对于服务业而言，非公企业处于制造业，对研发投资强度有显著的正向影响[395]，即与非公企业所在行业自身的技术要求和技术特征紧密相关。

此外，学者研究还发现，非公企业家个人特征与企业资本结构间有一定的关联关系[402]。在以人口背景指标和风险偏好两个维度来衡量中国非公企业家的个人特征，并以总资产负债率和短期负债率来衡量企业的资本结构的前提下，通过实证分析，得到如下结论[402]：企业家年龄与企业的总资产负债率和短期负债率均负相关，企业家任职期限与短期负债率正相关。学历与风险偏好的程度与企业资本结构无关。在企业家个人特征的四个指标中，企业家年龄对企业资本结构的影响最大，其次是任职期限。企业家风险偏好的形成是一个复杂的过程，受到各种内外部因素综合作用的影响，企业家背景与风险偏好程度无相关性[401][402]。

9.1.4 非公企业家与区域创新间的关系研究

企业家才能对区域创新与经济增长的推动作用要显著高于用一般受教

育程度来衡量的人力资本[373]。企业家才能有利于企业经济效率和管理水平的提升，实现“干中学”效应。企业家才能还有利于实现一揽子要素的整合创新，从而提高区域整体的技术水平。

非公企业家的作用不仅停留于静态层面[373]。从动态角度看，非公企业家对区域经济起到了很好的“示范”和“扩散”效应，产生了一个“企业家呼唤企业家”的正反馈机制。企业家人力资本的正向累积促进了区域创新效率的提升，并推动了整个区域经济的发展。

外商直接投资 FDI 和专利授权数对区域全要素生产率以及效率变动和技术进步都产生了积极作用[373]。企业家人力资本和 FDI 的交互作用对区域全要素生产率增长及效率变动的效应为负，对技术进步的效应为正。并且，技术进步的正效应要小于效率变动的负效应，因而企业家人力资本和 FDI 的交互作用对区域经济增长的总体贡献程度为负。外商直接投资的大量引进在很大程度上对私营企业家才能的发挥形成了一定的替代作用，即外商直接投资对非公企业的技术外溢及“示范效应”并不明显。

在人力资本和作为创新指标的地区专利授权数对经济增长的影响效应[373]方面，一般受教育水平来衡量的人力资本和创新的交互作用对区域全要素生产率增长、效率变动和技术进步的影响均不显著，而企业家人力资本和创新的交互作用对全要素生产率增长和效率变动呈正面促进效应。非公企业家才能明显区别于一般人力资本，非公企业家才能和区域创新活动存在一定程度的良性互动。随着区域创新程度的提高，区域专利授权数大幅提升，非公企业家通过购买或自主研发所获得的专利提升了企业绩效及技术水平，同时促进了区域全要素生产率的提高，并推动了该地区的技术进步。

非公企业家的潜能得到激活与拓展是区域经济发展及国际分工地位提升、比较利益得到进一步实现的关键[373]。非公企业家潜能要想得到进一步拓展，区域经济得到持续增长，需要进一步实现物资资本和企业家人力资本的有效结合。通过企业家适时引进国外成套设备，可进一步增强企业家“干中学”效应，从而利用发展中国家的“后发优势”，实现区域经济更好地发展及比较利益的增进。非公企业家潜能要得到进一步拓展还依赖于市场化制度的保障。企业家才能的显化不仅需要现代先进技术的引进和先进管理经验的采用，还需要一个良好制度环境的保障。这样的制度支撑不仅包括产权保护、专利保护等一系列正式制度，还需要企业家文化的传播、企业家责任的信仰支持和社会道德等非正式制度的支持。进一步深化市场化取向的体制改革，可为非公企业家才能的发挥提供良好的制度环境，并促使非公企业家潜能得到进一步激活与拓展。这对于区域经济的持续增长及比较利益的进一步增进具有重要意义[373]。

9.2 浙江非公企业家研究

本节主要介绍浙江省区域内非公企业家的发展现状及其所面临的共性和特殊问题的调查研究与分析。

对非公企业家的现状调查主要是从年龄、性别、出身来源、文化程度、能力测量、政治热情等存量特征对非公企业家进行分类比较分析，并给出发展与提升浙江非公企业家队伍的对策建议[359][361][362][363][365][366][367][368][377][386][387]。

下面就浙江非公企业家研究一些热点问题进行阐述。

9.2.1 浙江非公企业家与企业绩效

调查数据显示[377][394]：企业绩效与企业家的学历和专业有显著的相关关系，而企业绩效与企业家的年龄和性别没有显著的相关关系，经营年限、员工人数对社会资本、企业绩效影响差异均显著，理工科和经济管理科出身的非公企业家通常有较高的企业绩效表现。

浙江非公企业家关系网络与企业绩效之间存在联系[380]，并且这种联系会随着企业的成长发生变化，从创业初期局限于亲戚、朋友范围到慢慢地与其他相关主体发生关系，包括上下游企业、银行、政府机构等，这种壮大的关系网络也会同时促进企业绩效不断增长。

浙江非公企业家社会资本对企业财务经营绩效有显著的正向作用[394]。社会交往、关系网络、共同规范对于财务经营绩效有显著的正向作用。社会交往、关系网络、信任、共同规范、共同语言对非公企业发展能力有正向作用显著[394]。在这些人力资本构成中，对企业经营绩效影响最大的是社会资源层次。获得和使用高质量、高层次的社会资源对企业发展会起到重要影响[390][399]。非公企业家的社交倾向、信任预期、社会适应能力、社会认知能力和社会资源存量也对企业绩效有显著正向影响。因此，非公企业家社交意识越强，社交积极性越高、可信赖度越好、适应社会和人际关系的能力越强，其更可能在社会网络中占据资源和结构优势，进而利用社会资源提升企业绩效。为了更好地培育和使用自身社会资本，帮助企业提高绩效，实现可持续发展，非公企业家可以积极地做一些努力，优化社会资本的存量、质量、增量和利用率[399]。非公企业家应建立良好的个人声誉，提高信任预期，增强自身的社交倾向，提升社交能力，重视社会资本质量，提升社会资源层次，实时梳理和分析社会资本存量，不断优化自身及企业的社会网络[399]。

9.2.2　浙江非公企业家社会资本与战略决策绩效

浙江非公企业家社会资本与企业的战略决策绩效间也存在着密切联系。

企业家社会资本包括内部资本和外部资本[393]。企业家内部社会资本包括企业家与其他管理者的联系以及企业家与内部员工的联系。企业家内部社会资本有利于企业家与其他管理者及企业员工的信任与合作，加强两者之间的沟通与协调。企业家外部社会资本是指企业家与企业外部的非直接利益相关者之间的联系，包括企业家的纵向联系、横向联系和社会联系。纵向联系指企业家与上级领导机关、政府部门以及下属企业的联系；横向联系指企业家与其他企业、科研院校、金融机构等的联系，包括业务关系、借贷关系、协作关系等；社会联系指企业家通过个人的血源网络、地源网络和学源网络获得的一种非经济的社会交往和联系。而企业战略决策是在获得大量信息的基础上做出的，与企业长期目标密切相关的，有利于提高企业长期整体效率的决策。

对调查数据的分析结果显示[393]：

(1) 企业家社会资本存量与决策质量之间存在正相关，其中的内部社会资本构成与决策承诺之间存在正相关。原因是，企业家内部社会资本包括企业家与其他管理者的联系和企业家与员工的联系，这两种联系越强，就越有利于企业家与其他管理者之间进行沟通交流，使得认知多样化和决策过程的互动，从而保证决策质量。同时，这两种联系也有利于企业家与其他管理者之间的信任和合作，使得决策者的决策承诺较高。企业家外部社会资本包括纵向联系、横向联系和社会联系，企业家通过这三种联系可以获得大量的信息，而信息对于高质量的决策有着重要的作用。

（2）企业家社会资本与决策质量之间的正相关受行业环境影响，企业家社会资本结构与行业环境的不同组合对决策质量的影响存在显著差异。在快速发展的行业环境下，具有“低内高外”企业家社会资本结构的企业比具有“高内低外”结构的企业所制定的战略决策质量高；在稳定的行业环境下，具有“高内低外”企业家社会资本结构的企业比具有“低内高外”结构的企业所制定的战略决策质量高。

因此，企业家要积极培育和积累个人社会资本，企业家社会资本从存量上来讲当然是越多越好。但是，社会资本的培育和积累是有一定成本的，花费巨大代价获得的社会资本可能会使最终的收益低于花费的成本。企业家在培养社会资本时应考虑到企业所处的行业环境特征，当企业所处的行业环境发展变化速度快，企业家要想提高企业战略决策质量，需要加强培养企业家外部社会资本，尤其是纵向联系，当然也不能忽视内部社会资本的投入。当企业所处的行业环境较稳定时，企业战略决策质量的提高主要依赖于企业家内部社会资本，尤其是企业家与管理者的联系[393]。

9.2.3 浙江非公企业家与企业融资间关系

浙江非公企业家的政治身份与非公企业的融资便利性间存在联系[378]。在中国的经济转轨过程中，金融业仍普遍受到政府的管制，获得行政许可仍旧是进入金融业的必要条件。那些企业规模和社会影响力比较大的企业，企业家获得诸如人大代表或政协委员等政治身份的可能性比较大，非公企业家政治身份与非公企业规模之间显著正相关。非公企业家的政治身份对非公企业能否进入金融业有显著影响，非公企业家的政治身份提高了非公企业进入金融业的可能性，并且非公企业家政治身份越高，非公企业进入金融业的可能性就越大。行政审批机关可以以非公企业家是否具有政治身份来判断非公企业实力，从而使非公企业家政治身份起到了传递企业质量信号的作用。在信息不对称和行业进入受到行政管制的环境下，非公企业家的政治身份通过传递企业质量信号，降低了非公企业进入政府管制行业的壁垒，降低了其进入金融业的壁垒，提高了企业的资本获得能力，促进了企业的发展。

非公企业家政治身份对非公企业商业信用融资也存在着较大影响[379][384][385][404]。在信用融资数量影响上，拥有政治身份的企业家获得了更多的商业信用融资，企业的经营年限增加有利于非公企业获得商业信用融资，企业盈利能力的提高会使企业获得的商业信用融资规模增加。在商业信用融资成本影响上，企业家政治身份有助于降低企业的商业信用融资成本，企业经营年限的延长有利于企业降低商业信用融资成本，而市场竞争不利于企业降低商业信用融资成本。因此，政府要促进金融市场的发展，加强对非公企业的产权保护，逐步降低非公企业对政治身份等非制度因素的依赖，持续促进商业信用发展，并鼓励非公企业利用商业信用解决自身融资问题。

9.2.4 浙江非公企业家的代际传承的教育路径

浙江非公企业家的代际传承的教育路径问题也是研究关注点之一。第一代浙商交接班大多在自然状态下完成，并未刻意或有计划地安排子女接班培养。虽然如此，但从“子承父业”实践中，同样会发现企业接班人培养的前期计划是“接受良好的教育”[391]。

从就学路径分析[391]，浙江非公企业家对子女的教育安排，一般有以下几种：第一种是子女学业较优、特优或者部分一般的学生在国内读完大学本科，然后出国留学。第二种是子女学业特优的，有的初中毕业即出国留学，直至大学本科或硕士、博士毕业后回国。第三种是子女学业较差和一般的，高中毕业后出国留学，大多花费较大。第四种是在国内完成大学乃至研究生教育的，工作之后再安排一段时间出国短期培训或考察。当然，也有间隔安排，即将读书与工作锻炼交叉进行，有的将出国留学放在企业任职过程中。

从就读学校类型来看[391]，浙江非公企业家选择比较理性，以子女读书兴趣与学业水平而定，成绩好的努力上名校，成绩一般的上职业学校也可行。成绩好的上公立学校或优秀民办学校，成绩一般的上民办学校，但在大学与研究生阶段对专业选择有明确的倾向，即以经济、管理专业为首选，只是子女不喜欢才选择别的专业。

浙江非公企业家子女教育的最佳培养路径是[391]：国内大学本科毕业——出国留学完成研究生教育或国内研究生毕业后出国作短期研究——回国进企业。其实，这种培养路径不仅仅是非公企业家这一新社会阶层之见地，而且也是浙江省中等以上收入水平的家庭大多持有的对子女教育的看法与计划。全国情况大抵亦然，只是能否安排出国受多种因素制约而有不同取舍。

在中国，教育始终是一种代际传承的主要机制和实现社会流动的主要途径。浙江非公企业家的代际传承实质上是区域经济社会可持续发展的民生问题之一，与区域现代化建设密切相关。区域现代化的基础或前提是人的现代化，而人的现代化就是人的素质现代化。区域教育事业责无旁贷地要承担起非公企业家群体子女教育和新商人培养任务，并将之列入区域教育现代化的发展规划和长期任务当中[391]。

9.2.5 浙江非公企业家慈善与捐赠

改革开放以来，浙江非公经济持续保持高位良好增长态势，规模化经营趋势显著，竞争能力大幅提高，品牌意识明显增强，品牌经济作用凸显，科技投入力度加大，企业创新能力不断提升[375]。个体私营经济总产值、销售总额、社会消费品零售额、出口创汇额等最能反映非公经济综合实力的指标，浙江多年位居全国第一[375]。在浙江非公经济发展良好的态势下，非公企业的价值取向有了新的调整，以经济主体和社会主体的权重构架为引领，浙江非公企业家的政治参与和慈善捐赠意识在不断加强和深化[375]。

在浙江，非公企业是各级慈善组织筹集善款的重要来源，非公企业家是浙江慈善事业的重要支持者[375]。浙江非公企业家的慈善行为有许多种[375]：有些是向各地慈善组织捐款捐物，支持社会慈善事业的发展；有些是成立各种基金会，对企业内部和社会有特殊需要的人进行定向帮助；有些是致富后对家乡父老和曾经帮助过自己的地方或群体进行反哺报恩；有些是为周边的慈善氛围所感动和影响，在力所能及的范围内出钱出力。浙江非公企业家慈善行为的主要原因有[375]：一是对自己的财产拥有支配权，二是对企业未来发展充满信心，三是对弱势群体怀有深切的同情，四是对提升企业形象的合理预期，五是通过慈善参与社会公共事务。学者认为，浙江非公企业正普遍面临着现代技术整合升级、内部治理转换变革、资源能源压缩增效、品牌意识渐强、社会责任巩固提高的机遇期和发展期，企业在进一步做大做强的同时，慈善行为也需要随着时代的发展转变思路、拓展空间[375]。

有学者在利用因子分析法对浙江非公企业家捐赠意愿进行研究的基础上，指出应积极倡导现代慈善理念，提供施者感恩受者，对捐赠者宽容，可以高调慈善，注重捐赠组织发达而不是个体单干，提倡免税行善而不是竭泽而渔，保护尊严，杜绝揭人隐私，坚持全民慈善优于富人慈善[375]。

因此，要努力改善税收激励不足的状况，在落实国家现有的捐赠税收减免政策基础上，结合浙江的具体情况进一步完善捐赠税收优惠政策，减免实物捐赠的增值税，简化退税手续，扩大目前享受捐赠免税政策的慈善组织的范围，并降低慈善组织登记注册的门槛。同时，还要加大对慈善组织的监管力度。一方面，浙江的司法机关要建立由检察长负责的机构，对浙江慈善组织进行事前、事中和事后监督工作。另一方面，浙江要加强社会舆论的监督力度，鼓励各种媒体开辟“慈善专栏”，在聘请慈善监督员的过程中既要重视应聘者的热情和爱心，又要关注其专业素养[376]。

9.3 浙江与其他地区企业家对比研究

9.3.1 温州常州企业家比较分析

一些学者曾对常州与温州非公企业家进行了比较研究（2005年）[369]。通过问卷调研发现，两地非公企业家在创业动机、创业环境方面有较大的相似性。而在非公企业家的生成途径、创业的区域文化传统、政府的管理理念、创新与进取精神、企业家的个性特征与个体素质等方面存在一定的差异[369]。

创业的动机上[369]，两地企业家都是迫于生计而穷则思变并艰苦创业，主要原因并非单纯是为利所趋，而是为了发挥自己的才华和实现自身的价值。

创业的宏观环境上[369]，两地的经济地理特征、文化、体制背景都有很强的同质性。两地同属长三角经济发达地区，改革开放以来，经济与社会发展速度居于全国前列，商品经济发展起步较早，有较浓郁的商品经济意识，手工业与近代工商业有一定基础。人口稠密，而且能工巧匠较多，劳动力总体素质相对较高，受吴越文化的人文传统影响，功利主义思想较深厚。

在企业家生成的途径上有所不同[369]。常州的私营个体经济真正发展时间比较短，发展于自创经营的非公企业比较少、规模也比较小。高技术非公企业的企业家基本都是从原单位辞职出来创业的，因此大多是年纪轻、文化高、技术好的人才。资本积累型非公企业家以个体工商户、农民出身的居多。常州非公企业家的来源主要还是通过改制，资本积累型的非公企业家所占比例较小。温州的个私经济是以家庭作坊式的企业为开端，经过原始资本积累慢慢聚集、发展、壮大，由量变产生质变，赢得了诸如中国鞋都、中国电器之都等十大国家级生产基地的荣誉称号。温州的非公企业家大多出身于普通农民和城市平民，是正宗的“草根”阶层。

在区域文化传统观念上有微妙差异[369]。常州的区域文化的背景是吴文化，它强调精巧纤细、温柔敦厚，强调均衡、集体、等级。温州的区域文化中历来有提倡功利、重商、富民的传统。

在政府管理理念上有所不同[369]。常州的非公经济始终是“社会主义经济的补充”，国有集体经济的地位难以撼动。“保公抑私”成为政府经济管理者的主要工作思路和落脚点。温州政府的这种“宽容”与“无为”管理的方式，体现了一种经济民主，即尊重群众的首创精神，充分尊重市场主体——温州人的主动性、能动性和创造性，在政府与市民的关系中，尽可能保留最大限度的生存空间。

在非公企业家创新与进取精神上有所不同[369]。常州是“苏南模式”主要的贡献地区之一，也是典型的乡镇集体企业发展模式地区。在取得的成功面前，常州的企业家们一方面有些陶醉，失去了继续创新的勇气，另一方面也有些满足，由于不再有生活的担忧，失去了继续开拓进取的目标和动力。温州的非公企业家却有很强的致富欲望和创业精神。而在积累了一定的财富时，甚至一辈子也不愁吃穿时，他们也没有“小富即安”，而是仍继续奋斗，立志要将企业做成国内一流、享誉世界的品牌。

在非公企业家的个体特征与文化素质上有差异[369]。常州非公企业家的年龄分布主要是 30~50 岁年龄段，目前常州非公企业家的受教育程度较高。温州非公企业主年龄主要集中在 30~45 岁年龄段，温州非公企业家的文化程度偏低。

经济要发展，首先靠企业，企业要发展，首推企业家。无论是发展国有经济也是非公经济，乃至对外招商引资，发展外向型经济，这些都离不开企业家的组织管理与协调。因此，如何培育企业家特别是本地企业家，应是发展地方经济的核心任务之一[369]。

9.3.2　江浙两省企业家比较分析

学者曾对江苏和浙江两省文化差异以及其对两省非公企业家的知识素质和创新能力的影响（2007年）[370]。

重商为吴越文化的突出特征，并促使江浙商品经济的进一步发展，成为资本主义萌芽最早的地区，两种文化之间的同构因素越多，其相互交融和吸纳也就越容易，吴越文化重商轻农的传统、开拓冒险的精神、兼容并蓄的开放性格，都使江浙人易于接受西洋近代工商业文明的熏陶，使吴越之地成为在近代中国历史上无出其右的工商业代表区域。

文化差异方面主要体现以下三个方面[370]：在不确定性的避免上，吴文化的最大特点在于稳中求进、刚柔并济；浙江文化具有内生的创新冒险精神，其总体特征为："勇于创新，注重功利"。在集体主义的程度上，相比于江苏人，浙江人有着更强的"团队精神"。在"入市"/"崇学"上，浙江文化强调"人而优则商"；江苏文化虽然也存在着"重商"文化，但是十分注重"学而优则仕"的观念，强调教育重要性和个人文化素养的培养。

区域文化差异导致苏浙两地非公企业家在创新能力、知识素质上产生了不同[370]：浙江省非公企业的经营管理者学历层次低，管理水平不高，结构性和素质性矛盾相当突出，一些专业研究人士将之归纳为"三多三少"：经验决策多、科学决策少，日常管理多、战略规划少，传统管理多、现代管理少。而江苏企业家在教育程度和知识素质指标上都高于浙江。浙江人特别能吃苦、特别能冒险的商业精神，也产生了"不以小利而不为"的创业心态。江苏的非公企业家反而过于谨小慎微，在经济发展中缺乏敢闯敢干的冒险精神。

有学者基于1992年到2007年江浙两省数据，实证分析了非公企业家丰裕度对经济绩效的影响[371]。非公企业家资源的丰裕程度对江浙两省的人均GDP、人均收入有较大的影响，特别是非公企业家资源丰富的浙江在这方面的影响要大于江苏，显示出其经济内在更强的活力，非公企业家资源已成为江浙经济绩效差异的一个重要影响因素[371]。政府因素在中国区域经济发展过程中还扮演着重要的角色，特别是对非公企业家资源的激活、有效率公共品的提供、良好创新创业环境的营造、制度变迁等方面的发挥积极作用，政府与企业家以激励相容为特征的良性互动机制的形成对区域经济绩效增进起到了重要作用[371]。因此，应进一步重视非公企业家，努力培育非公企业家资源，大力支持和鼓励创新，努力提升非公企业家的创新能力，努力营造良好的氛围和环境，进一步拓展非公企业家作用发挥的空间，创新体制机制，强化政府与非公企业家良性互动的制度保障[371]。

9.3.3 鲁浙两地私营企业家精神对比分析

有学者对鲁浙两地私营企业成长进行了比较，并研究了企业家精神地域差异与区域非公经济增长的关系[372]。

企业家精神应当包括企业家的创业与冒险精神、企业家的创新与变革精神、企业家的品质影响力三个方面。创业与冒险精神是企业家具有创造价值的事业心与行动力、识别与运用不均衡机会与不确定性环境的能力。创新与变革是企业家为实现成长和提升竞争力而应当具有的改变现实与创造新事物的创新思维、组织学习与创新能力。企业家的品质和影响力是企业家影响利益相关者的特定行为品质、领导风格和魅力。

特定的文化塑造了特定的地区个体和群体性格，在不同地域成长起来的企业家群体，他们的企业家精神的结构、存量、性向偏好等方面存在较为明显的区域文化差异，存在企业家精神区域异质性[372]。

企业家精神是促进区域经济尤其是非公经济增长的核心要素之一[372]。企业家精神的区域差异通过各个地区企业家精神运作与实践得到体现，比如创业活动、自雇性、新企业盈亏、创业创新投入与技术转化、就业吸纳率等，并最终影响该地区的非公经济增长业绩和经济发展活力。

通过鲁浙两地私营企业成长比较，学者发现[372]：浙江和山东两地非公企业家精神的差异是影响地区企业经济尤其是非公经济增长的主要变量。山东地区的企业家精神与浙江的有明显落差，企业家精神中的冒险与创业精神、私营企业吸引力明显落后于浙江，但山东省非公企业的创业经营者稳健性优于浙江，山东省的非公企业经营亏损面要大大低于浙江，民企财务绩效的改善速度方面要好于浙江[372]。浙江的非公企业的创业和发展活力要显著高于山东非公企业，这主要归功于浙江非公企业良好的冒险与创业精神、企业创新精神产生的创业效应。同时，浙江非公企业在经营效能方面存在一定问题，非公企业的亏损数量要明显高于山东，在财务绩效的提高速度方面山东要明显快于浙江。因此，浙江非公企业不仅要有创业的激情和规模成长的追求，还要在摆脱粗犷的管理方式上下功夫[372]，激励非公经济的自主、自生的创业和创新行为，使“民富”成为“省富”和强省的经济基础。政府应为非公企业营造更为宽松的创业环境，不仅在税收、贷款和产业政策方面给予优惠，而且要在产业引导、产业配套、人员培训、市场信息等方面发挥支持性和建设性的作用[372]。

第10章

浙江省非公经济党建统战与参政研究

非公经济的党建、统战以及非公企业家政治参与等方面的研究也是非公经济理论重要组成部分。本章重点对浙江省非公经济这三个方面的研究进行综述。

10.1 非公企业党建工作研究

在非公有制经济组织中开展党建工作是我们党确立和巩固社会主义初级阶段基本经济制度的需要，是引导非公有制经济组织健康发展的需要，是加强党同非公有制企业广大职工群众的联系以及在新形势下巩固党的执政群众基础的需要[406]。

大量的文献研究了各地区非公有制企业党建工作的现状、问题及对策。比如，浙江省[406]、绍兴市[405]、上虞市[416]、宁波市[407]、杭州市[408][409]、温州市[410][411][412][413][414][415]。总的来看，可以从现状与问题、原因分析、对策建议三个角度来综述这些文献。

在现状与问题方面，全国已基本实现了党组织的全覆盖，规模以下非公企业党组织覆盖率也在逐年提高[416]。浙江省本着解放思想、务实创新的精神，更是走出了一条具有地方特色的非公有制企业党建工作的新路子[406]。

党组织在非公有制企业的地位不同于公有制企业，不能成为企业的政治核心，而只能成为企业职工群众的政治核心。党组织在非公有制企业中的地位和作用主要表现在以下几个方面[406]：积极做好团结、教育、引导非公企业主的工作，把他们团结在党组织的周围，使他们支持在企业中建立党组织，拥护党的各项政策，依法经营企业，关心和保障职工权益，为国家和社会作出贡献；支持经营者依法行使职权，对企业发展的重大问题提出意见和建议；围绕生产经营开展活动，围绕带领职工群众完成各项任务，促进企业的发展；做好党员教育、管理和发展工作，发挥党员的先锋模范作用；领导工会、共青团等群众组织，维护职工的合法权益，协调各方面关系；开展思想政治工作和职工教育工作，培养“四有”职工队伍，推进企业精神文明建设。

但浙江省非公企业党建工作还存在不少问题[416]。比如，与规模以上非公企业相比，规模以下非公企业党组织覆盖率还不够高。与企业快速发展的趋势相比，党建工作还存在一定的滞后性，党组织和党员作用发挥不够明显，党员管理和发展难度大，部分企业主思想认识不够到位，党务工作者能力素质不强。

关于问题原因主要体现在以下三个方面。一是认识上的滞后使党建工作不能适应非公有制经济迅猛发展的新形势的要求[405]。对非公有制企业的党建工作，人们的思想上至今还有着种种顾虑和困惑。这些顾虑和困惑可以概括为以下四种意识：各级党组织的“放任”意识、企业业主的“戒备”意识、企业党组织的“从属”意识、党员的“雇佣”意识。二是定位上的犹豫影响了非公有制企业党组织职责、任务的明确和作用的发挥[405]。由于定位的模糊，导致党建工作的随意性很大，使非公有制企业党建工作无法建立起一套完整有效的工作机制和运行机制。三是基础工作的薄弱制约了非公有制企业党建工作的正常开展[405]。组织设置空白点多，非公有制企业建立党组织的比例很低。党员队伍力量不足，且分布不平稳。企业党组织负责人和党务工作人员难配备。党组织隶属关系难理顺。理论上的困惑使非公有制企业党建工作在实践中难以具体把握。此外，还存在党组织工作经费来源不稳、党建活动情况不佳、党务工作者队伍和党组织工作陷于窘境等方面的问题[418]。

在对策建议方面，总的来说，要做到强化基础，进一步扩大党的工作的覆盖面；明确内涵，科学把握非公有制企业党组织的地位作用；不断探索，努力寻找非公有制企业党组织的工作方法与活动方式；加强领导，努力提高我市非公有制企业党建工作的整体水平[405]。具体来说，可以进一步创新理念，改进方法，加强保障，鼓励并引导更多的非公企业建立党组织，切实使党组织成为非公企业经济发展、职工权益保障不可或缺的重要力量[416]；不断总结各级党组织在非公有制企业党建工作实践中创造的新鲜经验，并给予概括、提炼，使其升华为具有一般指导意义的规范[417]；及时清除那些已经陈旧落伍、不适应形势发展的旧制度，并以更为切合实际、更富有针对性和现实性的新制度取而代之[417]；做好团结、教育、引导企业主的工作，把他们团结在党组织的周围，使他们支持在企业里建立党的组织，开展党建工作；党组织的书记或负责人应选择复合型人才来担当，这些人最好是既熟悉企业生产经营业务，又有较强的政治素质并熟悉党务工作，既有胜任本职工作的组织协调能力，又有一定的文化知识和理论水平。

10.2 非公经济人士统一战线研究

非公有制经济人士统战工作是非公有制经济发展的客观要求，是保持党的先进性和扩大党的群众基础的需要，是保障非公有制经济人士政治参与的重要条件，是促进社会主义政治文明不断进步的主要手段[421]。

全方位推进对非公有制经济人士的统战工作有重要意义[421]。统一战线具有联系广泛、朋友众多，人才荟萃、智力密集，协调关系、化解矛盾，凝聚人心、汇集力量的独特优势，应该在非公有制经济应对国际金融危机中发挥积极作用[423]。作为统战工作重要对象的民营企业家本身是统战工作的重要对象，是执政党要践行科学发展要倚重的力量之一。统战作为一种外部开眉、集聚资源的重要策略，也成为民营企业家建立竞争优势的重要路径[424]。在这两个方向的博弈中，民营企业有着广泛的折冲空间，也是中国社会转型期一道独特的景观[424]。非公企业运用统战策略既能帮助他们争取社会地位、拓展发展、增强可持续发展的能力，也有助于非公企业处理政商关系、宗教关系、劳资关系、国际国内市场关系和民族关系[424]。

非公有制经济人士统战工作存在如下问题[422][425]：非公有制经济人士的思想状况比较复杂，非公有制经济的发展环境有待改善。非公有制经济领域党建工作较薄弱，一些干部没有充分重视统战部门对非公有制经济人士的统战工作。基层非公人士的成长环境有待改善，对基层非公人士的政治引导存在不足，基层非公人士整体素质有待提高，基层统战工作存在一定的局限性。基层非公人士群体良莠不齐，群体组织意识欠缺，对基层非公人士缺乏有效的培训，基层统战对象构成复杂，服务机构力不从心。

做好统战工作的主要建议与对策如下。

以统一战线为依托，加强对非公有制经济人士的思想政治工作[421][422]。要帮助他们树立坚定的信仰与信念，定期举办学习班，引导他们走“爱国、敬业、守法”的道路，从方法上探索思想政治工作的新路子，从制度上规范思想政治工作，在非公有制经济人士中拓展党的队伍。

通过提高党的执政能力来推动统战工作[421]。提高政府应变能力，提高社会管理能力，完善非公有制经济领域的党建工作，合理设置和调整企业党组织，提高党组织的覆盖面，探索新的党建工作方式，增强党在多种经济成分中的活动能力，选好企业党组织的领导班子是把握党建工作的重点，要解决好业主对企业建立党组织及开展党建活动的思想认识问题，要解决好党组织在非公有制经济组织中的作用定位问题，处理好党组织与企业和职工的关系。

充分发挥工商联和人民政协的作用[421]。要从战略的高度上看待做好非公有制经济人士团结工作，从发展的角度做好广大非公有制经济人士的团结工作，从包容的角度上做好非公有制经济人士的团结工作，从服务的角度做好广大非公有制经济人士的团结工作。充分发挥基层相关组织的领导作用，发挥基层工商联组织的作用，发挥人民政协组织的作用，发挥基层社团及协会组织的作用。

找准统一战线在非公有制经济领域取得实效的载体，加强指导，形成合力，利用工作网络，依托各级工商联的“主渠道”作用，努力建好交流互动平台、人才引进平台、政企沟通平台、创业服务平台[423]。

帮助非公有制企业努力争取财税金融支持。切实解决融资难问题，促使政府加大对非公有制经济发展的财政支持，督促各级政府出台相关税收优惠政策，加大对非公有制经济发展的税收支持，鼓励商业银行加大对金融信誉好的非公有制企业贷款的支持力度，充分发挥行业协会的作用，引导企业抱团过冬[423]。

拓宽基层非公人士参政议政的渠道，建立非公人士统战工作联席会议制度，培育发展基层非公人士表达利益诉求的团体组织，组织基层非公人士开展社会热点难点问题调研并形成建议案或提案[425]。

提高基层统战部门的服务功能，完善基层统战工作服务机制，营造良好的政策环境，营造良好的服务环境，建立一支高素质的统战干部队伍[425]。

总之，要适应新时势需要，转变思维，加强调研，改进工作方法，创新工作途径，丰富基层统战工作理论，引导、教育、团结基层非公人士，为促进地方经济发展，为实现中国梦贡献力量。

10.3 浙江非公企业家政治参与研究

从发展过程上看，浙江省非公企业主阶层政治参与的实践进程经历了政治冷漠与政治体制之外徘徊阶段，政治参与意识觉醒与无序、有限参与阶段，政治参与意识强化与有序、扩大参与阶段[432]。这三个阶段的大致划分如下[440]：第一阶段（1988—1992），表现为普遍的政治冷漠和安排性政治参与的登场与变异。第二阶段（1993—1997），非公企业主的“主动性”政治参与开始萌生，政治参与的规模不断出现“爆炸性”增长，并产生了农村能人政治现象，政治参与的形式逐渐“多样化”，政治参与的效能感有较大的提升，政治参与也出现了“非均衡性”，参与过度与参与不足并存。第三阶段（1998—2008），政治参与的“主动性”效能大为增强，政治参与的规模空前，形式也越来越多样化，个体式政治参与一致占主体地位，组织化政治参与开始萌生，政治参与机会的配置不均衡一直存在，政治参与的“马太效应”逐渐形成。

而从非公企业微观层面上看，非公企业家政治愿望的表达和参政议政的热情并不是随着其经济实力的不断增加而增长，而是当经济实力达到一定程度，政治上也有所安排时，其政治要求和表现则趋于平缓，甚至出现下降的趋势。积极进行政治参与的，也基本上是企业发展规模比较大，社会资源比较多，具有一定知名度和较强经济实力的企业主。非公企业主的政治参与过程，实际上是在超经济强制下不断寻求关系性合意的过程[426]。一方面，通过对非公企业主阶层的政治吸纳，执政党扩大了自身的社会基础，提升了政权的合法性水平；另一方面，通过政治参与，非公企业主阶层维护和发展了自身的经济利益，并在经济和社会领域发挥了日益重要的社会影响[440]。非公企业主的政治参与的整体发展趋势是，在形式上由个人参与向团体参与转变，在动机上由身份代表向利益代表转变，在意识上由功利性向公益性转变，在文化上由依附性向参与性转变[439]。非公企业主阶层政治参与的思想境界将不断提高，非公企业主阶层政治参与的行动一致性将逐渐增强，非公企业主阶层政治参与的规范化程度将不断提高。从总体上看，非公企业主阶层的政治参与是在我国现有政治系统框架内进行的，是一种适度有序的参与，对我国经济政治社会发展都产生了积极的功效[439]。非公企业主阶层政治参与，丰富和发展了马克思主义的政治参与理论，积极推进中国特色社会主义事业全面发展，为非公经济发展不断注入新的动机与活力。

非公企业主阶层政治参与的总体特征为[432]：政治参与目的的多重性，政治参与方式的多样性，政治参与效果的差别性。调查结果显示[432][441]，浙江省非公企业主的政治参与现状呈现出如下三个方面的特征：政治参与行为以合法性参与为主、非法性参与为辅；政治参与模式以制度性参与为主、非制度性参与为辅；政治参与状态正由自发向自觉、不平衡向平衡、无序向有序转变。政治参与的立意不高，政治参与的动力不足，存在非常态政治参与现象，存在非法性政治参与现象。

要解决存在的问题，改善非公企业主政治参与现状，非公企业主阶层政治参与时应注意自律规范，注意财富运行规范，合理控制资本的运行界限，理性对待资本“原罪”问题，树立正确的财富道德观，塑造良好的社会行为规范，与其他社会阶层和睦相处，承担必要的社会责任，树立正确的民主观和政治参与观，遵循依法、有序的政治参与原则，处理好参政、从政与经商的关系。此外，非公企业主阶层政治参与要坚持和服从党的统一领导原则，坚持社会主义政治方向的原则，坚持循序渐进有序扩大的原则，要加强非公企业主阶层政治参与的舆情引导，站稳基本的政治立场，回归政治认识理性，把握正确舆论导向，优化非公企业主阶层政治参与的政治环境，协调非公企业主阶层与其他社会阶层的关系，拓展非公企业主阶层政治参与的渠道，加强对非公企业主阶层政治参与的协调指导。政府应当减少对企业的干预，实现政府经济管理职能的“转型”，从直接干预微观经济活动转向为市场主体服务和创造良好发展环境转变，致力于创造一个充分而公平的竞争环境，以促进“服务型政府”的更好建设，推进社会主义市场经济体制的不断完善；对民营企业来说，应当主要依靠市场机制作用来促进企业的长远发展，而不应当依赖“寻租”来获得政府资源[428][434][438]。

下面综述浙江省非公企业家政治参与的相关研究的两个具体方面。

10.3.1 浙江非公企业民间商会研究

在民间商会与非公企业主阶层的政治参与发展壮大的过程中，浙江社会逐渐催生孵化出了一个数量极为庞大的非公企业主阶层，自发自愿组建起来的商会和行业协会于是在浙江各地应运而生[435]。民间商会，一方面，作为一个行业自律组织积极规范行业秩序，扩大行业的市场空间；另一方面，代表行业利益，积极向政府表达自己的利益诉求以获取有利于自身发展的政策环境，充当了本阶层利益代言人的角色[435]。

浙江各地民间商会以其在规范市场秩序、促进行业乃至地方经济发展过程中的积极作用而获得了社会和政府的认可[435]。民间商会在利益综合和利益表达上的优势，使其作为行业利益的代言人和协调者参与政治、进行利益表达极大改变了政治参与者的角色、功能以及既有的政治参与格局和模式，从而在很大程度上改变了参与的质量、层次和力度，使之更加秩序化、制度化、理性化[435]。具体来讲，民间商会通过对本行业发展问题的市场调查，参与制订有关行业发展规划，或者是通过向人大、政协和政府提出有关行业发展方面的政策性建议的方式，参政议政，影响政府决策。民间商会通过在政府与地方企业之间建立起直接的联系，及时向政府有关部门反映会员企业在发展过程中存在的问题、困难和要求，寻求政府相关部门的重视和关注，帮助会员企业解决问题、克服困难。民间商会积极参与行业规划，研究发展战略、为政府提供决策咨询，发挥参谋作用，促进了政府决策的公开化和民主化，而且具有更强的针对性。

浙江乃至我国民间商会与非公企业发展也存在着互动关系[430]。非公经济和非公企业的发展是中国民间商会得以产生的物质和组织基础，而正在不断形成、发展、成熟的非公企业家阶层则是行动主体。非公企业在产业分布、经济规模、经营水平上的分化，是民间商会从可能转变为现实的重要条件[430]。民间商会有着特殊的社会治理功能，通过节约交易成本和提供俱乐部产品促进了非公企业的发展，特别是在中国非公企业处于所有制先天劣势的情况下，为提高非公企业整体影响力发挥了重要作用。商会组织首先是一个利益集团，同时也是一种社会中介组织，商会组织在中国是非公企业家阶层获得社会归属感和组织化体验的重要平台[430]。中国民间商会有着特殊的组织属性，它是以非公企业为主要成员、以区域或行业为物质环境基础的综合性社会承载体。中国民间商会的产生和发展不仅是满足其成员需要的手段，也是组织成员所追求的重要目标[430]。商会组织作为一个独立的社会团体，其与成员之间存在相互的权利义务关系，会员企业和商会组织之间存在一种委托代理关系[430]。对民间商会而言外部治理很难奏效，所以提高内部治理机制显得尤为重要。商会内部激励约束机制的核心在于引导和约束商会管理层的私利动机，使其能够将更多的精力分配到为全体或大多数会员利益工作上来，使得包括管理层在内的各类商会会员通过商会组织的正常运营中获得必要的回报[430]。

各地政府要积极采取有利于培育和发展行业协会的措施和方案，不断创新观念，提高认识，为行业协会的培育和发展开辟思想空间，不断创新管理体制，转变政府职能，为行业协会的培育和发展开辟制度空间与职能空间，不断创新培育政策，发挥扶持作用，为行业协会的培育和发展提供催化剂，规范行业协会的运作流程，促进行业协会能力建设，提高其公信力、影响力和凝聚力[429]。

10.3.2 浙江非公企业参与地方人大研究

非公企业主在人大政治参与是指其作为地方国家权力机关的组成人

员，通过执行代表职务，包括代表在本级人民代表大会会议期间的工作、代表在本级人民代表大会闭会期间的活动以及在会议期间提出议案和闭会期间提出对各方面工作的建议、批评和意见，进行参政议政[427]。

非公企业主通过选举任免、决定和监督这三项职权使用，对促进地方政府科学决策、公平施政乃至民主政治的发展，都产生了积极的作用[427]。非公企业主在人大政治参与的动机主要体现在追求经济利益、获取社会资本、提出政治访求三个方面[427]。非公企业家从为私企发展极力呼吁到为全社会的弱势群体请命代言，从关注微观经济问题到关注宏观经济问题，由表达个别或局部利益的狭隘诉求到关注社会问题与国计民生，非公企业主政治参与的变化过程反映了其自身在政治上不断成熟、进步的历程[427]。

非公企业主在人大参政存在了一些问题[427]。主要包括一些非公企业主的目的层次与组织程度偏低，制度化参与强度不高，非理性参与行为的负面影响较大，代表职权行使的效果有限。某些非公企业主担任人大代表还只是一种有限度的参政的现象，非公企业主在人大的政治参与尚未完全达到有序化、理性化的程度。非公企业主在经济活动中投入的注意力与精力较多，即使身为人大代表，对政治系统的输入和输出的关心程度也相对较弱[427]。造成这一现状的原因是综合的、复杂的，受到当前政治体制以及经济文化的影响，也是非公企业主的自身显著特点所决定的[427]。

随着市场经济的成熟，法制的完善，人们民主与法制意识的增强，通过合法途径参与政治生活来实现、维护自身的利益，必然会成为公民自觉的、理性的行为，非公企业主政治参与的积极性与主动性必然会进一步增加。地方人大要开辟多元顺畅的利益表达渠道，完善选举、决策、监督和公开化等方面的制度，健全工作职能，提高疏导日益扩大的政治参与的机制和能力。充分发挥非公企业主政治参与主渠道的作用，既要积极支持其政治要求，又要正确引导其参与行为，既要为非公企业主阶层的发展壮大服务，又要形成多元的利益表达渠道，通过加强公民政治参与的机制建设，最终建构起一个公平有序的政治参与体制[427]。

参考文献

[1] 徐业滨．对我国非公有制经济发展历程的思考［J］．商业研究，2006（8）：42－44.

[2] 许桂娟，陈杰．我国非公有制经济的发展历程及前景展望［J］．经济纵横，1998（12）：31－33.

[3] 何成学．广西非公有制经济发展历程与展望［J］．广西财政高等专科学校学报，2003（02）：12－16.

[4] 王建香．我国非公有制经济发展历程以及山东发展的现状和特点［J］．东岳论丛，2007（04）：76－78.

[5] 徐亚娜．建国以来非公有制经济的发展历程［J］．边疆经济与文化，2010（5）：25－26.

[6] 姚智谋，白凤峥．我国民营经济发展历程及其作用［J］．浙江工商大学学报，2006（01）：93－96.

[7] 郑修敏，许晓明．中国民营经济发展的历史与未来［J］．江西社会科学，2009（6）：80－85.

[8] 陆亚琴．外商直接投资在华的发展历程、特点及经济效应分析［J］．兰州商学院学报，2011（04）：26－31.

[9] 邓利华．我国外商直接投资发展历程、特征及评价分析［J］．现代商贸工业，2010（3）：7－8.

[10] 王业兴．广东非公有制经济发展的历史变迁及其影响［J］．华南理工大学学报：社会科学版，2009（5）：32－36.

[11] 李更明．广东非公有制经济的发展轨迹、作用及前景探析［J］．广东经济，1998（4）：43－46.

[12] 陈文玲，王飞．浙江非公有制经济发展与制度创新［J］．经济社会体制比较，2003（6）：10－22.

[13] 浙江省统计局课题组. 浙江非公有制经济发展状况及其分析[J]. 浙江社会科学, 2002 (6): 28-32.

[14] 单东. 浙江民营经济30年: 发展历程与宝贵经验[J]. 浙江经济, 2008, (21): 34-37.

[15] 浙江省统计局课题组. 我省民营经济发展的历史沿革及变化特征[J]. 今日浙江, 2004 (3): 18-20.

[16] 王国宇. 改革开放初期湖南省民营经济发展的历史考察(1979~1989年)[J]. 当代中国史研究, 2010 (5): 74-81.

[17] 王维安, 马述生, 陈政, 温涛, 陈世彬, 王成. 筠连县非公有制经济志[M]. 巴蜀书社, 2001.

[18] 王成. 全国第一本介绍非公有制经济发展历程的县级志书——《筠连县非公有制经济志》问世[J]. 巴蜀史志, 2002: 22-22.

[19] 吴江. 私营经济内涵的五种不同看法[J]. 社会科学, 1988 (5): 95.

[20] 方涛. 私营经济的概念和划分标准[J]. 乡镇论坛, 1989 (3): 17-18.

[21] 晓亮. 再论私营经济概念[J]. 经济纵横, 1991 (4): 1-7.

[22] 陈烈平, 王仲君. "私营经济"概念质疑[J]. 苏州教育学院学报, 1994 (4): 42-43+32.

[23] 苏东斌. 建议停用"民营经济"这一概念[J]. 党校科研信息, 1993 (17): 25-26.

[24] 刘宏. 民营经济的概念、范围及特点[J]. 湖湘论坛, 1997 (4): 27-28.

[25] 单东. 民营经济及其相关概念[J]. 特区经济, 1997 (10): 24.

[26] 陈静. 民营经济概念的界定及其现实意义[J]. 娄底师专学报, 1998 (1): 13-16.

[27] 黄文忠. 民营经济是一个科学的概念[J]. 浙江社会科学, 1998 (2): 52-54.

[28] 张旭昆, 陈福清. 民营经济概念是从经营权角度对各种经济类型的科学概括——兼与白永秀、马晓强《"民营经济"的提法质疑》一文商榷[J]. 特区经济, 1998 (3): 33.

[29] 甄峰. 民营经济的内涵及其法制化思考[J]. 湖南商学院学报,

1999 (1): 52 -54.

[30] 阳小华. 民营经济内涵问题探析 [J]. 江汉论坛, 2000 (5): 38 -40.

[31] 韩云. 从经营机制角度界定民营经济概念——兼对几种界定观点的评析 [J]. 桂海论丛, 2001 (6): 59 -60.

[32] 木志荣. 对民营经济概念的修正 [J]. 云南财贸学院学报, 2002 (5): 81 -85.

[33] 冯秀恳. 论民营经济的内涵与外延 [J]. 广东社会科学, 2003 (3): 153 -155.

[34] 孙西克. 民营经济的概念及发展模式品议 [J]. 政策, 2003 (12): 28 -30.

[35] 邢宏建, 李好好. 民营经济的内涵与界定 [J]. 现代经济探讨, 2004 (8): 31 -33.

[36] 黄孟复. 中国民营经济发展报告 No. 1 (2003) [M]. 北京: 社会科学文献出版社, 2004.

[37] 刘儒, 周丽涛. 民营经济内涵辨析与公有经济民营化 [J]. 西安交通大学学报 (社会科学版), 2004 (4): 34 -38.

[38] 单东. 民营经济不是一个模糊概念 [J]. 经济学家, 2005 (1): 58 -61.

[39] 吴立平. 关于民营经济统计及对新生代民营经济内涵和特征的探究 [J]. 学术交流, 2009 (12): 141 -143.

[40] 徐成波. 转轨期民营经济发展研究: 内涵、历程和优势 [J]. 海南金融, 2012 (6): 29 -31.

[41] 刘耀森, 郎永建. 我国非公有制经济内涵与性质的再探讨 [J]. 科技创业月刊, 2005 (1): 133 -134.

[42] 郭价德. 正确使用"非公有制经济"及相关概念 [J]. 中央社会主义学院学报, 2005 (5): 55 -58.

[43] 白嘉, 张会新. 论"非公有制经济"的内涵提法之局限 [J]. 重庆邮电学院学报 (社会科学版), 2006 (1): 42 -44.

[44] 宁坚. 邓小平非公有制经济思想的科学内涵及其时代价值 [J]. 四川大学学报 (哲学社会科学版), 2012 (3): 150 -153.

[45] 王太喜. 西安市个体经济的历史和现状 [J]. 西北大学学报

(哲学社会科学版), 1984 (4): 94-101.

[46] 冯小宁. 从一个联购分销公司看个体经济联合体的生命力——对广州市华达公司的调查分析 [J]. 华南师范大学学报 (社会科学版), 1986 (4): 116-120.

[47] 李相启, 岳仁华, 朱学志. 陕西城镇个体经济发展的现状和导向 [J]. 社会学研究, 1986 (5): 11-17.

[48] 南文渊, 张和平, 周忠瑜, 王作全. 对西宁地区回族个体经济的特点及其社会作用的调查与分析 [J]. 青海民族学院学报, 1987 (3): 28-36.

[49] 胡国华, 刘敬怀, 陈敏. 私营经济的再崛起——我国个体经营者现状调查之一 [J]. 瞭望周刊, 1987 (48): 18-21.

[50] 张子仪. 个体和私营经济的现状与对策——平遥县的调查 [J]. 经济问题, 1988 (10): 44-47.

[51] 张厚义, 秦少相. 我国私营经济的现状 [J]. 中国农村经济, 1988 (12): 29-34.

[52] 张文蔚. 上海个体经济的现状与发展 [J]. 社会, 1988 (11): 21-22.

[53] 上海社会科学院《社会主义初级阶段私营经济研究》课题组. 现状·问题·趋势——浙江省温州、台州地区私营经济考察 [J]. 上海经济研究, 1988 (5): 4-13.

[54] 苏永清, 刘德林, 戴克勋. 个体经济货币流通的现状及其改革对策——湖南常德地区的调查 [J]. 经济体制改革, 1988 (4): 69-71.

[55] 须俭, 夏晓春. "苏南模式" 中的私营经济——无锡市私营经济的调查与思考 [J]. 理论月刊, 1988 (6): 43-46+54.

[56] 傅吕明. 要重视和发展新疆的个体经济和私营经济——对新疆私有经济发展现状的剖析 [J]. 实事求是, 1988 (6): 51-55.

[57] 求实. 私营经济发展对策研究——兼析武汉市汉正街小商品市场主体行为 [J]. 经济与管理研究, 1989 (1): 33-37.

[58] 苏文勋. 河北省私营经济发展的现状与对策 [J]. 理论教学, 1989 (2): 53-55.

[59] 于泰厚. 私营经济发展的历史趋势——沈阳市私营经济调查 [J]. 社会科学辑刊, 1989 (Z1): 129-134.

［60］贯常先，张玉荣，李哲宏．私营经济发展中的问题及对策——从郑州市的实际情况谈起［J］．企业活力，1989（5）：18－21.

［61］全若谷．江西私营经济的现状及发展对策［J］．当代财经，1989（6）：37－41.

［62］谭平祥．兵团里的个体大军——新疆兵团个体经济的现状、问题及对策［J］．中国农垦，1989（11）：19－20.

［63］李士辉．农村股份合作企业现存问题与对策——从所谓“温州农村是私人个体经济一统天下”谈起［J］．经济管理，1989（8）：13－15.

［64］张向英，徐琦，戴云高．私营经济滑坡的原因及其对策——对沈阳市东陵区私营经济发展现状的调查［J］．党政干部学刊，1990（9）：42－44.

［65］张燕．甘肃个体经济的发展思路与对策［J］．兰州学刊，1990（3）：27－32.

［66］王明华，白金昌．太原市个体经济“滑坡”的原因及对策［J］．经济问题，1991（5）：63－64.

［67］廖普登．深圳市个体私营经济情况分析［J］．特区经济，1991（4）：48－49.

［68］李欣欣．我国私营经济的发展现状［J］．党校科研信息，1992（12）：25－26.

［69］周文骞．中国个体经济、私营经济的现状和发展趋势［J］．浙江大学学报（社会科学版），1992（2）：4－9＋35.

［70］林宇皓．个体、私营经济发展现状、问题及对策［J］．浙江经济，1992（9）：41－43.

［71］胡渡南．福建个体和私营经济发展对策建议［J］．福建论坛（经济社会版），1992（12）：40－44＋39.

［72］崔山．吉林省私营经济发展滞后的原因及对策［J］．经济纵横，1992（9）：56－59.

［73］国务院研究室课题组．我国非公有制经济的对策研究 我国外商投资企业的实证分析［J］．经济研究参考，1993（Z6）：1181－1195.

［74］国务院研究室课题组．私营经济：现状、趋势及对策［J］．经济研究参考，1993（Z6）：1195－1205.

［75］许汝忠，雷振扬．我国的非公有制经济：现状、作用及走向

[J]. 社会主义研究, 1993 (6): 52-55.

[76] 蔡旭东. 南京市个体私营经济发展现状与问题 [J]. 改革与开放, 1993 (11): 6-7+14.

[77] 陈宝荣. 上海个体私营经济发展现状、问题及其对策 [J]. 经济研究参考, 1993 (Z3): 285-293.

[78] 尹福伦. 广西非公有制经济的现状、问题和发展对策——发展个体私营经济和“三资”企业研讨会纪要 [J]. 广西社会科学, 1993 (6): 33-38.

[79] 王建新. 梅州市个体、私营经济的现状和发展趋势 [J]. 广东行政学院学报, 1993 (2): 61-63.

[80] 梁修幸. 阳江市个体私营经济的现状与发展方向 [J]. 世界经济与政治, 1993 (12): 63-67.

[81] 吴林. 我市个体私营经济发展中的问题及对策 [J]. 大庆社会科学, 1993 (9): 17-18.

[82] 胡万鸣. 黄陂县发展个体私营经济特色与趋势 [J]. 乡镇经济, 1993 (12): 24.

[83] 颜春友. 浙江民营经济发展经验及未来态势 [J]. 商业经济与管理, 2001 (11): 7-10.

[84] 解力平. 浙江民营经济发展的特色、问题与对策 [J]. 浙江学刊, 2001 (5): 51-57.

[85] 唐灵魁. 浙江私营经济发展现状及对策 [J]. 经济工作导刊, 2002 (20): 41-43.

[86] 颜春友. 浙江民营经济发展经验及战略取向 [J]. 杭州金融研修学院学报, 2002 (1): 51-53.

[87] 朱天福, 朱飞飞. 浙江民营经济发展特征及变化趋势 [J]. 浙江经济, 2003 (19): 20-21.

[88] 王寿春. 前景与对策: 浙江民营经济在基础领域的拓展研究 [J]. 财经论丛 (浙江财经学院学报), 2001 (4): 12-17.

[89] 谢嘉禄, 朱康文, 张贵德. 对宁波市私营经济发展状况及趋势的分析 [J]. 宁波党政论坛, 1995 (3): 29-30.

[90] 徐畅成. 宁波市私营经济发展现状及对策 [J]. 宁波党政论坛, 1996 (4): 38-39.

［91］陈可卫．关于加快慈溪非公有制经济发展的对策思考［J］．宁波经济丛刊，1999（2）：60－62.

［92］鲁慧君．宁波市民营经济发展的特点及趋势分析［J］．宁波经济丛刊，2001（5）：26－30.

［93］彭忠华．对宁波发展民营经济新措施的分析［J］．沿海企业与科技，2003（5）：26－27.

［94］龚豪勇．浙江第三产业个体经济存在的问题与发展对策［J］．浙江统计，1995（9）：5－6.

［95］湖北省社科联调查组．打破常规学温州　放开手脚发展湖北民营经济——温州模式的考察与思考［J］．理论月刊，1998（6）：21－25.

［96］戴振韬．温州民营经济发展的特点、问题与对策［J］．宏观经济研究，2000（5）：23－25.

［97］中央党校“非公有制经济与地区发展”课题组．从“温州模式”到“柳市现象”——浙江省乐清市发展非公有制经济与整顿市场秩序调查［J］．理论前沿，2001（15）：27－29.

［98］董辅礽．温州模式与中国民营经济的发展［J］．宏观经济研究，2002（9）：11－14.

［99］吴红青．金华市个体私营经济：现状·趋势·对策［J］．浙江经济，1999（5）：42－44.

［100］王才楠．浙东地区私营经济概况和进一步发展的对策建议——50家私营企业调查［J］．宁波大学学报（人文科学版），1995（1）：94－103.

［101］杜守嘉．嘉兴市个体、私营经济发展中的问题及对策［J］．浙江统计，1994（2）：32＋31.

［102］汪本学．嘉兴、湖州个体私营经济发展的调查与分析［J］．乡镇企业研究，2001（3）：56－58.

［103］苏华．浙江温州与甘肃临夏非公有制经济发展的比较分析［J］．科学·经济·社会，2001（2）：14－17.

［104］许强，沙洲．六大模式演绎中国民营经济世纪大跨越［J］．企业文化，2001（4）：43－46＋42.

［105］鲁开垠．广东民营经济上水平发展与模式创新［J］．广东省社会主义学院学报，2003（2）：7－10.

[106] 王咏红. 江苏私营个体经济发展的实证分析及启示 [J]. 江苏商论, 2001 (Z1): 56 - 59.

[107] 常征. "苏南模式" 时过境迁 江苏个体私营经济发展状况评述 [N]. 中华工商时报, 2002 - 03 - 05.

[108] 翁凯平. 发展个体私营经济的具体经验和启示——温州、福鼎、福安三地市比较研究 [J]. 中共福建省委党校学报, 2002 (7): 75 - 77.

[109] 严勤芳, 苏海舟. 东南沿海民营经济发展机理及转型趋势研究 [J]. 统计研究, 2002 (1): 46 - 49.

[110] 林毅夫. 中国民营经济发展数据分析系列之四——我国民营集体经济的 "集群效应" 正在显现 [J]. 领导决策信息, 2003 (34): 30 - 31.

[111] 潘忠志, 李亚云, 潘忠贤. 民营经济发展的新模式——产业集聚 [J]. 东北电力学院学报, 2003 (5): 16 - 19.

[112] 颜晓晖. 企业集群与民营经济的发展 [J]. 改革与战略, 2003 (12): 50 - 53.

[113] 陈光金. 块状民营经济的集聚——扩散效应 [N]. 山西经济日报, 2003 - 01 - 05.

[114] 陈光金. 块状民营经济的经济社会效应分析 [J]. 中国农村观察, 2003 (2): 32 - 37 + 80.

[115] 田秋生. 甘肃非公有制经济发展滞后的原因与加快发展的对策建议——与浙江的对比分析 [J]. 兰州大学学报, 2003 (6): 118 - 123.

[116] 张长生. 借鉴江浙经验 加强引导和服务促进广东民营经济上水平 [J]. 南方经济, 2003 (5): 35 - 38.

[117] 玉生. 浙江走出了富民强省之路 [N]. 中华工商时报, 2003 - 07 - 28.

[118] 夏雄伟. 浙江私营经济呈现六大新趋势 [N]. 证券时报, 2003 - 12 - 17.

[119] 何永贯. 引进 "浙江模式" 促非公经济发展 [N]. 云南政协报, 2003 - 06 - 11.

[120] 张长生. 学习江浙经验 做强广东民营经济 [N]. 广州日报, 2003 - 02 - 09.

[121] 熊思远．温州民营经济发展的新趋势 [N]．云南经济日报，2003-01-29.

[122] 老陋．温州民营经济成功的经验及启示 [N]．云南经济日报，2003-09-24.

[123] 刘艳，李俊．特色产业在浙江就是生产力 [N]．人民政协报，2003-03-05.

[124] 吴炳贵．借鉴浙江经验 加快发展我区非公经济 [N]．广西日报，2003-07-28.

[125] 陈全功．湖北省与浙江省私营经济发展差异比较分析 [J]．经济研究参考，2004 (56)：18-26.

[126] 黎玉柱，施文艺．湖北省与浙江省民营经济发展模式之比较研究 [J]．科技创业月刊，2004 (7)：42-45.

[127] 官国通．粤浙两省民营经济发展的统计比较及分析 [J]．经济前沿，2004 (8)：13-16.

[128] 王玉才．浙、沪、苏、粤发展个私民营经济比较分析 [J]．浙江树人大学学报，2004 (1)：55-59.

[129] 朱家良．浙江民营经济发展的趋势与途径 [J]．今日浙江，2004 (3)：15-17.

[130] 汤为平，马兆成．浙江省民营经济发展形势分析报告 [M] //黄孟复．中国民营经济发展报告 No.1 (2003)．北京：社会科学文献出版社．2004.

[131] 周顺卿．浙江民营经济产业集群发展的机制缺陷与创新 [J]．中共浙江省委党校学报，2004 (4)：77-82.

[132] 李志国，周铁军．中国私营企业劳资关系研究——温州私营经济实证分析 [J]．社会科学战线，2004 (3)：258-260.

[133] 鲁慧君．宁波外向型民营经济的拓展区域与结构分析 [J]．宁波经济（财经视点），2004 (10)：33-34.

[134] 董峻．宁波民营经济发展呈现五大新趋势 [N]．今日信息报，2004-03-04.

[135] 李江毅，方伟．浙江民营经济分析与江西“十一五”民营经济大发展的对策研究 [J]．江西政报，2005 (11)：46-48.

[136] 魏建，苏春红．民营经济发展地区差距的制度经济学分析——

山东与浙江的对比 [J]. 浙江学刊, 2005 (5): 158 - 164.

[137] 朱宇明. 苏州民营经济发展比较优势分析 [J]. 江南大学学报(人文社会科学版), 2005 (5): 65 - 68.

[138] 龚晓菊. 中国民营经济产业集群的研究综述 [J]. 理论学习与探索, 2005 (2): 78 - 79.

[139] 马兆成, 张日向, 景柏春. 浙江省民营经济发展形势分析报告 [M] //黄孟复. 中国民营经济发展报告 No. 2 (2004). 北京: 社会科学文献出版社. 2005.

[140] 诸永东, 汪基强. "加快浙江省个体私营等非公经济发展对策措施座谈会" 综述 [J]. 中国工商管理研究, 2005 (9): 77 - 80.

[141] 公培佳. "36 条" 精神在这里理应得到升华 [N]. 人民政协报, 2005 - 06 - 10.

[142] 潘碎权. "温州模式" 之乡民营经济发展新趋势 [J]. 当代经济, 2005 (7): 21.

[143] 胡立和. 温州民营经济发展现状、经验及对湖南的启示 [J]. 株洲工学院学报, 2005 (5): 84 - 86.

[144] 石本仁. 中国私营经济的发展回顾与现状分析 [J]. 暨南学报(哲学社会科学版), 2005 (3): 6 - 14 + 19 - 137.

[145] 熊波. PPP 模式: 民营经济参与公用事业的新模式 [J]. 中国城市经济, 2005 (1): 44 - 47.

[146] 秦海林. 中国民营经济发展模式研究: 一个制度理论的解读 [D]. 吉林大学, 2007.

[147] 全国工商联研究室. 2002 ~ 2006 年中国民营经济发展情况总体分析 [N]. 中华工商时报, 2007 - 11 - 06.

[148] 任勇, 党亚峰. 浙江省民营经济发展水平研究——基于浙江省 11 个城市工业发展水平的分析 [J]. 开发研究, 2007 (6): 103 - 108.

[149] 马力宏. 地方政府管理对民营经济发展的影响——对温州和义乌地方政府管理模式的比较分析 [J]. 中国行政管理, 2006 (2): 86 - 90.

[150] 张晓. 地方政府在民营经济发展中的作用 [D]. 浙江大学, 2006.

[151] 周婷. 制度变迁视角中民营经济发展模式的政府行为分析

[D]. 湖南大学, 2006.

[152] 郭玉芳, 李建中. 产业集群在推进农业剩余劳动力转移中的作用分析——以苏、浙、粤三省民营经济发展模式为例//《资本论》与经济学的发展——陕西省《资本论》研究会2006年度学术年会, 中国陕西西安, 2006 [C].

[153] 刘黎清, 黄忠寅. 浙江省民营经济发展中的劳资关系分析[J]. 经济问题探索, 2006 (3): 139-144.

[154] 黄文伟. 我国民营经济产业集群持续发展探讨 [D]. 厦门大学, 2006.

[155] 刘延年. 非公有制经济进入国防科技工业效应分析 [J]. 军事经济研究, 2006 (1): 46-49.

[156] 李慧春. 浙江省私营经济发展环境优化对策 [J]. 丽水学院学报, 2006 (1): 17-18.

[157] 刘英. 湖北省民营经济发展的市场环境分析 [D]. 武汉科技大学, 2006.

[158] 吴爱华. 提升内蒙古自治区非公有制经济竞争力对策研究[D]. 内蒙古师范大学, 2006.

[159] 戴良杰. 台州民营经济持续发展对策研究 [D]. 华东师范大学, 2006.

[160] 杨梅. 武汉市民营经济发展模式研究 [D]. 华中师范大学, 2006.

[161] 李少斐. 非公有制经济领域党建问题新论 [D]. 天津师范大学, 2006.

[162] 单东. 浙江民营经济30年: 发展历程与宝贵经验 [J]. 浙江经济, 2008 (21): 28-31.

[163] 陈广胜. 创新浙江民营经济发展模式的对策研究 [J]. 政策瞭望, 2008 (2): 31-35.

[164] 陆立军, 王祖强. 从"浙江模式"看民营经济发展 [N]. 镇江日报, 2008-01-28.

[165] 吕凯. 基于"浙江模式"的非公有制经济与所有制改革研究[J]. 广西财经学院学报, 2008 (5): 39-41.

[166] 姚丽娜, 卫明凤. 宁波民营经济的现状及发展思路 [J]. 浙江

海洋学院学报（人文科学版），2008（1）：89－94.

［167］何志红．民营经济引入私募股权基金的现实分析与模式选择——以浙江台州为例［J］．浙江金融，2008（12）：38－39.

［168］王晓杰，蓝光喜．民营经济软法治理模式研究——“浙江经验”的法治内核［J］．国家行政学院学报，2008（5）：93－96.

［169］杨福明．基于民营经济主导的区域金融生态环境研究——对温州的个案分析［J］．经济社会体制比较，2008（3）：140－144.

［170］温素影．农村数字电影发展的温州模式——温州民营经济投资农村电影数字化放映取得成功［J］．中国电影市场，2008（4）：25－26.

［171］何新根，庄哲卿，陈文华，卓信宁，刘志义，赵炜．解读民营经济“杭州模式”［N］．杭州日报，2008－04－24.

［172］赵科，卢萌卿，孙云东．民营经济发展的“慈溪模式”［N］．宁波日报，2008－11－14.

［173］绍兴市人民政府．绍兴模式——民营经济发展的先发优势［N］．中国企业报，2008－02－27.

［174］杨培强．浙江民营经济转型升级的障碍与对策［J］．嘉兴学院学报，2010（5）：40－43＋68.

［175］孙章陆．浙江民营经济三十年持续增长的经验与教训［J］．改革与战略，2010（2）：152－153＋186.

［176］陈亚飞，潘丽云．台州民营经济环境下工学结合人才培养模式探索［J］．教育与职业，2010（23）：31－32.

［177］王凌．宁波民营经济三十年：回顾、经验与前瞻［J］．生产力研究，2009（13）：4－8.

［178］宋明良．绍兴民营经济的发展现状与对策［J］．现代商业，2009（33）：196.

［179］叶信君，陈振浙．台州民营经济持续发展面临的问题及对策研究［J］．江西金融职工大学学报，2009（S1）：21－23.

［180］荣文婷．苏南地区民营经济现状分析［J］．江苏技术师范学院学报（职教通讯），2009（2）：93－96＋101.

［181］管豪．福建与浙江民营经济发展比较分析［J］．经济师，2009（2）：99－100.

［182］楚娟娟．京津冀地区私营经济发展研究——与东南沿海部分

省市的对比分析［J］. 城市, 2009 (5): 39 - 42.

［183］许高峰, 王炜. 论我国民营经济对区域经济建设与发展的作用——以苏南模式、温州模式、珠江模式为例［J］. 天津大学学报（社会科学版）, 2010 (6): 492 - 497.

［184］李小红, 赵华伟. 关于发展"非公经济"的探讨——落实"非公经济新36条"的对策建议［J］. 经济问题探索, 2011 (7): 25 - 28.

［185］李小红, 赵华伟. 江西推进"非公经济新36条"执行的对策研究［J］. 老区建设, 2011 (12): 13 - 15.

［186］齐国相, 李纪荣, 赵宝林. 发展城镇个体经济的具体政策有待研究［J］. 中国金融, 1981 (2): 22.

［187］中共湖南省委、湖南省人民政府批转长沙市委、市人民政府《关于发展集体、个体经济, 安置城镇待业人员就业若干问题的报告》的通知［J］. 湖南政报, 1981 (7): 3 - 6.

［188］王河. 试论城乡个体经济的法律地位［J］. 天津社会科学, 1983 (4): 34 - 40.

［189］王传生. 从"傻子瓜子"看个体经济中的法律问题［J］. 法学, 1984 (3): 8 - 13.

［190］黄文汉. 私营经济若干法律问题初探［J］. 赣江经济, 1987 (4): 48 - 50.

［191］武尚理. 我国个体经济法律地位的探讨［J］. 财经科学, 1987 (4): 75 - 79.

［192］李斌. 个体经济的性质和法律地位初探［J］. 学习与辅导, 1988 (3): 8 - 9.

［193］李昌兴. 试论个体经济的法律保护［J］. 现代法学, 1988 (2): 33 - 35.

［194］易达. 中国私营经济发展纳入法制轨道——记两个私营经济法规出台前后［J］. 瞭望周刊, 1988 (25): 10 - 12.

［195］刘铮, 全兴洙. 个体经济消长的政策效应［J］. 长白学刊, 1991 (2): 44 - 47.

［196］张建民. 个体经济、私营经济发展中的政策取向［J］. 中国工商, 1992 (9): 4 - 6.

［197］杨欢进. 我国恢复和发展个体经济政策的形成过程［J］. 重庆

商学院学报, 1994 (1): 23-28.

[198] 毛三元. 私营经济政策透视 [J]. 中南财经大学学报, 1994 (4): 74-77.

[199] 唐雄山, 罗胜华, 李燕飞, 王实. 城乡个体私营经济发展所面临的法律与政策障碍 [J]. 农村经济, 1996 (3): 33-35.

[200] 司夫. 尚方有宝剑——有关个体私营经济的地方性政策措施一览 [J]. 光彩, 1997 (2): 4-5.

[201] 孔林山. 全面的总结和重大的突破——十五大对非公有制经济方针政策的新发展 (上) [J]. 中州统战, 1997 (12): 5-7.

[202] 王元京. 改善民营经济投资增长的体制政策环境 [J]. 宏观经济研究, 2001 (12): 37-42.

[203] 王晓芳, 郝永璨. 发展非公有制经济中政府行为研究——对甘肃陇南、陇东等五地市非公有制经济发展现状的调研与思考 [J]. 开发研究, 2001 (4): 13-15.

[204] 朱成安. 当代中国个体私营经济发展中的地方政府行为研究 [D]. 华中师范大学, 2001.

[205] 阮雯. 政府管理制度创新与浙江民营经济发展 [J]. 中共杭州市委党校学报, 2001 (6): 39-42.

[206] 邱聪江. 宁波民营经济发展与政府管理 [J]. 四川行政学院学报, 2001 (3): 36-38.

[207] 劳潮惠. 试论我国私营经济发展中的四次理论飞跃与政策选择 [J]. 广东经济, 2001 (5): 32-35.

[208] 陈新芳. 政府在非公有制经济发展中的作用 [J]. 决策探索, 2002 (4): 18-19.

[209] 李哲. 我国政府促进个体私营经济发展的政策研究 [D]. 郑州大学, 2002.

[210] 蔡磊. 民营经济发达地区政府与市场关系探讨 [D]. 浙江大学, 2003.

[211] 麻晓莉. 地方政府制度创新与民营经济发展——温州制度变迁研究 [D]. 浙江大学, 2003.

[212] 国家计委投资研究所课题组. 民营经济投资体制与政策环境研究 [J]. 经济学动态, 2003 (2): 24-27.

[213] 王远启．完善基本经济制度的重大举措——党的十六大对非公有制经济理论方针政策的新发展［J］．江苏省社会主义学院学报，2003（2）：33－36．

[214] 滕黎南，牛炳建．试析党的三代领导集体的核心对发展非公有制经济的理论和政策［J］．云南社会主义学院学报，2003（2）：28－31．

[215] 王世勇．新时期非公有制经济政策的历史考察（1978—2003）［D］．中共中央党校，2004．

[216] 唐海滨．中国共产党关于非公有制经济理论和政策的创新及发展——学习党的十六届三中全会《决定》的体会［J］．经济研究参考，2004（6）：22－30．

[217] 黎玉柱，陈丽洁，刘胜强．浙江省民营经济发展的政策支持体系及其对湖北省的启示［J］．科技进步与对策，2004（9）：77－79．

[218] 张旭光，黄天柱．浙江省各级政府在民营经济发展中的政策演进［J］．资料通讯，2005（Z1）：53－60．

[219] 金莉芝，郭剑媚．浙江省私营经济发展的政策导向［J］．工业技术经济，2005（2）：33－36．

[220] 吕慧青．浙江省民营经济体育投资体制与政策环境的研究［J］．安徽师范大学学报（自然科学版），2007（5）：621－625．

[221] 王尚银．私营经济发展与政府行为——温州政府的无为与有为［J］．社会科学研究，2005（2）：12－15．

[222] 陆巍峰．地方政府行为与浙江民营经济发展研究［D］．复旦大学，2006．

[223] 任晓．地方政府意志与民营经济的发展："温州模式"生成中的互惠性动力［J］．经济理论与经济管理，2006（3）：11－16．

[224] 张晓．地方政府在民营经济发展中的作用——对温州和丽水的文本分析［D］．浙江大学，2006．

[225] 徐旭飞．民营经济发展中的政府行为研究：交易成本的视角——以浙江省诸暨市为例［D］．中央民族大学，2009．

[226] 郑筱茜．论民营经济发展中的政府行为——以萧山为例［D］．上海交通大学，2009．

[227] 黄艳．非公有制经济政策绩效研究［D］．西南财经大学，2007．

[228] 许高峰，罗丽．大桥时代：浙江舟山民营经济发展——影响分析·应对举措·政策保证［J］．上海商学院学报，2010（5）：54－57．

[229] 王忠明，夏汛鸽，何占良．非公经济：2009’政策述评［J］．中国发展观察，2010（3）：24－27．

[230] 朱春国．浙江民营经济发展中的政策供给研究［D］．华东理工大学，2010．

[231] 蔡俊霞．建国以来党的非公有制经济政策研究［D］．山西大学，2010．

[232] 梁爽．建国后非公有制经济政策的历史考察及其现实分析［D］．哈尔滨师范大学，2010．

[233] 赵思坤．黑龙江民营经济发展的政策环境分析［D］．黑龙江大学，2014．

[234] 曹启蒙．温州民营经济发展转型与政府角色研究［D］．华东政法大学，2011．

[235] 中国民（私）营经济研究会．2011’非公有制经济政策评测［J］．中国发展观察，2012（2）：22－25．

[236] 毛仙国．台州民营经济创新发展中地方政府作用研究［D］．华东理工大学，2013．

[237] 王凯．论浙江民营经济转型升级的金融政策支持［D］．南昌大学，2014．

[238] 温贤江．重庆市民营经济软环境优化策略——提升服务型政府服务能力为视角［D］．重庆大学，2014．

[239] 汤新华，邓嵘．我国民营经济发展法治保障研究［J］．经济研究参考，2015（28）：11－17．

[240] 李志道．银行应当支持集体和个体经济的发展［J］．上海金融研究，1980（3）：10－11．

[241] 汤世生．试论个体经济与银行信贷［J］．湖南财经学院学报，1981（Z1）：17－21＋11．

[242] 刘骅．私营经济金融政策初探［J］．金融与经济，1988（9）：12－13．

[243] 蔡正年，方伯英．信用社应在私营经济和民间借贷中发挥主渠道作用——从扬中县两个村家庭小工业的贷款情况得到的启示［J］．江苏

农村金融，1988（4）：19－20＋27.

［244］袁亦华，黄建锋．银行金融服务要适应个体私营经济发展的需要——慈溪市个体私营企业发展情况调查与建议［J］．浙江经济，1994（12）：49－50.

［245］宋忠伟，王洪林．关于金融工作支持个体私营经济发展的调查与思考［J］．浙江金融，1995（6）：15－16.

［246］许崇正．从民营经济的发展看创建民营银行的必要性［J］．吉林大学社会科学学报，1996（6）：30－33.

［247］曹志元，张舒．非公有制经济发展有待金融解决的几个问题——对嘉兴市非公有制经济发展现状及金融供需情况的调查［J］．浙江金融，1998（2）：23－25.

［248］史恺恒．融资倒挂：中国非公有制经济发展的金融反思［J］．城市金融论坛，1998（11）：20－22.

［249］李晟．民营经济未来融资体系建设初探［J］．金融研究，1998（6）：34－36.

［250］韩强．国有商业银行对非公有制经济发展支持：矛盾分析及改革框架［J］．西南金融，1999（11）：34－36.

［251］张杰．民营经济的金融困境与融资次序［J］．经济研究，2000（4）：3－10＋78.

［252］李茂生，苑德军．关于我国民营经济发展中的金融支持问题［J］．财贸经济，2000（1）：41－45＋78.

［253］黄文增．关于民营经济发展与金融支持的探讨［J］．农村金融研究，2000（12）：12－13.

［254］程蕾．民营经济的融资困境及其策略选择［J］．当代财经，2001（3）：14－15.

［255］马方方．中国民营经济融资困境与金融制度创新［J］．经济界，2001（3）：52－54.

［256］康立．民营经济融资渠道拓展问题研究［J］．华南金融研究，2001（2）：26－28.

［257］徐志勇．民营经济融资渠道拓展问题研究［J］．江汉论坛，2001（9）：15－19.

［258］中国人民银行赣州市中心支行课题组．民营经济融资渠道拓

展问题研究［J］. 经济研究参考, 2001 (46): 24 - 31.

［259］周顺卿. 民营经济投融资体制创新［J］. 中共杭州市委党校学报, 2001 (4): 30 - 35.

［260］马方方. 金融制度创新为民营经济提供金融支持［J］. 北京市经济管理干部学院学报, 2001 (2): 45 - 48.

［261］苑海. 民营经济的融资困境与融资制度变迁［D］. 浙江大学, 2002.

［262］中国人民银行台州市中支课题组. 民营经济发达地区: 民营经济融资渠道研究［J］. 浙江金融, 2003 (9): 13 - 15.

［263］蒋洁华. 浙江省中小金融机构发展与民营经济增长的互动效应分析［D］. 浙江大学, 2007.

［264］曲红. 民营经济的金融困境与民间金融制度构建［D］. 中南大学, 2002.

［265］夏建新. 温州民营经济发展与温州金融港建设［J］. 浙江金融, 2004 (11): 43 - 44.

［266］王国松. 信息不对称与非公有制经济的融资困难［J］. 浙江工商大学学报, 2009 (3): 62 - 66.

［267］张震宇, 周松山, 孙福国, 章俏慧. 非公有制经济下区域性金融风险及其管理: 温州个案研究［J］. 金融研究, 2002 (2): 110 - 118.

［268］张晴. 以民营经济为主导的中小城市地方金融发展研究——以浙江省宁波市为例［J］. 商场现代化, 2007 (11): 205 - 206.

［269］徐曙鹰. 后金融危机时期民营经济的发展与金融支持——以台州市为例［J］. 浙江金融, 2010 (4): 45 - 46.

［270］王元京. 民营经济投资"禁区"研究［J］. 战略与管理, 2002 (4): 51 - 57.

［271］顾晓安, 孙敏. 地方金融对民营经济发展的支持研究——以浙江省为例的实证分析［J］. 商业经济, 2010 (24): 60 - 61.

［272］姚超豪, 刘小杰, 刘国新. 温州民营经济发展和商业银行经营策略［J］. 上海金融, 2003 (2): 60 - 61.

［273］周建松, 郭福春. 民营经济与地方性商业银行协同发展——浙商银行成立与运行状况引发的思考［J］. 金融研究, 2005 (5): 111 - 119.

［274］章俏慧. 温州信贷资产质量全国领先［N］. 上海金融报,

2004－01－31.

［275］朱卫江. 浙江民营经济发展迎来新机遇——解读《国务院关于鼓励和引导民营投资健康发展的若干意见》［J］. 今日浙江，2010（12）：40－41.

［276］钟士取. 温州民营经济发展中的信贷结构因素及对策［J］. 时代金融，2011（20）：56－58.

［277］方美君. 台州民营经济升级中融资问题研究［J］. 现代经济信息，2011（23）：447－448.

［278］李琳. 浙江金融支持民营经济发展研究［D］. 浙江师范大学，2012.

［279］于艳. 后金融危机时代中国民营经济发展问题探讨［D］. 辽宁师范大学，2012.

［280］徐伟，王婷. 从温州民间借贷市场风险透视民营经济的发展困局［J］. 浙江金融，2012（1）：58－61＋12.

［281］许经勇，任柏强. 从温州民间借贷危机看民营经济面临的挑战［J］. 学习论坛，2012（4）：37－40.

［282］周松山. 民营经济先发地区自主投资融资模式的比较研究［J］. 浙江金融，2012（3）：23－28.

［283］李亚娟. 民间金融与民营经济共生发展研究［D］. 福建师范大学，2014.

［284］姚耀军，黄林东. 金融生态环境质量与民营经济发展：浙江经验［J］. 金融纵横，2012（4）：34－39.

［285］苏永利. 浙江金融生态现状及对民营经济的支持［J］. 商场现代化，2015（16）：166－167.

［286］雷潇雨. 金融市场化对民营经济发展的影响——基于1999—2007年的实证研究［J］. 商业时代，2014（28）：57－58.

［287］李俊，张运书. 民营经济融资的P2P模式探析［J］. 沈阳工程学院学报（社会科学版），2015（3）：332－336.

［288］李永刚. 传统民间文化理性与浙江民营经济发展——基于非正规制度理论的一种新解释［J］. 中共浙江省委党校学报，2002（1）：92－96.

［289］牟善江. 浅谈南北方人文思想差异对发展民营经济的影响及对策［J］. 黑河学刊，2002（6）：33－35.

[290] 梁绮惠. 岭南文化与广东民营经济的发展 [J]. 佛山科学技术学院学报（社会科学版），2004（6）：53-55.

[291] 张亚东，于恒兵. 家族式民营经济与家长式管理模式——浅谈中国传统文化对民营经济发展的负面影响 [J]. 山西高等学校社会科学学报，2004（6）：15-17.

[292] 章剑鸣，王水嫩. 解读浙江民营经济的文化基因 [J]. 台州学院学报，2004（5）：85-88.

[293] 汪小倩. 山魂海魄是台州民营经济迅速崛起的文化基因 [J]. 台州学院学报，2006（4）：35-38.

[294] 谢向英. 加入 WTO 与福建民营经济发展中的文化整合问题研究 [D]. 福建农林大学，2003.

[295] 黎玉柱，施文艺. 鄂浙两地区域文化对两省民营经济发展的影响之比较研究 [J]. 科技创业月刊，2005（3）：110-111.

[296] 彭安玉. 试析制约南京民营经济发展的地域文化因素 [J]. 南京社会科学，2005（S1）：409-415.

[297] 李乃文. 阻碍民营经济发展的文化观念分析与传媒引导探讨 [J]. 工业技术经济，2008（7）：45-47.

[298] 林仲豪，陈方. 广东与江浙地区民营经济发展比较研究——基于营商文化与要素禀赋的视角 [J]. 理论月刊，2009（11）：78-82.

[299] 张跃雷. 论传统互助关系在民营经济发展中的地位 [D]. 吉林大学，2009.

[300] 王周林. 浅析托起浙江民营经济蓬勃发展的文化品质 [J]. 中国乡镇企业，2010（4）：87-90.

[301] 冯高翔. 浙江民营经济发展原因探析 [D]. 浙江工商大学，2012.

[302] 谢利文. 传承创新闽商文化 助推泉州民营经济“二次创业” [J]. 中共福建省委党校学报，2012（12）：116-121.

[303] 张培成. 宜商文化的群体传播对浙江民营经济的影响 [J]. 全国商情（理论研究），2013（3）：12-13.

[304] 岑英. 论中华优秀传统文化引领边少穷地区民营经济发展——以贵州省黔西南州民营经济发展为例 [J]. 才智，2015（18）：380.

[305] 肖莉. 广东非公有制经济中知识分子的现状与影响 [J]. 重庆

社会主义学院学报, 2000 (3): 19-22.

[306] 邓微, 向春阶, 谢自强. 湖南省非公有制经济人才状况剖析 [J]. 湖南行政学院学报, 2002 (4): 34-36.

[307] 邓微, 向春阶, 谢自强. 湖南省非公有制经济人才建设的问题与对策 [J]. 湖南行政学院学报, 2002 (5): 34-36.

[308] 余仲华, 梁晓梅, 张培良. 非公有制经济组织人才状况与对策建议——以浙江省非公有制经济组织为例 [J]. 中国人力资源开发, 2005 (10): 83-87.

[309] 袁志田. 人力资本与南京市民营经济发展研究 [J]. 南京社会科学, 2005 (S1): 212-219.

[310] 张莹. 非公有制经济人才队伍建设中的"一二三四" [J]. 浙江统计, 2005 (8): 53-54.

[311] 叶勤英, 叶莲芝. 台州非公经济人才资源浅析 [J]. 浙江统计, 2006 (7): 39.

[312] 李彤. 天津市非公有制经济人才现状及发展对策研究 [D]. 天津大学, 2007.

[313] 徐充. 中小型民营企业人力资源管理模式的转换与创新——浙江温、台地区民营经济探微 [J]. 湖北社会科学, 2004 (10): 100-102.

[314] 秦放鸣, 许娟. 新疆与浙江民营经济人力资源问题比较与经验借鉴 [J]. 新疆大学学报 (哲学人文社会科学版), 2007 (4): 14-16.

[315] 余仲华, 梁晓梅, 张培良, 牛力. 我国非公有制经济组织人才开发战略研究 [J]. 第一资源, 2008 (1): 31-47.

[316] 吴国强. 人力资源结构与区域产业结构互动研究——以西安非公有制经济为例 [J]. 价值工程, 2014 (25): 187-188.

[317] 王志刚, 卜海. 非公经济组织人才流动配置机制和人才发展服务体系建设问题研究 [J]. 江苏省社会主义学院学报, 2013 (1): 31-38.

[318] 牛力. 优化非公经济组织人才政策环境 [J]. 中国人才, 2006 (13): 42-43.

[319] 陈金德. 浙江民营经济发展中面临的人力资源问题及其对策分析 [J]. 经营管理者, 2008 (11): 44.

[320] 陈彬. 浙江民营经济转型升级的人才之翼 [N]. 中国组织人

事报，2012－02－08.

［321］何虹．非公经济组织人才政策问题浅探［J］．陕西社会主义学院学报，2012（2）：19－22.

［322］童毅华．透视浙江民营经济中的科技人才现状与需求——以金华地区民营企业为例［J］．兰州学刊，2004（3）：105－106.

［323］王建莲．南京民营经济发展中的高技能人才培养［J］．南京社会科学，2005（S1）：199－202.

［324］郭勇．论民营企业治理结构的创新［J］．青海社会科学，2000（2）：31－34.

［325］黄桂田．代理问题与企业治理结构演进的“锁定”机制——基于三个私营企业个案的理论实证分析［J］．经济科学，2000（3）：17－22.

［326］丁学智，赵栋．关于我国民营企业治理结构的研究［J］．陕西经贸学院学报，2002（1）：40－43.

［327］林刘雄．二次创业的民营企业治理结构研究［D］．暨南大学，2003.

［328］刘湘国．私营企业治理缺陷及其改善［J］．温州大学学报，2002（4）：11－13.

［329］宋安顺．新时期民营企业治理模式发展研究［D］．湖南大学，2002.

［330］张苗荧．温州民营企业治理结构的优劣与嬗变成本研究［J］．北方经贸，2003（11）：82－84.

［331］袁友军．民营企业家族制经营机制的形成与演变［D］．华南师范大学，2003.

［332］徐晓．民营企业治理：家族制向委托代理制的转变［D］．东北财经大学，2005.

［333］黄宏斌．基于生命周期理论的民营家族企业接班人选择问题研究［D］．浙江工业大学，2006.

［334］吴道友，刘燕．家族企业 CEO 继任模式及其演化路径分析——以浙江民营企业为例［J］．重庆大学学报（社会科学版），2006（3）：61－66.

［335］谢海东．民营企业治理转型困境与超越——基于路径依赖理

论的分析视角［J］. 特区经济, 2006 (1): 77－79.

［336］刘健喜. 家族控制模式——民营中小企业治理模式的现实选择［J］. 市场论坛, 2007 (2): 67－68＋63.

［337］吕风勇. 中国民营企业治理结构与企业绩效研究［J］. 山东财政学院学报, 2011 (4): 59－65.

［338］姜明伦. 我国民营企业治理机制变革实证研究——基于浙江省民营企业的调查［J］. 经济问题探索, 2007 (4): 146－151.

［339］姜明伦. 对浙江省民营企业治理结构的调查与思考［J］. 经济纵横, 2007 (7): 66－69.

［340］温永红. 中国家族式民营企业治理结构［D］. 北京交通大学, 2007.

［341］怀心强. 民营企业治理结构与企业绩效相关关系研究［D］. 山东大学, 2007.

［342］王福伟. 民营企业治理与企业成长性研究［D］. 宁波大学, 2012.

［343］郑金芳. 中国民营企业中家族控制权特征与企业绩效［D］. 浙江工商大学, 2007.

［344］王炜琼. 民营企业治理中的集权化问题研究［D］. 天津商业大学, 2011.

［345］阎竣. 我国私营企业治理结构实证研究［J］. 中国经贸导刊, 2012 (36): 82－83.

［346］高靖瑜. 中国民营企业的家族化经营与绩效表现［D］. 复旦大学, 2012.

［347］宿毛毛. 家族控制、治理环境和公司价值［D］. 浙江财经学院, 2013.

［348］刘葳. 民营企业家族性特征对于企业成长影响的实证研究［D］. 复旦大学, 2013.

［349］张苗荧. 家族企业治理结构及其演变路径——99家温州中小民营企业调查结果分析［J］. 北方经济, 2009 (11): 80－81.

［350］李元龙. 我国民营企业治理问题研究［D］. 吉林大学, 2009.

［351］阮兢青. 民营企业治理结构模式研究［D］. 西南交通大学, 2014.

[352] 谢桃. 上市家族与非家族民营企业绩效比较研究 [D]. 中山大学, 2008.

[353] 范丽萍. 浙江省家族制民营企业制度创新重点的动态选择 [D]. 浙江工业大学, 2009.

[354] 张晓晴. 家族式民营企业经理人薪酬管理研究 [D]. 南京理工大学, 2009.

[355] 姚博. 我国民营企业治理结构优化研究 [D]. 广东商学院, 2010.

[356] 连红燕. 浙江民营企业治理结构的演变及其原因 [D]. 浙江工商大学, 2010.

[357] 肖成民. 制度环境与民营企业治理结构变迁——基于国美电器的案例分析 [J]. 财经论丛, 2012 (3): 105 - 110.

[358] 陈至发. 浙江民营企业泛家族化管理行为的实证研究 [J]. 嘉兴学院学报, 2013 (5): 22 - 26.

[359] 《浙江民营企业家研究》课题组. 浙江民营企业家问题研究 [J]. 嘉兴学院学报, 2001 (5): 8 - 15.

[360] 潘浩. 珠三角民营企业家成长机制研究 [D]. 华南师范大学, 2004.

[361] 郑建海. 浙江民营企业家团队建设研究 [D]. 河北工业大学, 2007.

[362] 陈才庚, 张惠忠. 《浙江民营企业家研究》课题 (M95D17) 成果要报 [J]. 嘉兴学院学报, 2001 (6): 10 - 12 + 77.

[363] 姜建红. 论企业成长与企业家能力 [D]. 浙江大学, 2001.

[364] 谢俊豪. 中国民营企业家成长的因素探析 [D]. 武汉理工大学, 2004.

[365] 张惠忠. 浙江民营企业家队伍现状和问题分析 [J]. 嘉兴学院学报, 2001 (5): 16 - 21.

[366] 应云进. 中小民营企业家队伍现状及发展对策——以浙江省为例 [J]. 武汉理工大学学报 (社会科学版), 2004 (6): 693 - 697.

[367] 张素芳. 温州民营企业家的特点、精神及启示 [J]. 中共浙江省委党校学报, 2002 (6): 57 - 59.

[368] 陈建军, 林亮. 关于温州发展模式形成的另一种解释——从温

州民营企业家群体成长路径角度的分析［J］. 商业经济与管理，2003（8）：29－33.

［369］钱明霞．常州与温州民营企业家的比较研究［J］. 常州工学院学报（社科版），2005（3）：46－51.

［370］余菲菲．区域文化差异及其对民营企业家能力的影响——以江苏和浙江为例［J］. 商业经济与管理，2007（7）：19－23.

［371］徐旻．民营企业家资源对区域经济绩效的影响研究［D］. 浙江大学，2009.

［372］乐国林，毛淑珍．企业家精神地域差异与区域民营经济增长——基于鲁浙两地私营企业成长整体比较［J］. 商业经济与管理，2011（7）：43－50.

［373］张小蒂，姚瑶．全球化中民营企业家人力资本对我国区域创新及全要素生产率的影响研究——基于东部九省市面板数据的经验分析［J］. 浙江大学学报（人文社会科学版），2011（5）：94－106.

［374］戴云霞．基于企业不同发展阶段的企业家学习模式演化研究［D］. 浙江大学，2006.

［375］任春晓．浙江民营企业家慈善行为的社会要素分析［J］. 中共宁波市委党校学报，2010（2）：33－38.

［376］黄辉，唐果，贺翔．基于因子分析的浙江民营企业家捐赠意愿提升研究［J］. 科技与管理，2013（1）：70－73.

［377］郑健壮．民营科技企业家特质与企业绩效相关性研究——基于浙江省3937家民营科技企业的调查［J］. 中国流通经济，2004（3）：37－40.

［378］胡旭阳．民营企业家的政治身份与民营企业的融资便利——以浙江省民营百强企业为例［J］. 管理世界，2006（5）：107－113＋141.

［379］王喜，宋敏敏．企业家政治身份对民营企业商业信用融资的影响——来自浙江民营企业的经验证据［J］. 嘉兴学院学报，2014（5）：52－56.

［380］郑艳．民营企业家资本与企业成长关系研究［D］. 浙江大学，2006.

［381］杨琴．企业家人力资本与民营企业成长绩效实证研究［D］. 重庆工商大学，2013.

［382］陈方方．基于企业生命周期理论的民营企业家素质研究［D］．东北财经大学，2007.

［383］章丽厚，宁宣熙．民营企业家特质与企业发展阶段的适应性分析［J］．现代经济探讨，2007（9）：85－88.

［384］葛卫芬．浙江民营企业家创新“低端锁定”的成因分析［J］．宁波大学学报（人文科学版），2007（4）：86－89.

［385］励慧芳，郑湘娟，葛卫芬．民营企业家自主创新的动因和机理——基于宁波民营企业的研究［J］．国家行政学院学报，2007（6）：75－78.

［386］王庆喜．民营企业家能力内在结构探析［J］．科学学研究，2007（1）：79－84.

［387］虞华君，杨晨．浙江民营企业家形象提升策略研究［J］．华东经济管理，2007（6）：16－18.

［388］张建君，李宏伟．私营企业的企业家背景、多元化战略与企业业绩［J］．南开管理评论，2007（5）：12－25.

［389］张振彦．民营企业家、技术创新与企业业绩［D］．云南财经大学，2010.

［390］杨轶清．企业家素质视阈下的民营企业倒闭——对金融危机以来倒闭浙商内因的研究［J］．浙江社会科学，2011（10）：37－42＋156.

［391］刘剑虹．民营企业家的代际传承与区域教育现代化的策略调整——基于浙商的分析［J］．高等教育研究，2008（3）：46－50.

［392］董俊峰．民营企业家社会资本与民间融资关系研究［D］．南京航空航天大学，2009.

［393］李芳英．企业家社会资本对战略决策绩效的影响［D］．浙江工业大学，2009.

［394］王小翠．企业家社会资本对浙江民营企业绩效的影响实证研究［D］．西安理工大学，2009.

［395］陈爽英，井润田，龙小宁，邵云飞．民营企业家社会关系资本对研发投资决策影响的实证研究［J］．管理世界，2010（1）：88－97.

［396］师卫胜．民营企业家人力资本对企业经营绩效影响分析［D］．扬州大学，2009.

［397］张瑾．民营企业家人力资本与企业成长绩效实证研究［D］．

山东大学，2009.

［398］于海云，赵增耀，李晓钟．民营企业创新绩效影响因素研究——企业家信心的研究视角［J］．科研管理，2013（9）：97－104.

［399］张宏，薛宪方．民营企业家社会资本与企业绩效的关系——基于温州市的调研［J］．社会科学家，2014（8）：64－68.

［400］张平．我国民营企业家领导行为与企业绩效关系研究［D］．西南交通大学，2009.

［401］蒋春燕．高管团队要素对公司企业家精神的影响机制研究——基于长三角民营中小高科技企业的实证分析［J］．南开管理评论，2011（3）：72－84.

［402］张腾．中国民营企业家个人特征与企业资本结构的关系研究［D］．河南大学，2012.

［403］蒋薇薇．企业家异质性对民营企业商业信用融资的影响［D］．苏州大学，2015.

［404］吴铜虎，何鑫．温州民营企业家生存困境及其出路探究［J］．中外企业家，2015（7）：247－249＋271.

［405］赵定国，王永火，徐获．积极稳妥地推进非公有制企业党建工作——绍兴市非公有制企业党建工作的调查报告［J］．绍兴文理学院学报（哲学社会科学版），1999（4）：66－73.

［406］王河，郭亚丁，龚白生，苏开源、华洪珍、黄其军、邱巍、张琳．浙江省非公有制企业党建工作调查与研究［J］．中共浙江省委党校学报，2001（1）：79－83.

［407］中共宁波市委党校课题组．从宁波市社会阶层变化看非公有制经济组织党建工作［J］．中共宁波市委党校学报，2002（1）：51－56.

［408］彭刚．关于杭州市非公有制企业党建工作调查研究［J］．中共杭州市委党校学报，2003（4）：39－44.

［409］肖剑忠，史及伟．非公有制企业党建工作创新性经验及发展对策——以杭州市萧山区为例［J］．浙江学刊，2010（4）：191－198.

［410］管廷莲．温州非公有制企业党建工作探索历程及其启示［J］．中共中央党校学报，2009（2）：83－85.

［411］谢健．民营企业党建与有中国特色的企业管理理论——兼对温州民营企业党建实践的思考［J］．中共福建省委党校学报，2010（3）：

15 - 20.

[412] 管廷莲. 温州非公有制企业党建工作的历史回顾与现实思考 [J]. 当代社科视野, 2011 (4): 16 - 20.

[413] 何平. 非公企业党组织如何发挥"实质性作用"——以温州非公企业党建的探索和实践为例 [J]. 中共四川省委省级机关党校学报, 2011 (2): 36 - 39.

[414] 王勇安, 吴芳颖, 陈曼莉. 规模以下非公企业党建工作机制的探索与创新——以温州市为例 [J]. 云南社会主义学院学报, 2012 (1): 8 - 10.

[415] 熊仕葵. 温州非公有制企业党建工作的历史回顾与思考 [J]. 东莞理工学院学报, 2012 (2): 42 - 46.

[416] 黄智光, 汪斌, 赫林. 非公有制企业党建工作的实践与启示——以浙江省上虞市为例 [J]. 吉林省教育学院学报 (上旬), 2012 (9): 105 - 108.

[417] 金晔. 新时期非公有制企业党建工作研究 [D]. 武汉理工大学, 2007.

[418] 袁兆芳. 非公有制企业党建问题研究 [D]. 江南大学, 2009.

[419] 付映杰. 民营企业党建对企业可持续发展的促进作用研究 [D]. 温州大学, 2013.

[420] 谢健, 付映杰. 民营企业党建与企业的制度创新——基于温州 34 家民营企业的调查分析 [J]. 赤峰学院学报 (自然科学版), 2013 (8): 40 - 43.

[421] 马春松. 论新时期对非公有制经济人士的统战工作 [D]. 南京航空航天大学, 2006.

[422] 李瑶. 非公有制经济人士统战工作的研究 [D]. 上海交通大学, 2008.

[423] 邓凌, 宋星河. 统一战线在非公有制经济应对国际金融危机中的重要作用 [J]. 重庆社会主义学院学报, 2010 (3): 12 - 14.

[424] 许晓晖. 社会转型期民营企业统战策略应用研究 [D]. 大连海事大学, 2013.

[425] 荣欣. 新时期基层非公人士统战工作问题研究 [D]. 吉林农业大学, 2014.

[426] 李宝梁．从超经济强制到关系性合意——对私营企业主政治参与过程的一种分析 [J]．社会学研究，2001 (1)：63－75.

[427] 王文胜．地方人大与私营企业主政治参与 [D]．浙江大学，2004.

[428] 徐露辉．私营企业主政治参与研究 [D]．浙江大学，2004.

[429] 汪永成．地方政府培育发展行业协会的策略——基于民营经济发展的视角 [J]．中国行政管理，2005 (6)：81－85.

[430] 周桐宇．中国民间商会与民营企业发展的互动关系研究 [D]．复旦大学，2007.

[431] 梁建，陈爽英，盖庆恩．民营企业的政治参与、治理结构与慈善捐赠 [J]．管理世界，2010 (7)：109－118.

[432] 苗加清．当代中国私营企业主阶层政治参与研究 [D]．南京航空航天大学，2010.

[433] 胡骑．民营企业家政治参与的经济学分析 [D]．浙江大学，2011.

[434] 郭剑花．高管参政议政与民营企业雇员行为——基于政企关系的现实考察 [J]．经济体制改革，2012 (5)：98－102.

[435] 陈剩勇，魏仲庆．民间商会与私营企业主阶层的政治参与——浙江温州民间商会的个案研究 [J]．浙江社会科学，2003 (5)：17－24.

[436] 李广福．私营企业主政治参与的研究综述 [J]．中外企业家，2011 (22)：178－179.

[437] 邢乐勤，杨逢银．浙江省私营企业主政治参与的现状分析——以温州永嘉私营企业主的政治参与状况为个案 [J]．中国行政管理，2004 (11)：34－38.

[438] 刘春萍．私营企业主政治参与的现状、问题与对策——以浙江省台州市L区为例 [J]．南京林业大学学报（人文社会科学版），2007 (2)：44－48.

[439] 陈文苞．民营企业家参政透视 [D]．复旦大学，2009.

[440] 陈玉华．私营企业主阶层政治参与的嬗变（1988—2008）——以浙江省D市为例 [J]．社会主义研究，2010 (1)：54－57.

[441] 崔华前．私营企业主政治参与现状分析——以浙江省为据 [J]．湖南省社会主义学院学报，2015 (3)：47－50.

[442] 马小洪，窦宇．我国民营经济发展现状及对策研究 [J]．经济与社会发展，2011 (6)：25－27.

[443] 吴玲蓉．我国民营经济发展中的主要问题与对策研究 [D]．华东师范大学，2012.

[444] 中华民营企业联合会课题组．我国民营经济发展状况和经营环境问题研究 [J]．经济研究参考，2013 (44)：3－29.

[445] 鲍炳中，徐东民．温州私营经济现状及发展方向的探讨 [J]．上海师范大学学报（哲学社会科学版），1990 (2)：1－3＋15.

[446] 金淑英．宁波私营经济发展现状和创新思路 [J]．经营管理者，2015 (1)：175－176.

[447] 赵毅，章海珍．浅析宁波民营经济发展现状、困难与对策 [J]．经济师，2012 (10)：212－213.

[448] 王祖强．浙江民营经济发展新特点与转型升级对策建议 [J]．中小企业管理与科技（中旬刊），2014 (12)：163－164.

[449] 邵晶晶．宁波民营经济的发展现状及趋势分析 [J]．现代商业，2007 (8)：148－149.

[450] 金敏，王凌．民营经济创新发展的若干思考——基于宁波市的调查分析 [J]．中共宁波市委党校学报，2007 (3)：63－66.

[451] 陈裕民．浅谈台州民营经济发展新趋势 [J]．台州学院学报，2007 (4)：32－36.

[452] 盛瑾．浙江民营经济发展分析 [J]．经济研究导刊，2007 (12)：148－151.

[453] 罗卫东，郑恒．浙江民营经济增长要素的实证分析 [J]．财经论丛（浙江财经学院学报），2005 (3)：1－11.

[454] 宋树理．浙江民营经济发展的经验、问题与趋势 [J]．经济导刊，2011 (1)：70－71.

[455] 白小虎．民营经济转型升级的制度障碍与破解对策——以浙江温州为例 [J]．中共浙江省委党校学报，2015 (1)：67－73.

[456] 赵亮．我国民营经济发展模式研究 [J]．长春教育学院学报，2013 (21)：42－43＋82.

[457] 邓捷．民营经济的发展环境问题及对策研究——浙南苏北全民创业比较 [J]．经济师，2015 (1)：78－79.

[458] 中国银监会温州监管分局课题组．温州银行业信贷支持非公经济发展实证分析［J］．浙江金融，2005（2）：18－22.

[459] 赵国忻．金融生态在民营经济与金融良性互动关系中的作用分析——以浙江省为例［J］．生产力研究，2013（10）：54－56＋97.